U0946167

DIE SCHÖNSTEN

TORE

ALLER ZEITEN UND MEHR

疯狂的足球

漫画图解228个

载入史册的进球名场面

-ACZEL-

[阿根廷] 吉尔曼·阿克塞 著绘

艾音孜 段馨苑 冯祺洋 王心怡 叶心远 朱孟沂 译 赵思佳 毛明超 校

北京联合出版公司
Beijing United Publishing Co.,Ltd.

图书在版编目（CIP）数据

疯狂的足球 / (阿根廷) 吉尔曼·阿克塞著绘；艾音孜等译. -- 北京：北京联合出版公司，2022.12
ISBN 978-7-5596-6510-2

Ⅰ. ①疯… Ⅱ. ①吉… ②艾… Ⅲ. ①足球运动—世界—通俗读物 Ⅳ. ①G843.91-49

中国版本图书馆CIP数据核字(2022)第190951号

Originally published under the title: Die schönsten Tore aller Zeiten und mehr

疯狂的足球

作　　者：（阿根廷）吉尔曼·阿克塞
译　　者：艾音孜　段馨苑　冯祺洋　王心怡　叶心远　朱孟沂
出 品 人：赵红仕　　出版监制：辛海峰　陈　江
责任编辑：王　巍　　特约编辑：郭　梅
产品经理：魏　傩　艾　格　　版权支持：张　婧
装帧设计：人马艺术设计·储平　　内文制作：任尚洁

北京联合出版公司出版
（北京市西城区德外大街83号楼9层　100088）
北京联合天畅文化传播公司发行
天津丰富彩艺印刷有限公司印刷　新华书店经销
字数 215千字　710毫米×1000毫米　1/16　16印张
2022年12月第1版　2022年12月第1次印刷
ISBN 978-7-5596-6510-2
定价：68.00元

目 录

TOP BESTE TORE
最佳进球

1 **迭戈·阿曼多·马拉多纳** | **阿根廷国家队** **第55分钟（2：0）**

1986年6月22日，阿兹特克球场，墨西哥城（墨西哥）
世界杯，1/4决赛，阿根廷2 ：1英格兰

世纪进球

在这场比赛中，马拉多纳在短短5分钟内打入2粒堪称国际足坛最让人难以忘怀的进球。首先是“上帝之手”（见第251页），然后是这粒绝对大师级的进球，他用脚把之前用手所做的事情一笔勾销。凭借这粒进球，阿根廷队成功打入半决赛，并第二次加冕世界杯冠军。

阿根廷在英阿马岛战争中战败后，马拉多纳用最具争议的“上帝之手”和最痛快淋漓的“世纪进球”，以体育的方式击败了英格兰。这对阿根廷人来说意义重大。

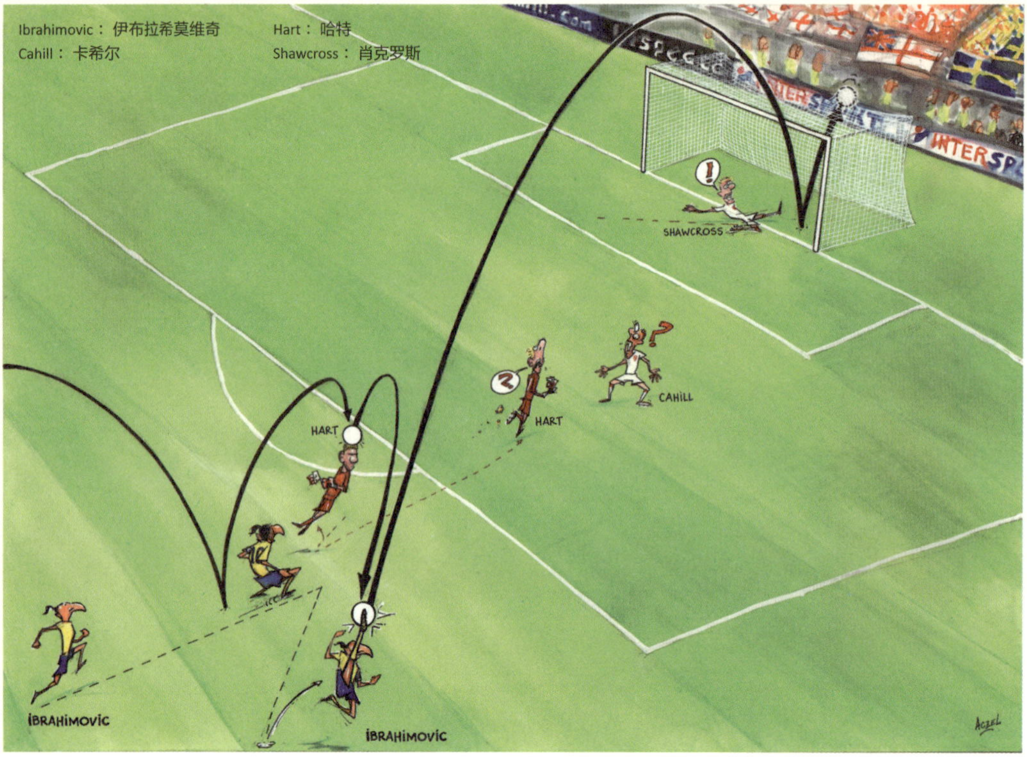
Ibrahimovic： 伊布拉希莫维奇
Cahill： 卡希尔
Hart： 哈特
Shawcross： 肖克罗斯
SHAWCROSS
HART
HART
CAHILL
IBRAHIMOVIC
IBRAHIMOVIC

2

兹拉坦·伊布拉希莫维奇 | **瑞典国家队** **第90分钟（4：2）**

2012年11月15日，友谊球场，索尔纳（瑞典）
友谊赛，瑞典4 ：2英格兰

魔法师伊布，还是空手道高手伊布？

上演帽子戏法后，在补时阶段，伊布完成了这一记30米开外的惊世倒钩。伊布这杂耍般的破门令人叹为观止，又一次向世人证明了他的身体天赋和空手道功夫。

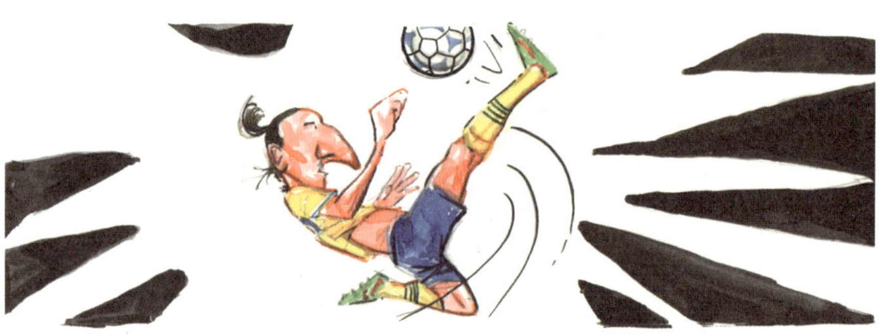

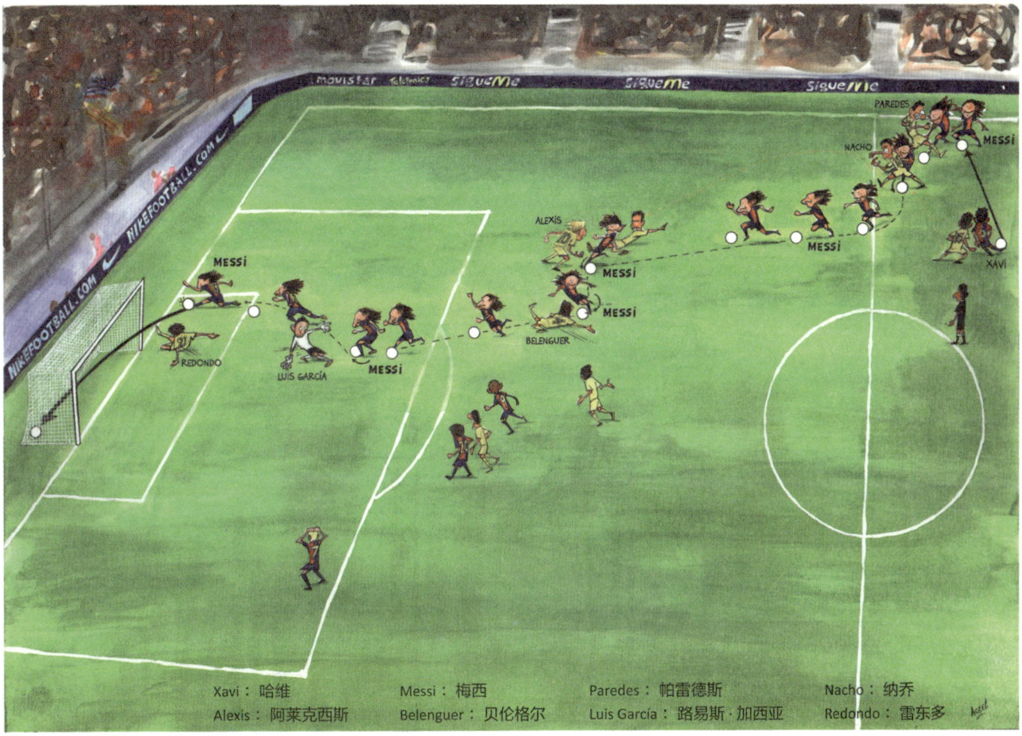

Xavi：哈维　　Messi：梅西　　Paredes：帕雷德斯　　Nacho：纳乔
Alexis：阿莱克西斯　　Belenguer：贝伦格尔　　Luis García：路易斯·加西亚　　Redondo：雷东多

3

利昂内尔·梅西 | **巴塞罗那**　　**第28分钟（2：0）**

2007年4月18日，诺坎普球场，巴塞罗那（西班牙）
西班牙国王杯，半决赛，首回合，巴塞罗那5 ：2赫塔菲

“这粒进球献给迭戈（马拉多纳）。”

时隔20年9个月零26天，马拉多纳的世纪进球在梅西脚下重现江湖。梅西是足坛活着的传奇，于许多人而言，他足以比肩贝利、马拉多纳或克鲁伊夫这样的历史级巨星。这位“纪录收藏家”颠覆了太多统计数据，不一而足。此处只列举他最重要的纪录之一：获选“世界足球先生”次数最多的人。

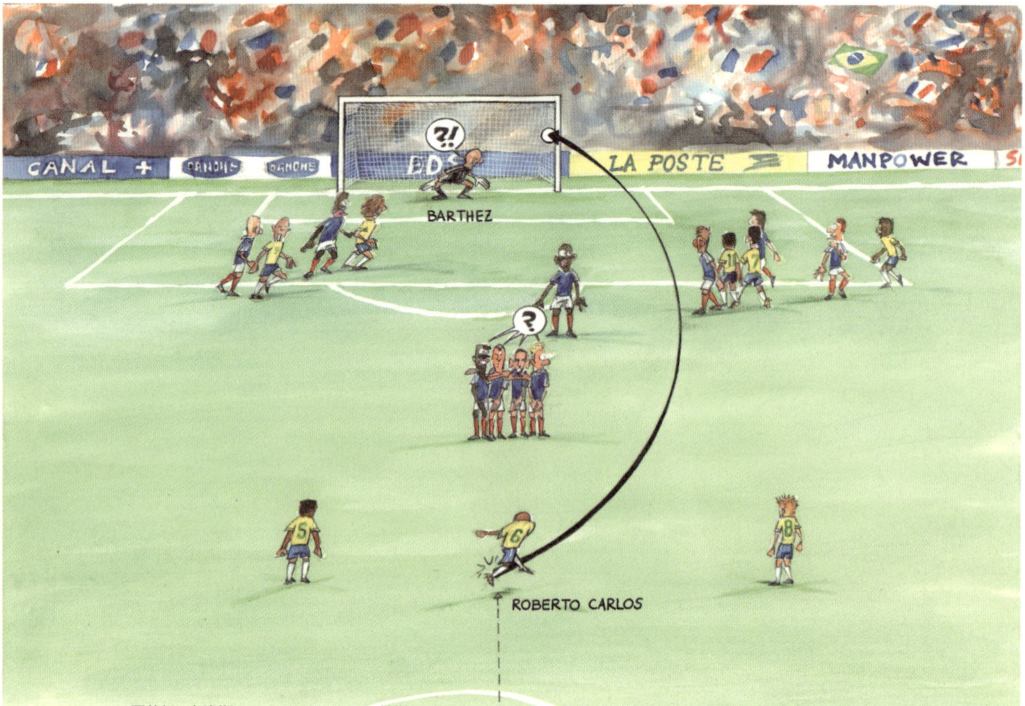

Roberto Carlos： 罗伯托·卡洛斯　　Barthez： 巴特斯

4

罗伯托·卡洛斯 ｜ **巴西国家队**　　**第21分钟（0 ：1）**

1997年6月3日，热尔兰球场，里昂（法国）
法国四国邀请赛，法国1 ：1巴西

反物理学香蕉球

“为了计算这个任意球，我瞄准了‘LA POSTE’广告牌上的字母‘A’。”球踢出去后偏了很多，但随后高速旋出一道匪夷所思的诡异弧线。卡洛斯说：“在职业生涯中，我罚进过几次这样的任意球，但这是我生命中最好的一次。”

Roberto Carlos：罗伯托·卡洛斯　Zidane：齐达内　Ballack：巴拉克　Butt：布特

5　**齐内丁·齐达内** | **皇家马德里**　**第45分钟（2：1）**

2002年5月15日，汉普顿公园球场，格拉斯哥（苏格兰）
欧洲冠军联赛，决赛，皇家马德里2：1勒沃库森

欧冠史上最佳进球（天外飞仙）

“在脚触球的一瞬间，我就知道这一球会进。我不可思议地吃正了部位，那感觉太美妙了。而最重要的是，我们能够捧起大耳朵杯（欧冠冠军奖杯）。”这是足球史上最神奇的时刻之一。唯有“齐祖”能以如此精确的角度、恰当的高度和如此优雅的方式触球，然后用左脚将球凌空抽入网窝。

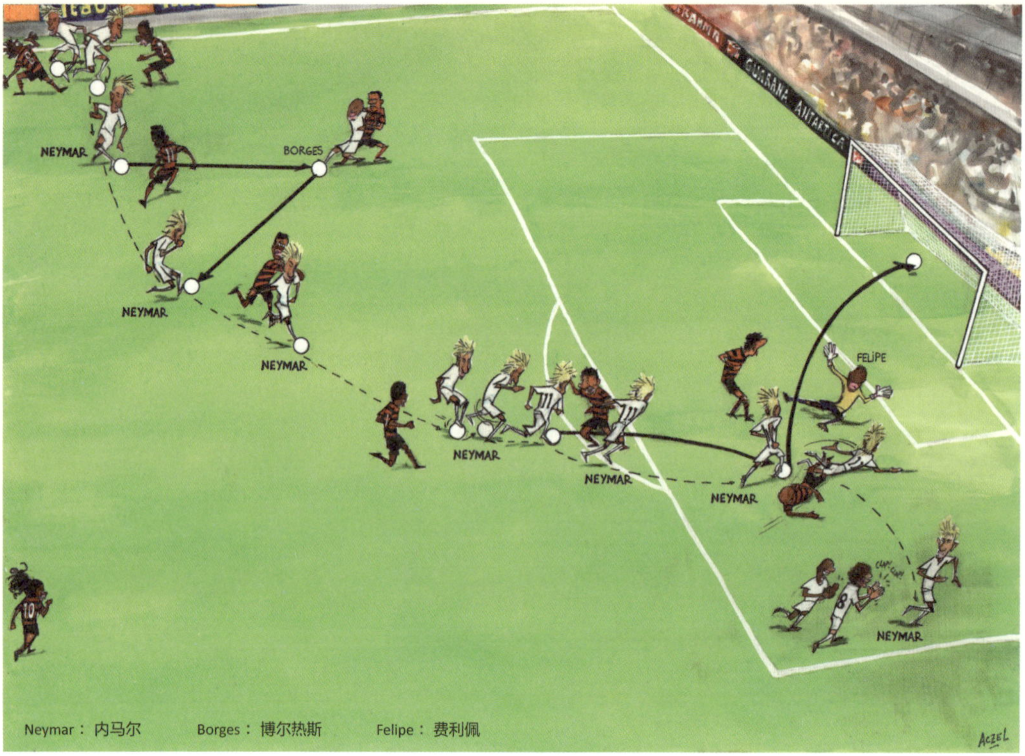
NEYMAR
BORGES
NEYMAR
NEYMAR
NEYMAR
NEYMAR
FELIPE
NEYMAR
NEYMAR
Neymar： 内马尔
Borges： 博尔热斯
Felipe： 费利佩
ACZEL

6

内马尔 | **桑托斯** **第25分钟（3 ：0）**

2011年7月27日，乌尔巴诺·卡尔戴拉球场，桑托斯（巴西）
巴西足球甲级联赛，第12轮，桑托斯4 ：5弗拉门戈

珍宝内马尔

“灵动、飘逸，身轻如燕，只有真正的一流球员才能做到。”评论员不吝溢美之词。双方队长内马尔和罗纳尔迪尼奥主导了这场桑托斯与弗拉门戈的焦点之战，比分最终定格在4 ：5。内马尔攻入了这场比赛乃至这一年度最精彩的进球，并以此一举夺得2011年的普斯卡什奖。比赛结束时，双方观众都热情地鼓着掌离开球场，他们知道，自己见证了一场足球奇观。

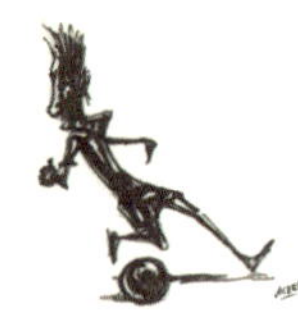

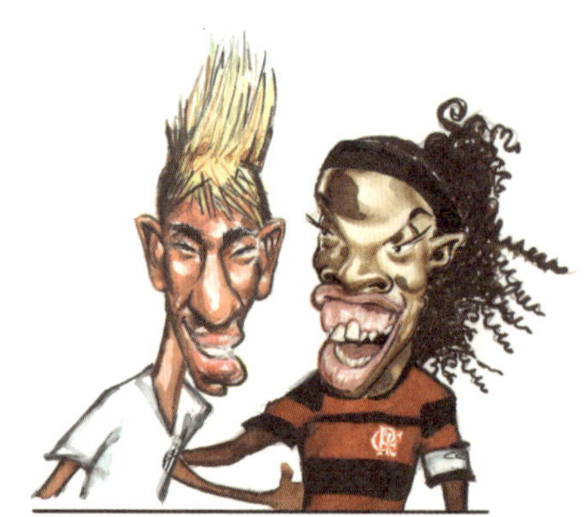

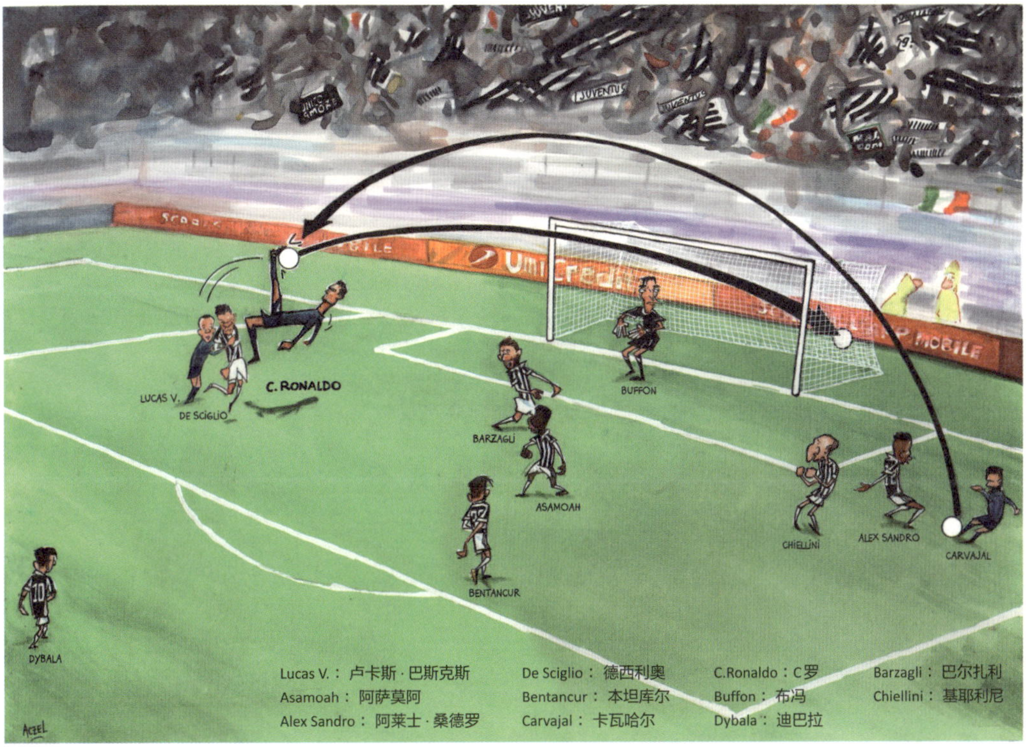

LUCAS V.
DE SCIGLIO
C.RONALDO
BUFFON
BARZAGLI
ASAMOAH
BENTANCUR
CHIELLINI
ALEX SANDRO
CARVAJAL
DYBALA
Lucas V.：卢卡斯·巴斯克斯
De Sciglio：德西利奥
C.Ronaldo：C罗
Barzagli：巴尔扎利
Asamoah：阿萨莫阿
Bentancur：本坦库尔
Buffon：布冯
Chiellini：基耶利尼
Alex Sandro：阿莱士·桑德罗
Carvajal：卡瓦哈尔
Dybala：迪巴拉

7

克里斯蒂亚诺·罗纳尔多 | **皇家马德里** **第64分钟（0：2）**

2018年4月3日[1]，安联竞技场[2]，都灵（意大利）
欧洲冠军联赛，1/4决赛，首回合，尤文图斯0：3皇家马德里

CR7征服对手球迷

C罗以惊人的腾空高度攻入一记倒挂金钩后，甚至连对手“老妇人”（尤文图斯）的球迷都起立为他送上掌声，造就了动人的一刻。葡萄牙人对此非常感动，向尤文图斯的球迷表示了谢意。或许，这也是促使C罗在下一个赛季加盟尤文图斯的原因之一。

2m 38 cm
1m 41cm

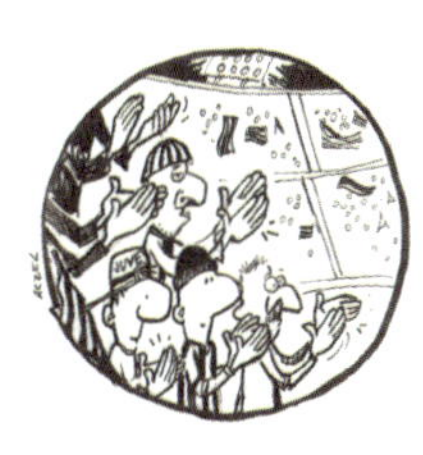

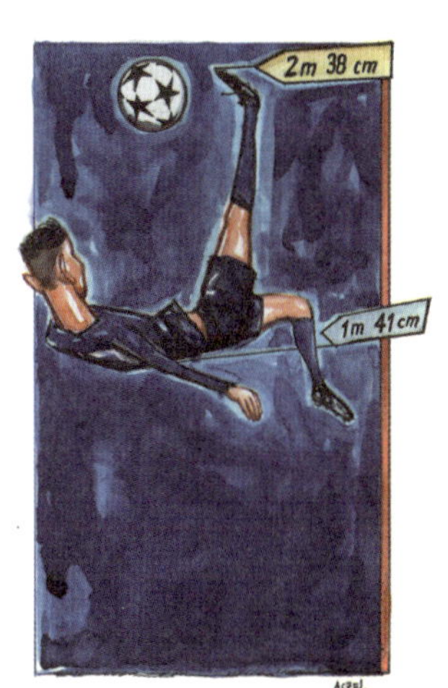

1. 此处非北京时间，因时区不同存在时差，北京时间日期相同或延后一天。后文类似问题不再标注。——译者注
2. 原文为“Juventus Stadium”（尤文图斯竞技场），其于2017年7月被冠名为“Allianz Stadium”（安联竞技场）。——译者注

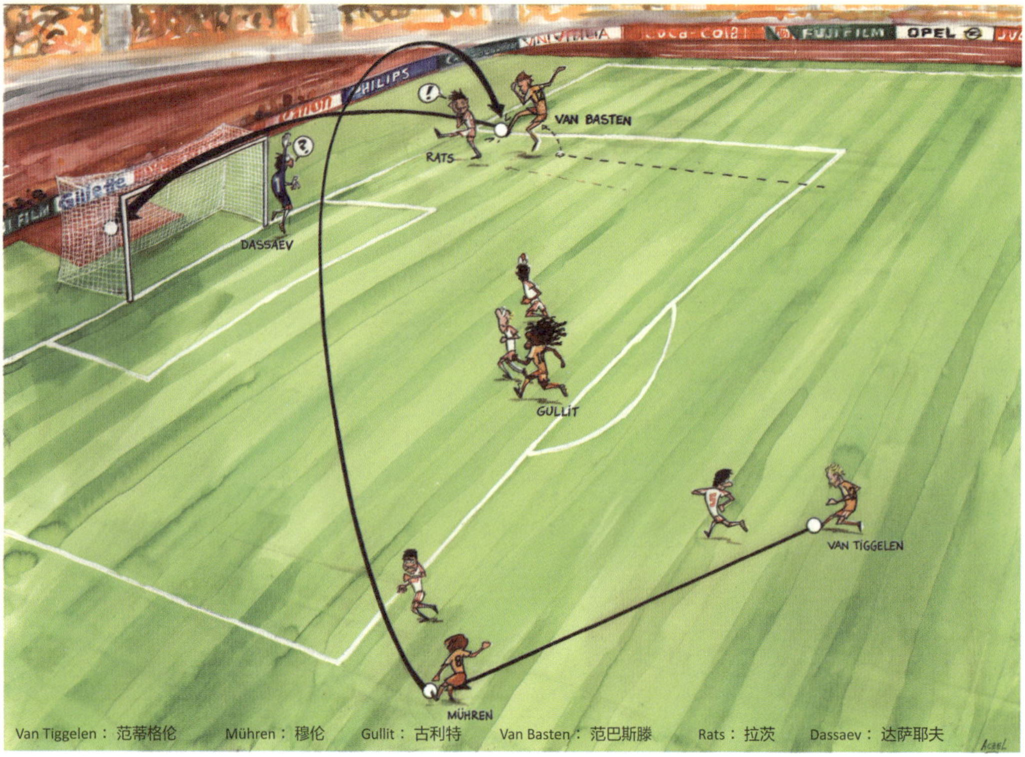
PHILIPS
FUJIFILM
OPEL
VAN BASTEN
RATS
DASSAEV
GULLIT
VAN TIGGELEN
MÜHREN
Van Tiggelen：范蒂格伦　Mühren：穆伦　Gullit：古利特　Van Basten：范巴斯滕　Rats：拉茨　Dassaev：达萨耶夫

8

马尔科 · 范巴斯滕 ｜ **荷兰国家队** **第54分钟（2：0）**

1988年6月25日，奥林匹克体育场，慕尼黑（德国）
欧洲杯，决赛，荷兰2：0苏联

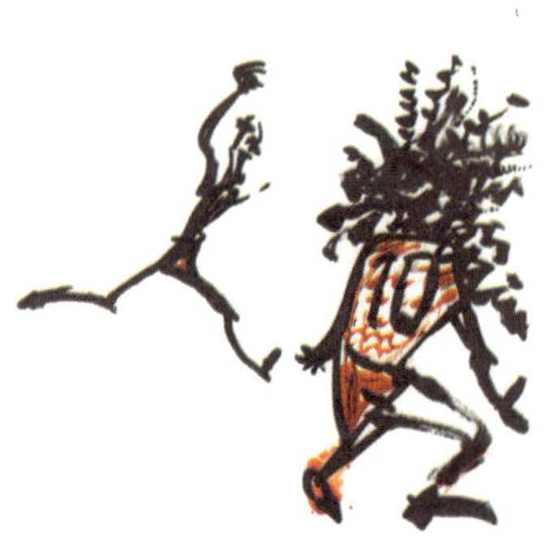

“零角度”凌空斩

在1988年的欧洲杯决赛上，范巴斯滕从几乎不可能的角度起脚凌空抽射，皮球越过守门员飞入球门远角。作为那个时代最优秀的前锋之一，范巴斯滕以此带领荷兰队在1988年首夺欧洲杯冠军。

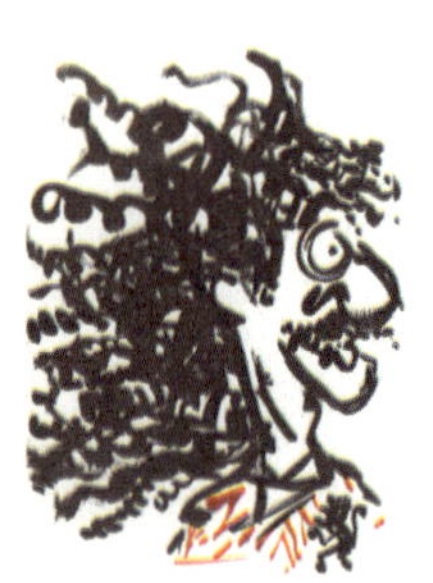

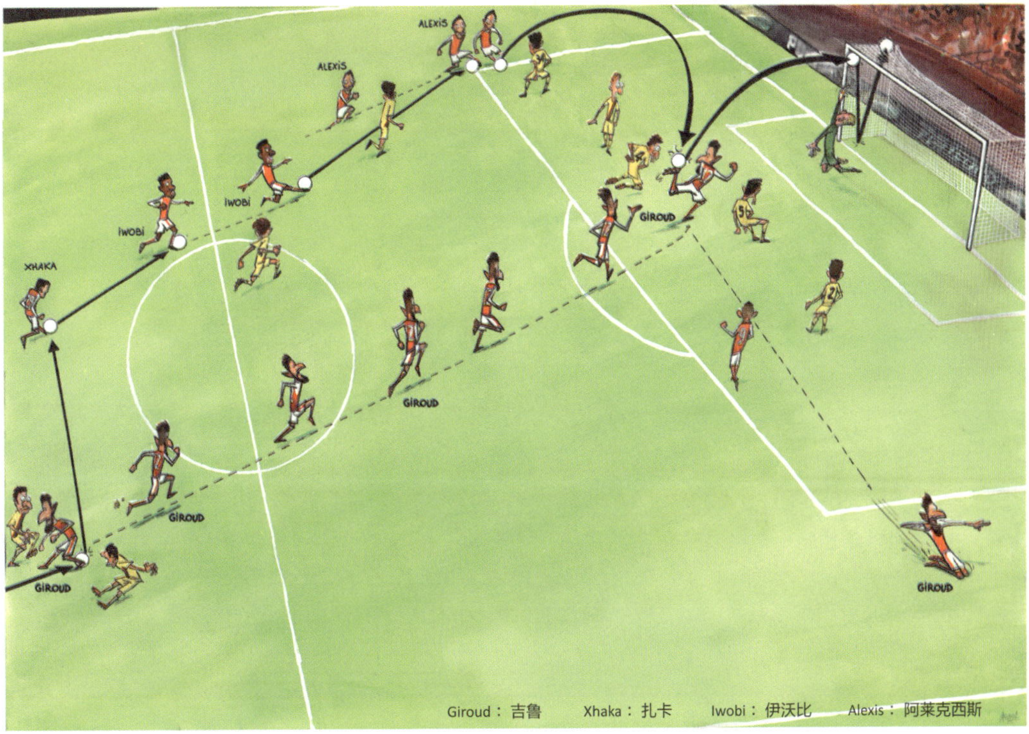

ALEXIS
ALEXIS
IWOBI
IWOBI
XHAKA
GIROUD
GIROUD
GIROUD
GIROUD
GIROUD
Giroud：吉鲁　Xhaka：扎卡　Iwobi：伊沃比　Alexis：阿莱克西斯

9

奥利维耶·吉鲁 | **阿森纳**　　**第17分钟（1：0）**

2017年1月1日，酋长球场，伦敦（英格兰）
英格兰足球超级联赛，第19轮，阿森纳2：0水晶宫

“新年好”

2017年才刚刚到来，人们似乎便已见证了年度最佳进球的诞生。大吉鲁凭借这记神级“蝎子摆尾”荣获2017年的普斯卡什奖。

“我有点儿走运，球传到了我身后，在那个位置，我没有别的选择。”

OLIVER
GIROUD

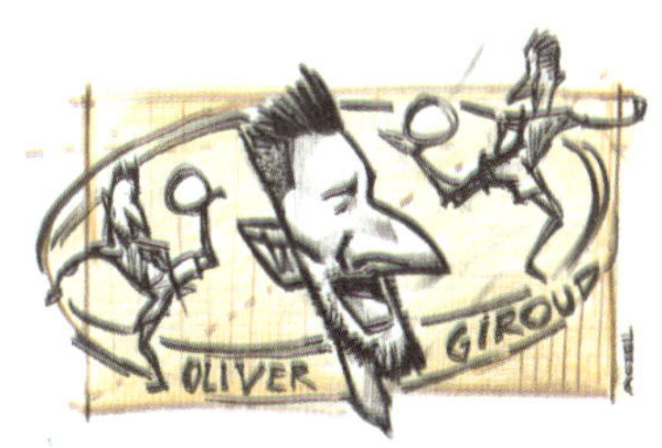

Pelé：贝利

10 贝利 | 桑托斯

第81分钟（0 ：4）

1959年8月2日，鲁亚贾瓦里[1]体育场，圣保罗（巴西）
圣保罗州足球甲级联赛，CA尤文图斯0 ：4桑托斯

球王贝利!

贝利以连续4次挑球过人的操作完成了他职业生涯里1283粒进球中无与伦比的一粒。可惜这一神球未能被摄像机记录下来。根据现场观众和贝利本人的重述，人们用电脑还原了这一进球过程。

1. 原文为“Rua Javari”，此处为音译。——译者注

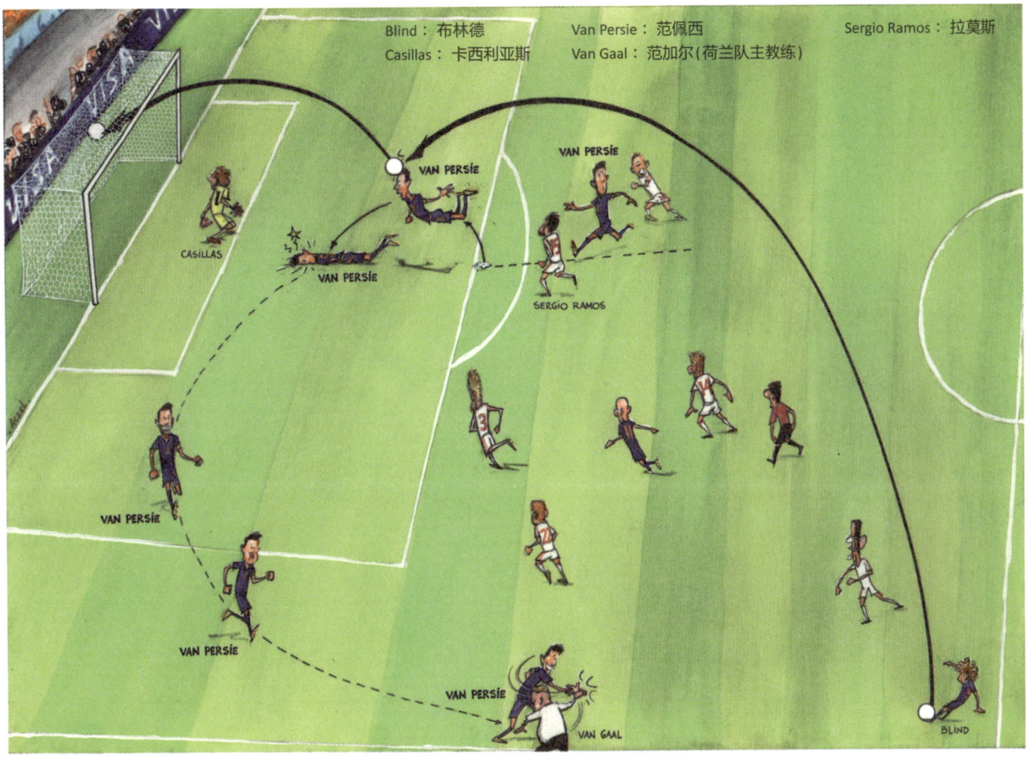
Blind：布林德
Casillas：卡西利亚斯
Van Persie：范佩西
Van Gaal：范加尔(荷兰队主教练)
Sergio Ramos：拉莫斯
VAN PERSIE
VAN PERSIE
CASILLAS
VAN PERSIE
SERGIO RAMOS
VAN PERSIE
VAN PERSIE
VAN PERSIE
VAN GAAL
BLIND

11

罗宾·范佩西 | **荷兰国家队** **第44分钟（1：1）**

2014年6月13日，新水源球场[1]，巴伊亚州萨尔瓦多市（巴西）
世界杯，小组赛B组，荷兰5：1西班牙

飞翔的荷兰人

范佩西极富想象力，毫不担忧腾空后如何落地。这记惊世骇俗的“鱼跃冲顶”无疑是头球破门中首屈一指之作，实难超越。

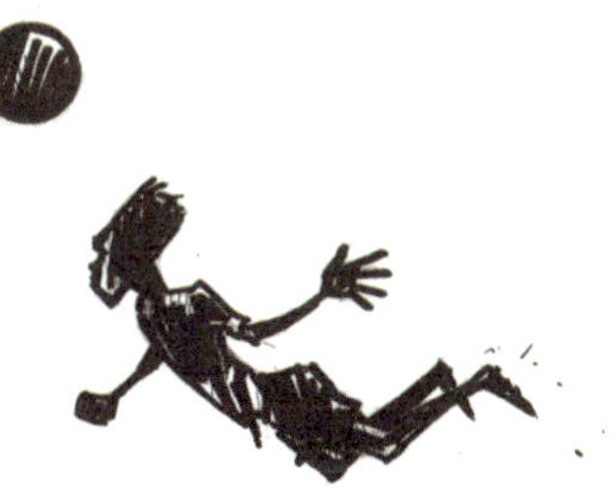

1. 原文为“Estádio Fonte Nova”，另译作“冯特·诺瓦球场”。——译者注

Fischer：费舍尔　　Abramczik：阿布拉姆契克

12

克劳斯·费舍尔 | **联邦德国国家队**　　**第60分钟（4：1）**

1977年11月16日，内卡尔体育场[1]，斯图加特（德国）
友谊赛，联邦德国4：1瑞士

倒钩先生

“倒钩之王”克劳斯·费舍尔一直是这种华丽破门方式的代言人，这位神锋在其职业生涯中曾多次上演精彩的倒钩得分。这大概是他最为完美的“倒挂金钩”，此球被评为德国年度最佳进球、十年最佳进球和世纪最佳进球。

值得一提的是，费舍尔最重要的进球是1982年世界杯半决赛上那记历史级的倒钩破门，助联邦德国队以3：3扳平比分。

即使顶着53岁高龄，他仍在慕尼黑1860和拜仁慕尼黑的高龄组德比战中完成了一记美妙的侧钩破门，并凭此第6次把《体育秀》观众授予的“月度最佳进球”奖牌收入囊中。

他在倒钩方面的成就至今无人超越。

1. 1993年前名为内卡尔体育场（Neckarstation），1996年至2008年7月被称为戈特利布·戴姆勒体育场（Gottlieb Daimler Stadion），2008年7月1日更名为梅赛德斯-奔驰竞技场（Mercedes-Benz Arena）。——译者注

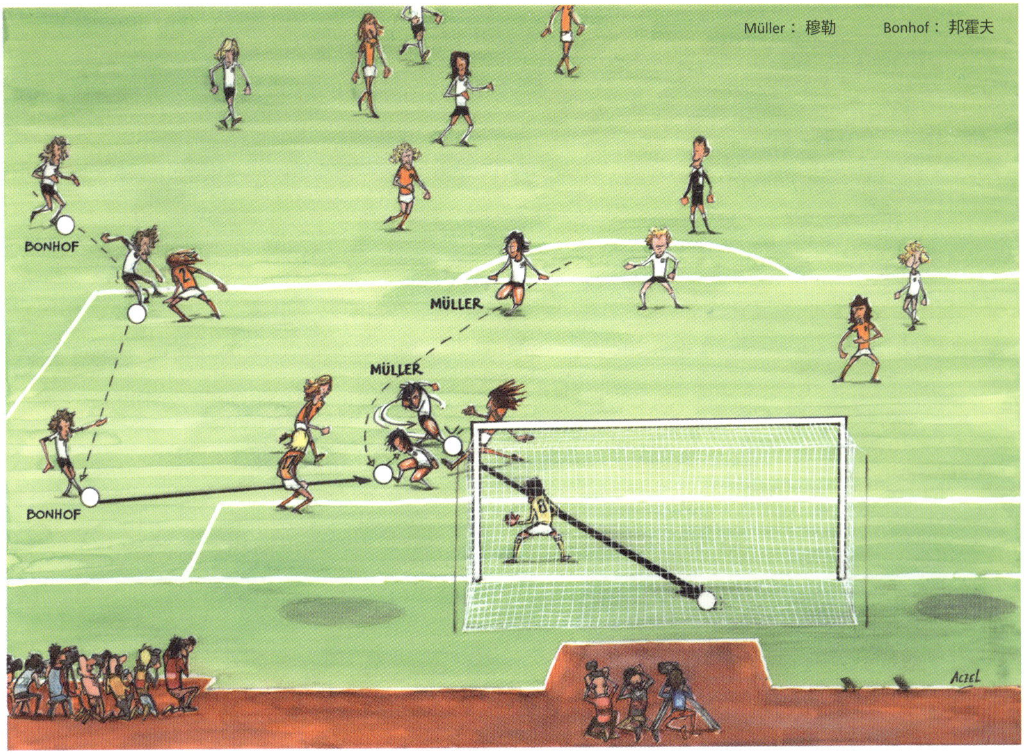

Müller：穆勒
Bonhof：邦霍夫
BONHOF
MÜLLER
MÜLLER
BONHOF
ACZEL

13 **盖德·穆勒** | **联邦德国国家队** **第43分钟（2：1）**

1974年7月7日，奥林匹克体育场，慕尼黑（德国）
世界杯，决赛，联邦德国2 ：1荷兰

德国“轰炸机”

现在我们看到的是德甲历史总射手榜的第一名。盖德·穆勒的大腿腿围长达64厘米，时至今日，人们仍然在纳闷儿他怎么能跑得起来。然而，他不仅能跑，还有着异常出色的身体控制力，反应速度极快，例如这粒进球中的转身和预判。只有他能从不是机会的机会中变出魔术般的进球。这位传奇巨星曾经说过：“在足球场上，当你开始思考，已经为时太晚。”

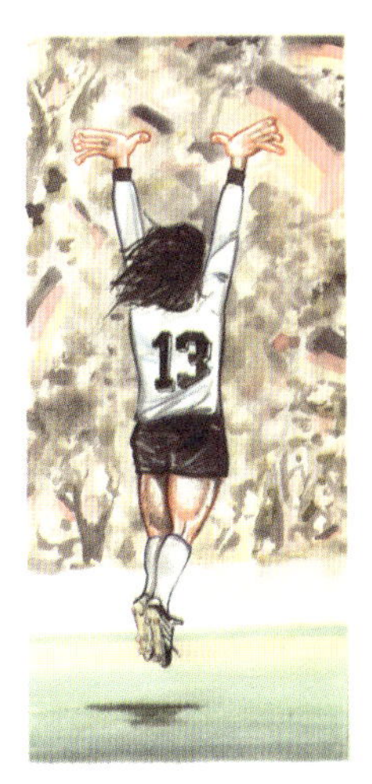

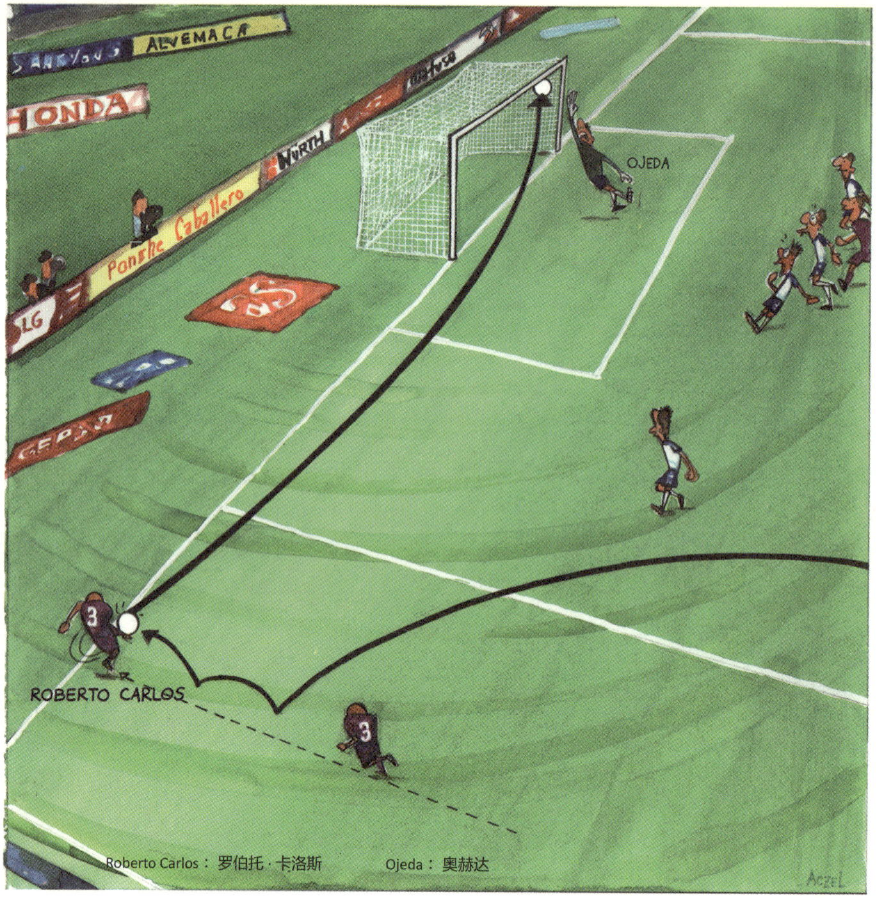

Roberto Carlos：罗伯托·卡洛斯　　Ojeda：奥赫达

14

罗伯托·卡洛斯 | **皇家马德里** **第46分钟（1：1）**

1998年2月21日，埃里奥多罗·罗德里格斯·洛佩斯球场，特内里费（西班牙）
西班牙足球甲级联赛，第26轮，特内里费4：3皇家马德里

不可能的进球

又是一粒来自罗伯托·卡洛斯的“不可能的进球”。他打破几何学规则，兑现了这记“零角度”射门。在本书的最佳进球前二十球中独占两球，卡洛斯无疑是有史以来最好的外脚背射手。

15

迪恩·桑德斯 | **谢菲尔德联** **第88分钟（2：0）**

1998年3月28日，布拉莫巷体育场，谢菲尔德（英格兰）
英格兰足球超级联赛，第37轮，谢菲尔德联2：1维尔港

史上最“狡猾”进球

对方守门员出击断球后仓皇回跑，桑德斯快发边线球，和守门员的后背来了一次“撞墙配合”。实乃神来之笔！

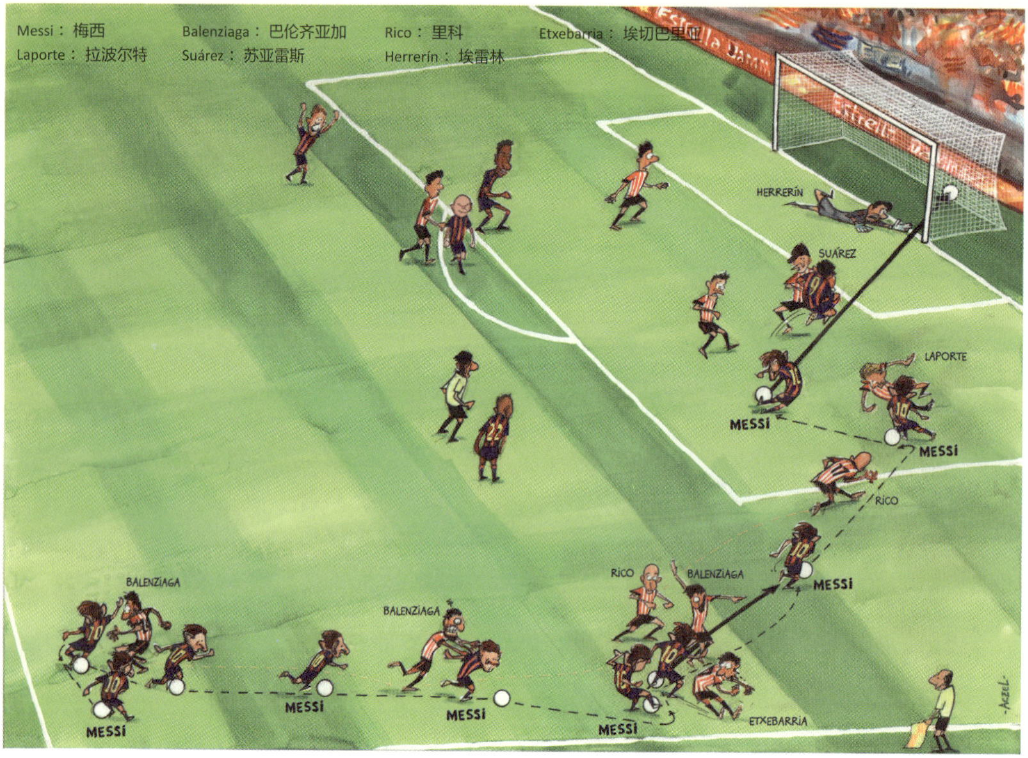

Messi：梅西
Laporte：拉波尔特
Balenziaga：巴伦齐亚加
Suárez：苏亚雷斯
Rico：里科
Herrerín：埃雷林
Etxebarria：埃切巴里亚
HERRERÍN
SUÁREZ
LAPORTE
MESSI
RICO
BALENZIAGA
ETXEBARRIA

16

利昂内尔·梅西 | **巴塞罗那** **第20分钟（1：0）**

2015年5月30日，诺坎普球场，巴塞罗那（西班牙）
西班牙国王杯，决赛，巴塞罗那3 ：1毕尔巴鄂竞技

“抓得住我，你就来呀！”

梅西带球晃过数位防守球员，无人可挡。最终，他被评为“本场最佳球员”，巴萨如愿捧回了奖杯。

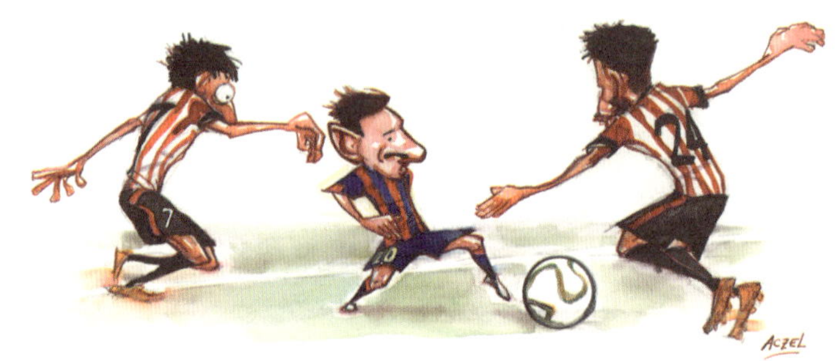

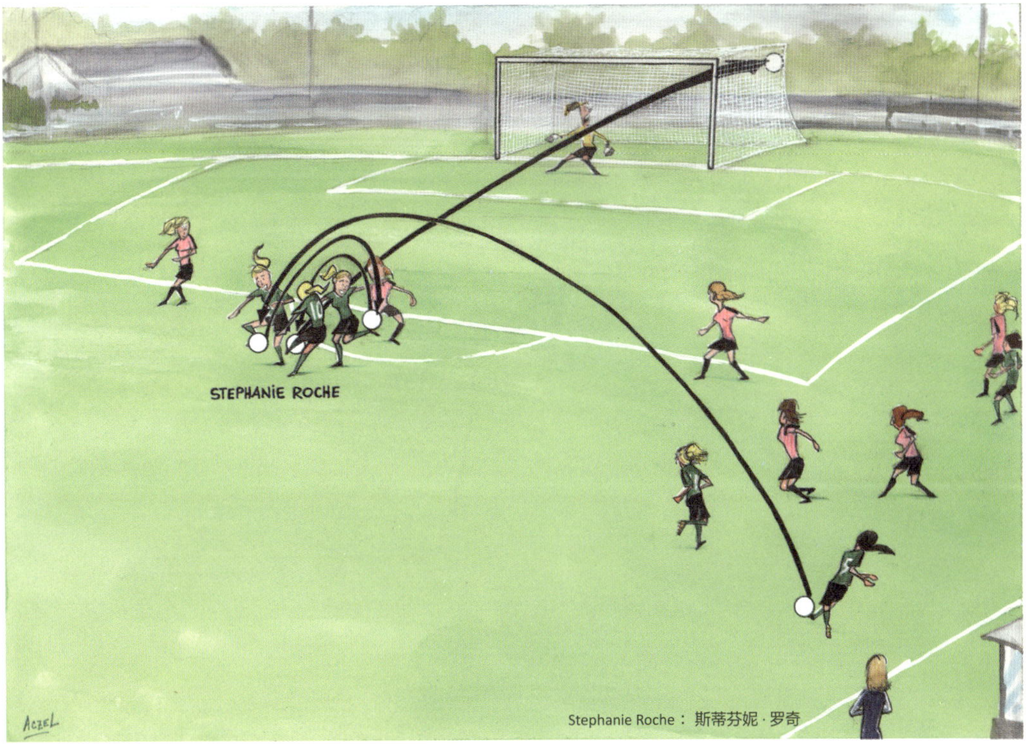
ACZEL
STEPHANIE ROCHE
Stephanie Roche：斯蒂芬妮·罗奇

17 **斯蒂芬妮·罗奇** | **皮莫特联** **第47分钟（0：4）**

2013年10月20日，费里卡里格公园球场，纽卡斯尔，克洛萨贝格（爱尔兰）
爱尔兰女足国家联赛，韦克斯福德青年1：6皮莫特联

轰动全网

教练拍下这粒进球并上传到视频分享网站油管（YouTube）上后，视频开始在网上疯传。斯蒂芬妮·罗奇这一进球提名了2014年的普斯卡什奖。“在足球界的奥斯卡奖颁奖礼上和梅西、C罗等超级巨星同台，对我来说实在是不可思议，如在梦中。”斯蒂芬妮·罗奇最终凭借此球赢得2014年普斯卡什奖第二名，这是女性球员获得的最高位次。

YouTube
STEPHANIE ROCHE

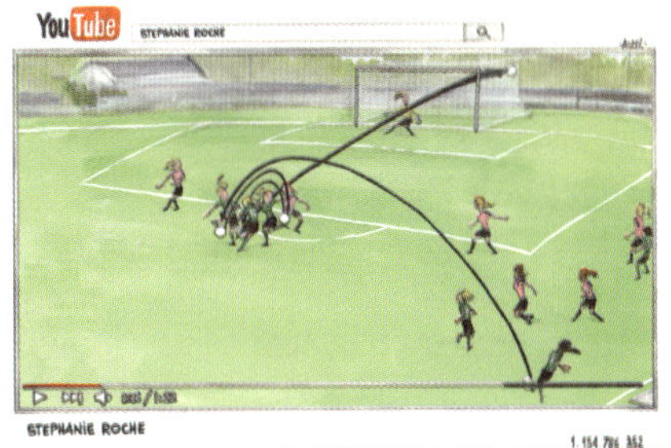

全世界都为之振奋。

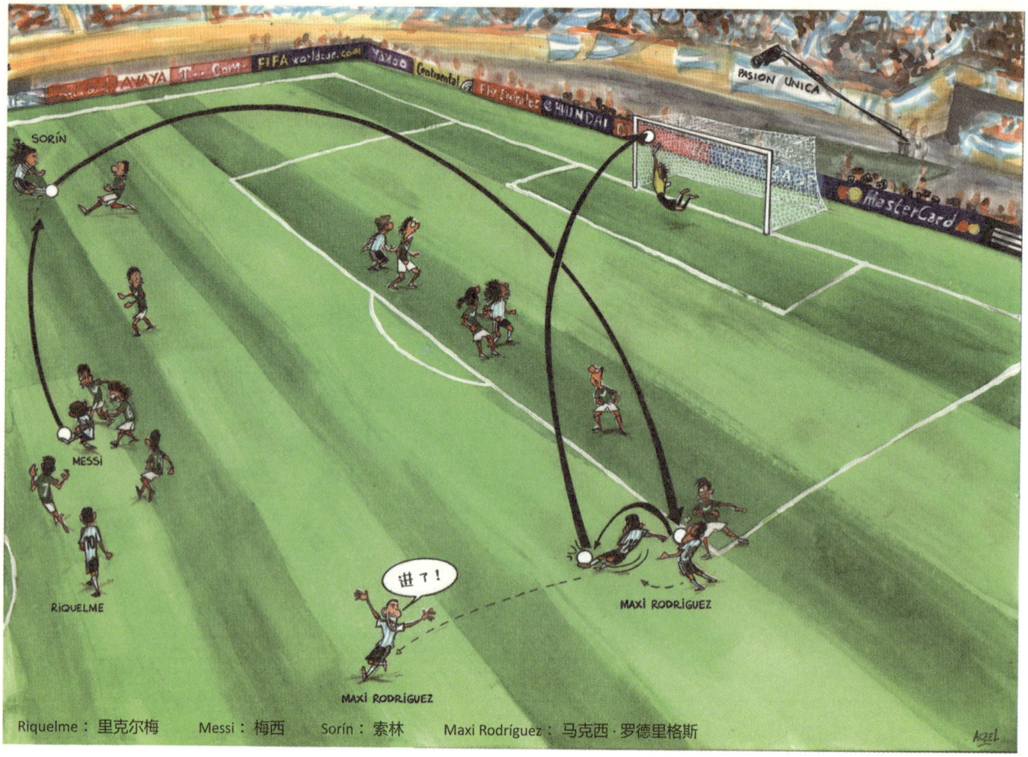
AVAYA
FIFA worldcup.com
Yahoo
Continental
HYUNDAI
PASION UNICA
MasterCard
SORÍN
MESSI
RIQUELME
进了！
MAXI RODRÍGUEZ
MAXI RODRÍGUEZ
Riquelme：里克尔梅　Messi：梅西　Sorín：索林　Maxi Rodríguez：马克西·罗德里格斯
ACZEL

18

马克西·罗德里格斯 | **阿根廷国家队** **第98分钟（2：1）**

2006年6月24日，中央球场，莱比锡（德国）
世界杯，1/8决赛，阿根廷2：1墨西哥（加时赛后）

世界波

胸部停球，不等皮球落地，直接起脚劲射，这记技惊四座的世界波帮助阿根廷闯入了下一轮。

ACZEL
MAXI RODRÍGUEZ

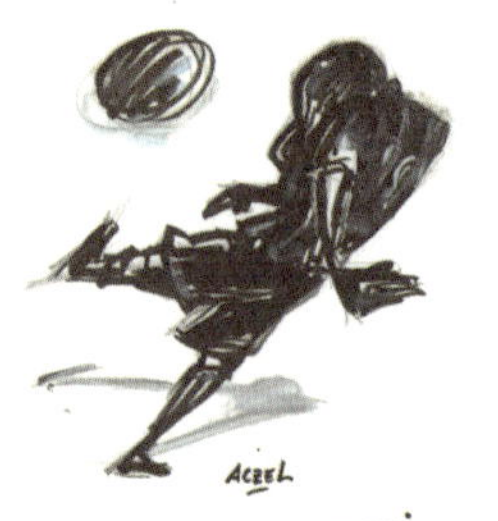

Kammlott：卡姆洛特

19　**卡斯滕·卡姆洛特** | **红白埃尔福特**　**第67分钟（1：1）**

2015年8月13日，鲁道夫·哈比格球场，德累斯顿（德国）
德国足球丙级联赛，第3轮，德累斯顿迪纳摩3 ：1红白埃尔福特

超人卡姆洛特

凭借一记石破天惊的飞身“蝎子摆尾”，这位效力于德丙的球员打入了2015年的年度进球。“我此前从没这样试过，这样的进球一生中只会出现一次。当然，我很高兴这发生在了我身上。”可亲又朴实的卡姆洛特回忆这粒神仙球时说道。

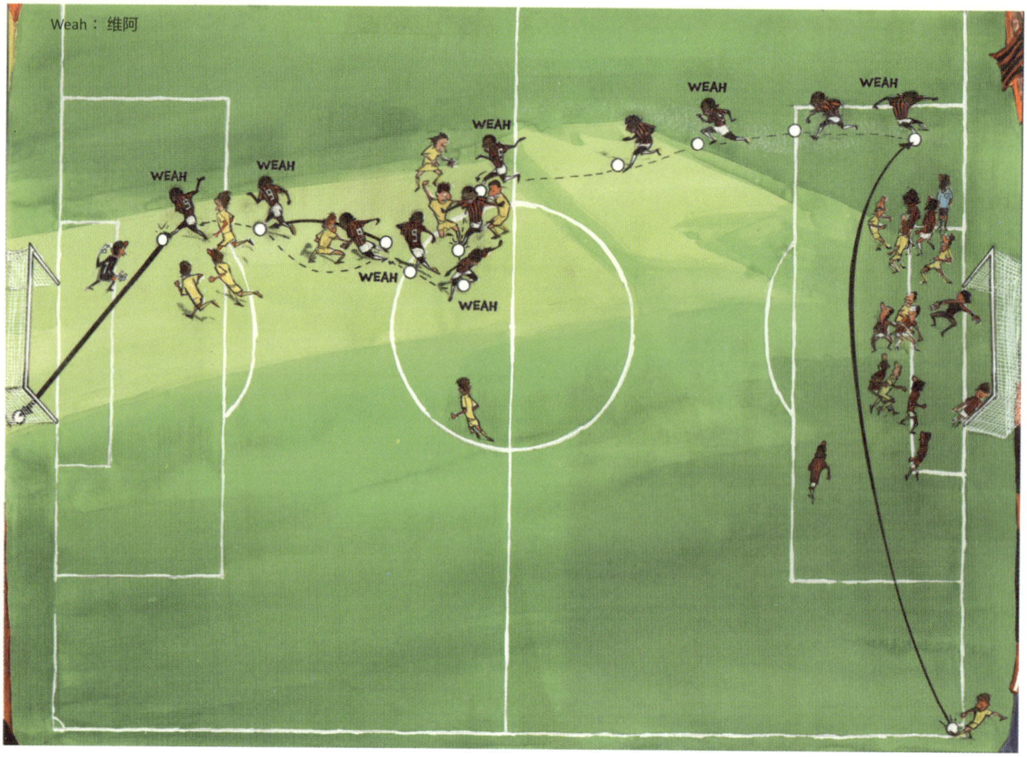

Weah：维阿

20

乔治·维阿 | **AC米兰**　　**第85分钟（3：1）**

1996年9月8日，圣西罗球场[1]，米兰（意大利）

意大利足球甲级联赛，第1轮，AC米兰4：1赫拉斯维罗纳

千里走单骑

维阿千里走单骑，从本方禁区长途奔袭，连过数人，冲过整个球场，一剑封喉。迄今为止，他仍是非洲唯一一位"世界足球先生"，并最终荣获"非洲世纪最佳球员"。2018年1月起，"乔治王"维阿就任利比里亚共和国总统。

1. 原文为"Giuseppe Meazza Stadion"（朱塞佩·梅阿查球场），该球场又叫"San Siro"（圣西罗球场），后者更常用，且该球场作为AC米兰主场时使用后者，作为国际米兰主场时使用前者。——译者注

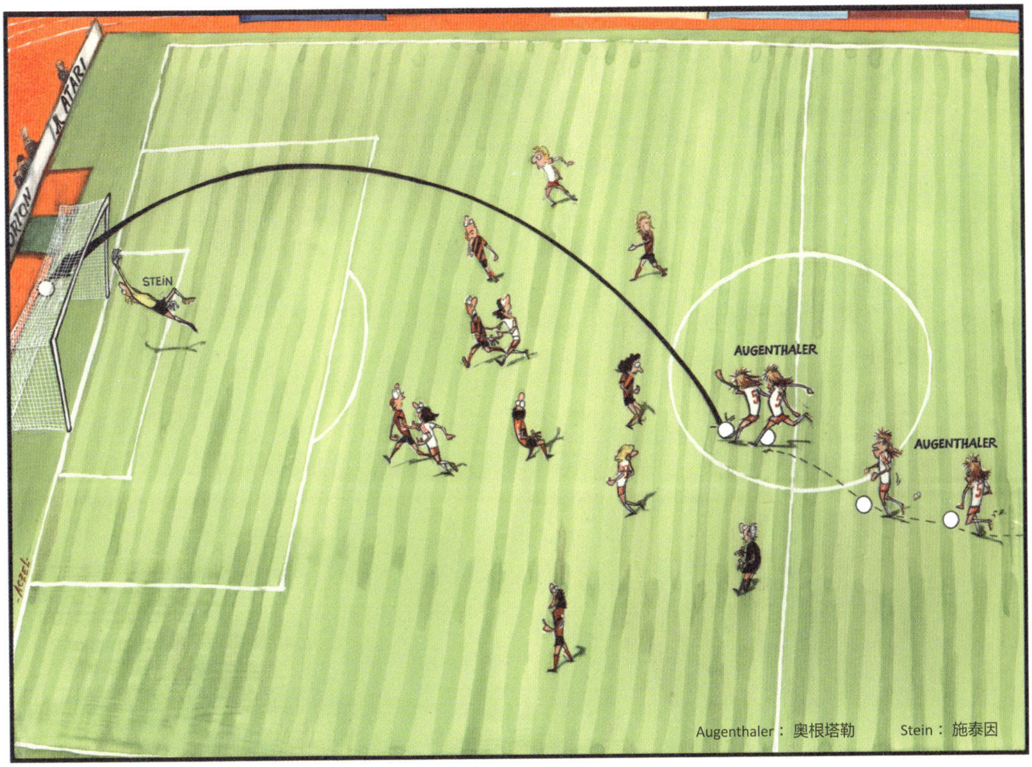
ORION
ATARI
STEIN
AUGENTHALER
AUGENTHALER
Augenthaler： 奥根塔勒
Stein： 施泰因

21

克劳斯·奥根塔勒 | **拜仁慕尼黑**

第34分钟（0：1）

1989年8月20日，瓦尔德球场[1]，法兰克福（德国）
德国杯，第1轮，法兰克福0 ：1拜仁慕尼黑

尽在计划中

队长奥根塔勒不紧不慢地从后场带球推进，来到中圈，突然一脚吊射，惊呆众人。

“我曾为自己定下要从中线踢进一粒球的目标。”此球被评为德国年度最佳进球和十年最佳进球。

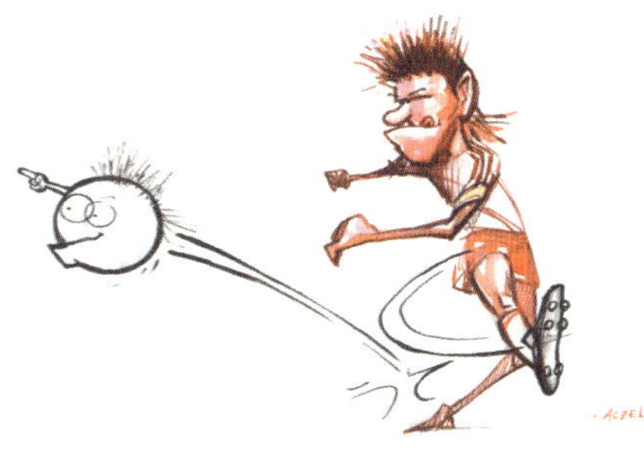

1. 现名为商业银行竞技场（Commerzbank Arena）。——译者注

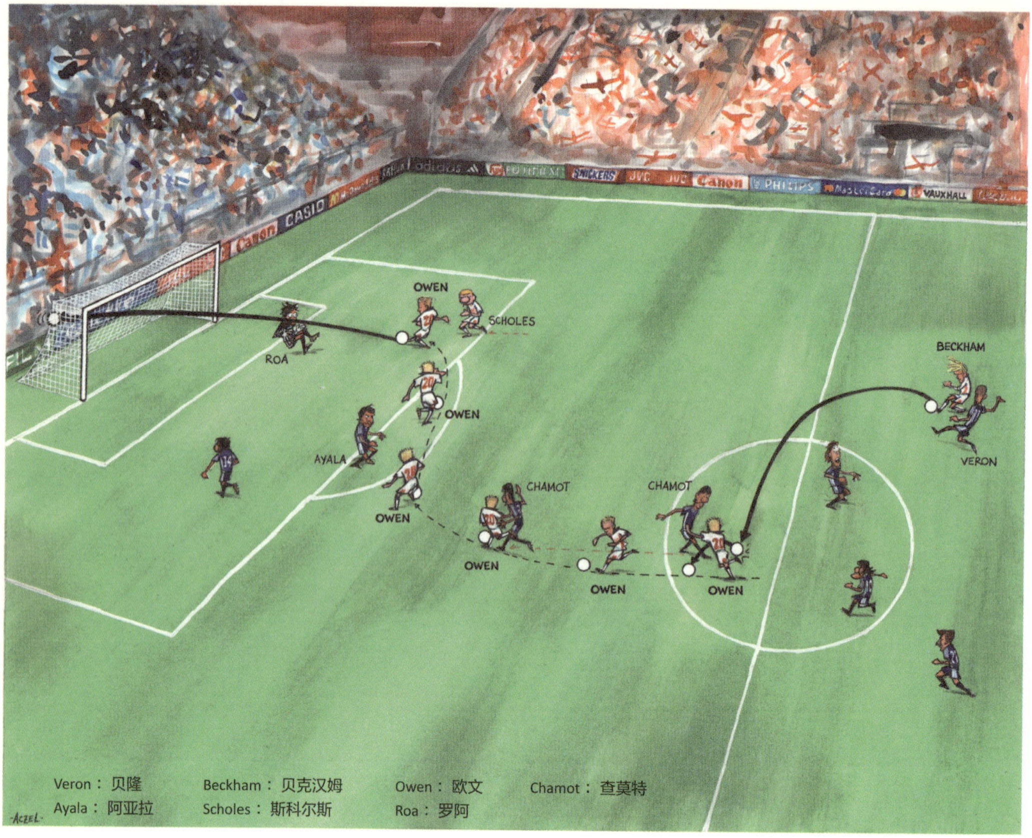
OWEN
SCHOLES
ROA
BECKHAM
OWEN
AYALA
VERON
CHAMOT
CHAMOT
OWEN
OWEN
OWEN
OWEN
Veron：贝隆
Ayala：阿亚拉
Beckham：贝克汉姆
Scholes：斯科尔斯
Owen：欧文
Roa：罗阿
Chamot：查莫特

22 迈克尔·欧文 | 英格兰国家队 第16分钟（1：2）

1998年6月30日，热奥弗鲁瓦·基查尔球场，圣艾蒂安（法国）
世界杯，1/8决赛，阿根廷2：2英格兰（加时赛后），点球大战4：3

追风少年

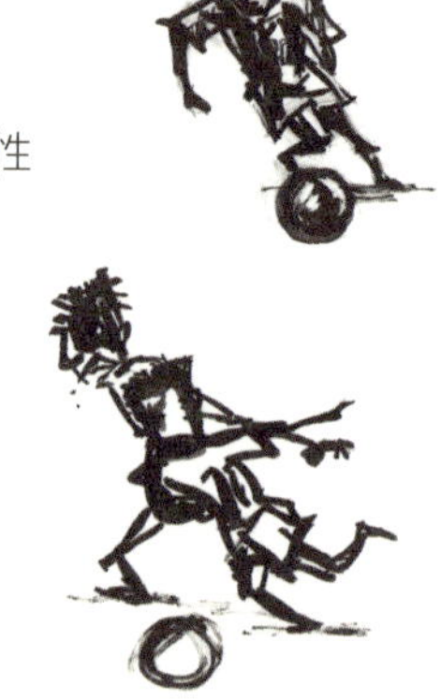

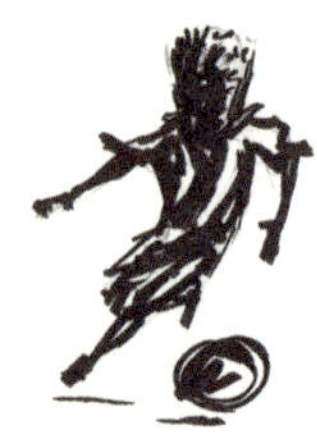

面对宿敌阿根廷，年仅18岁的欧文打进了英格兰最具标志性的进球之一，或许也是英格兰在世界杯历史上最精彩的进球。

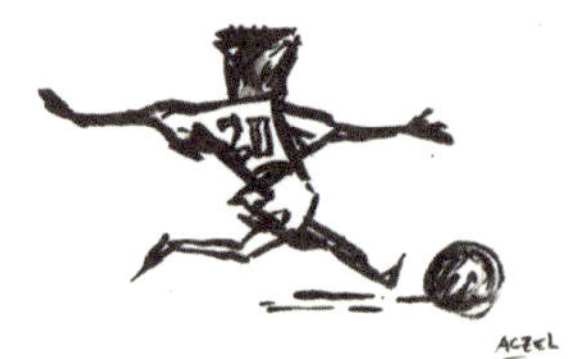

MOHD FAIZ SUBRI Mohd Faiz Subri：莫哈末·法伊兹·苏布里

23

莫哈末·法伊兹·苏布里 | **槟城**

2016年2月16日，槟城城市体育场，槟城（马来西亚）
马来西亚足球超级联赛，槟城4 ：1彭亨

被遥控的进球？

法伊兹主罚的任意球划出一道诡异弧线，他因此一球成名，并将2016年的普斯卡什奖收入囊中。

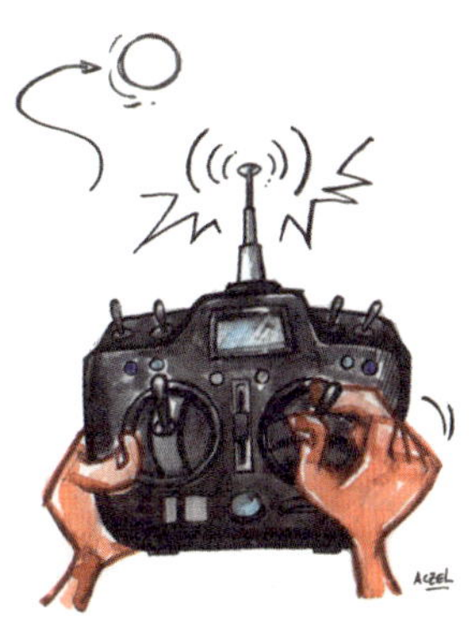

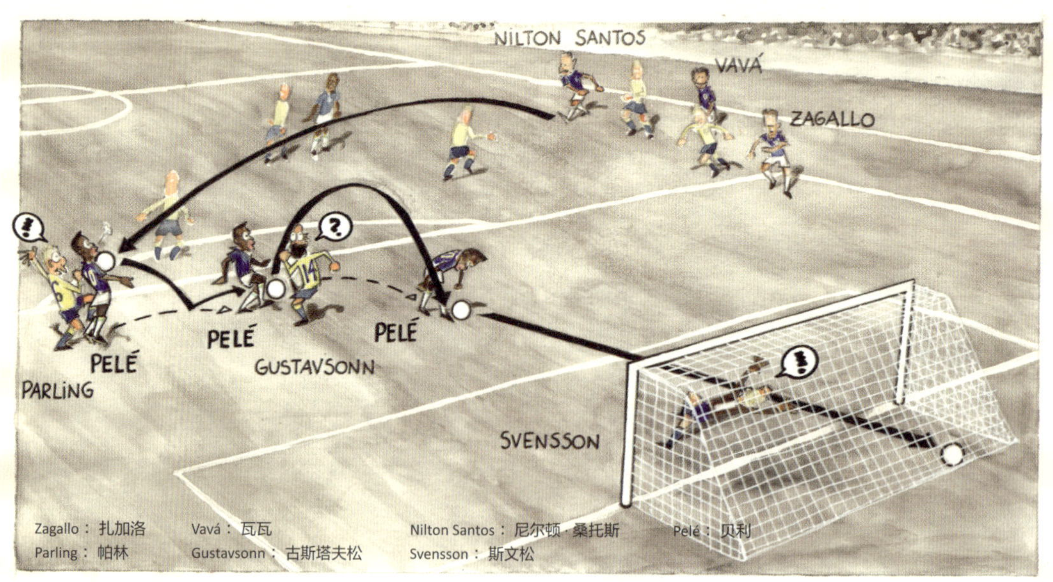

24

贝利 | **巴西国家队** **第55分钟（3：1）**

1958年6月29日，拉桑达球场，索尔纳（瑞典）
世界杯，决赛，巴西5：2瑞典

传奇诞生

年仅17岁就称霸世界杯，还在决赛攻入一记梦幻般的进球。先是胸部停球，随后用魔术般的“贝式挑球”过人，不等皮球落地便起脚凌空抽射，直接破门，缔造了决赛上的最佳单人进球。在当时，贝利这般球员的出现让人印象深刻，他为足球比赛带来了变革，也为巴西带来了首座世界杯冠军奖杯。一位传奇人物诞生了。

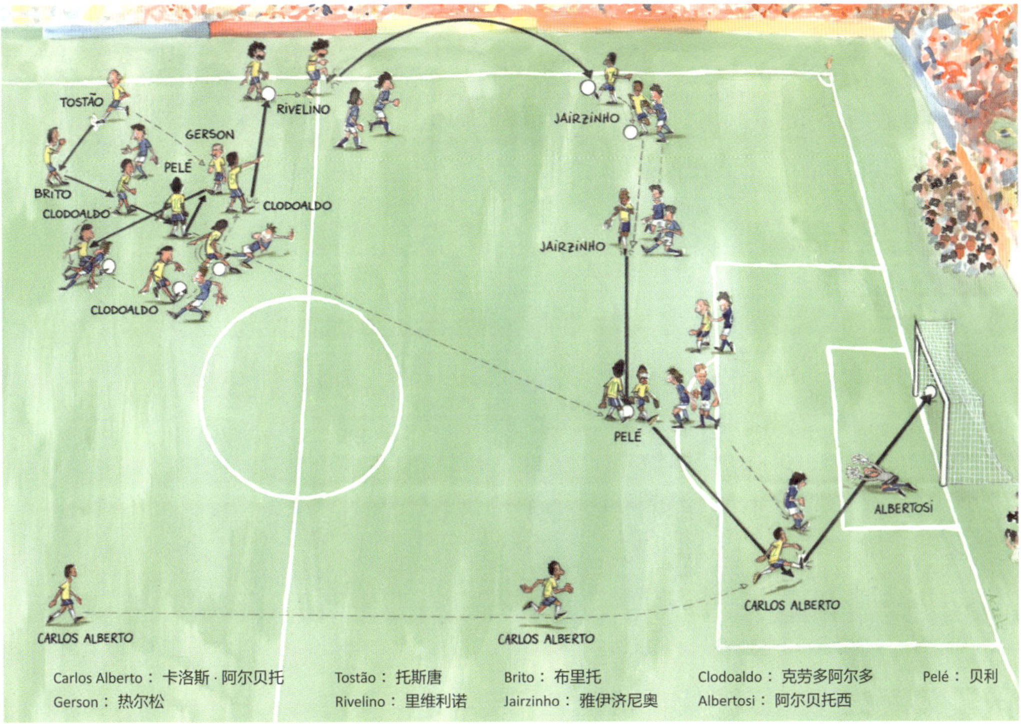

Carlos Alberto：卡洛斯·阿尔贝托　Tostão：托斯唐　Brito：布里托　Clodoaldo：克劳多阿尔多　Pelé：贝利
Gerson：热尔松　Rivelino：里维利诺　Jairzinho：雅伊济尼奥　Albertosi：阿尔贝托西

25

卡洛斯·阿尔贝托 | **巴西国家队**　　**第86分钟（4：1）**

1970年6月21日，阿兹特克球场，墨西哥城（墨西哥）
世界杯，决赛，巴西4：1意大利

骑士晋封仪式

1970年的巴西队被视为有史以来最好的球队。在对战意大利的世界杯决赛中，巴西队凭借精彩的团队协作攻入了比赛的最后一球。这位从未料想能在世界杯上进球的后卫承认道：“我每天都在回想这个时刻。”

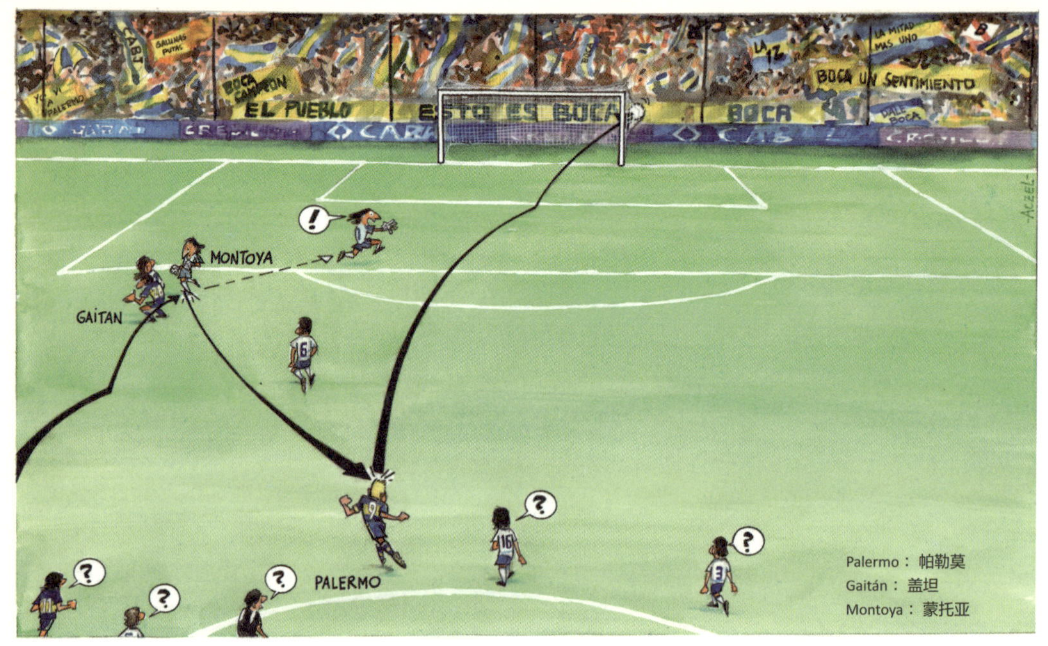

26

马丁·帕勒莫 | **博卡青年** **第74分钟（3：2）**

2009年10月4日，糖果盒球场，博卡区，布宜诺斯艾利斯（阿根廷）
阿根廷足球甲级联赛，开幕赛（春季联赛），第7轮，博卡青年3：2萨斯菲尔德

“疯子”中圈头球破门

这粒来自中圈的“疯狂”头球实在令人叹为观止。

博卡的超级偶像帕勒莫的进球“众口能调”。此外，这位球迷们最爱的9号曾在丰田杯（世俱杯的前身）决赛上击败皇家马德里夺得冠军，并被评为“全场最佳球员”。“圣帕勒莫”还是博卡青年队史上第一射手。

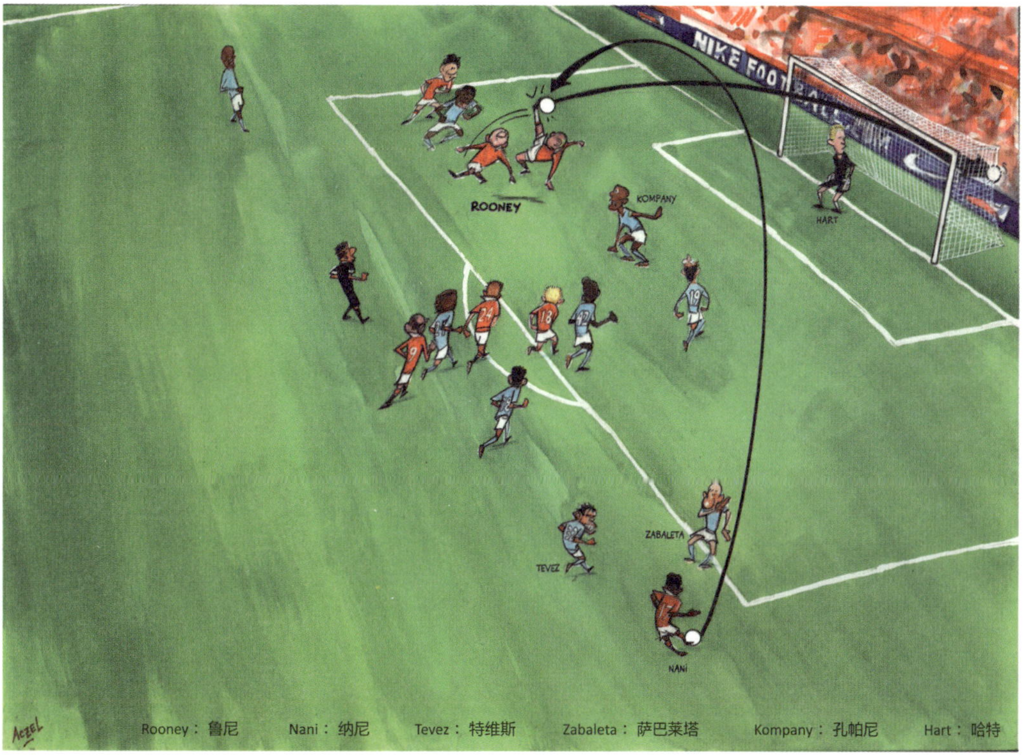
ROONEY
KOMPANY
HART
ZABALETA
TEVEZ
NANI
Rooney：鲁尼　Nani：纳尼　Tevez：特维斯　Zabaleta：萨巴莱塔　Kompany：孔帕尼　Hart：哈特

27

韦恩·鲁尼 | 曼联　　**第78分钟（2：1）**

2011年2月12日，老特拉福德球场，曼彻斯特（英格兰）
英格兰足球超级联赛，第26轮，曼联2：1曼城

倒挂金钩，曼市制造

“对战曼城的这记倒钩是我最重要的进球。”“鲁小胖”回忆道。或许是因为那是一场争夺联赛冠军的关键比赛。这一杰作被评为曼市“德比”的最佳进球。

GOAAAL!

AON

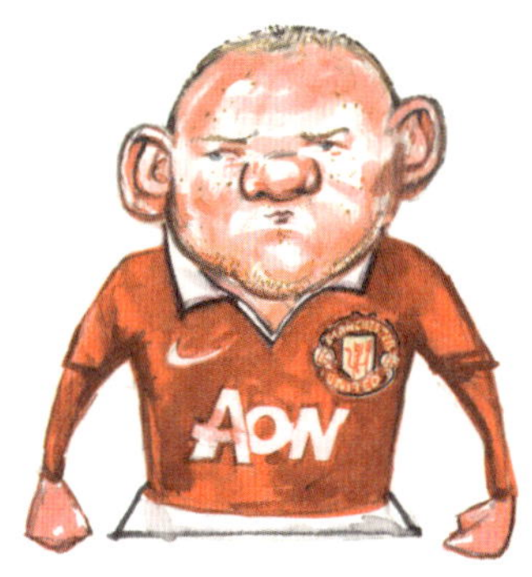

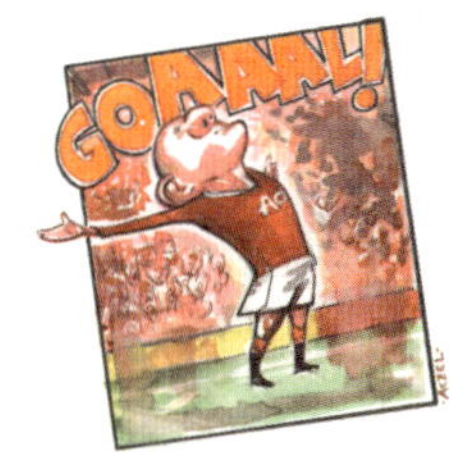

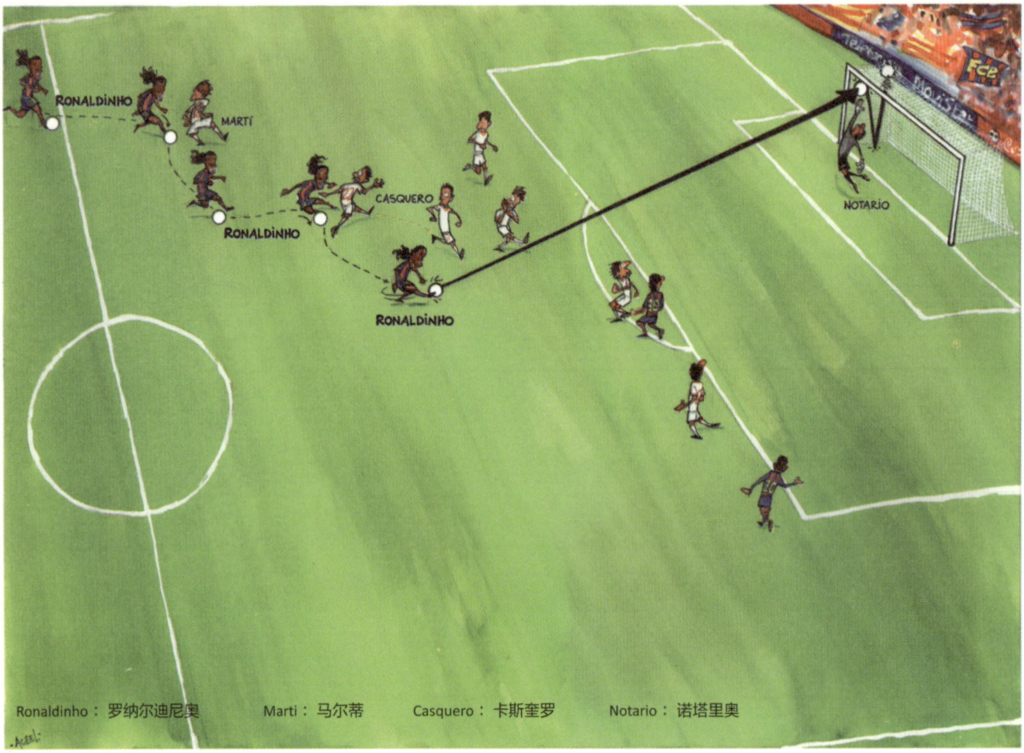
RONALDINHO
MARTI
RONALDINHO
CASQUERO
RONALDINHO
NOTARIO
Ronaldinho： 罗纳尔迪尼奥
Marti： 马尔蒂
Casquero： 卡斯奎罗
Notario： 诺塔里奥

28

罗纳尔迪尼奥 | 巴塞罗那 **第58分钟（1：1）**

2003年9月3日，诺坎普球场，巴塞罗那（西班牙）
西班牙足球甲级联赛，第2轮，巴塞罗那1：1塞维利亚

极尽奢华

小罗在他身披红蓝战袍的首秀上用一记超级世界波攻破了客队塞维利亚的球门，征服了诺坎普。

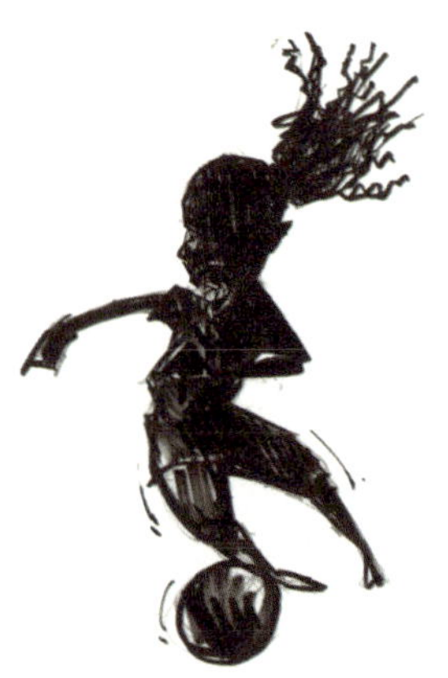

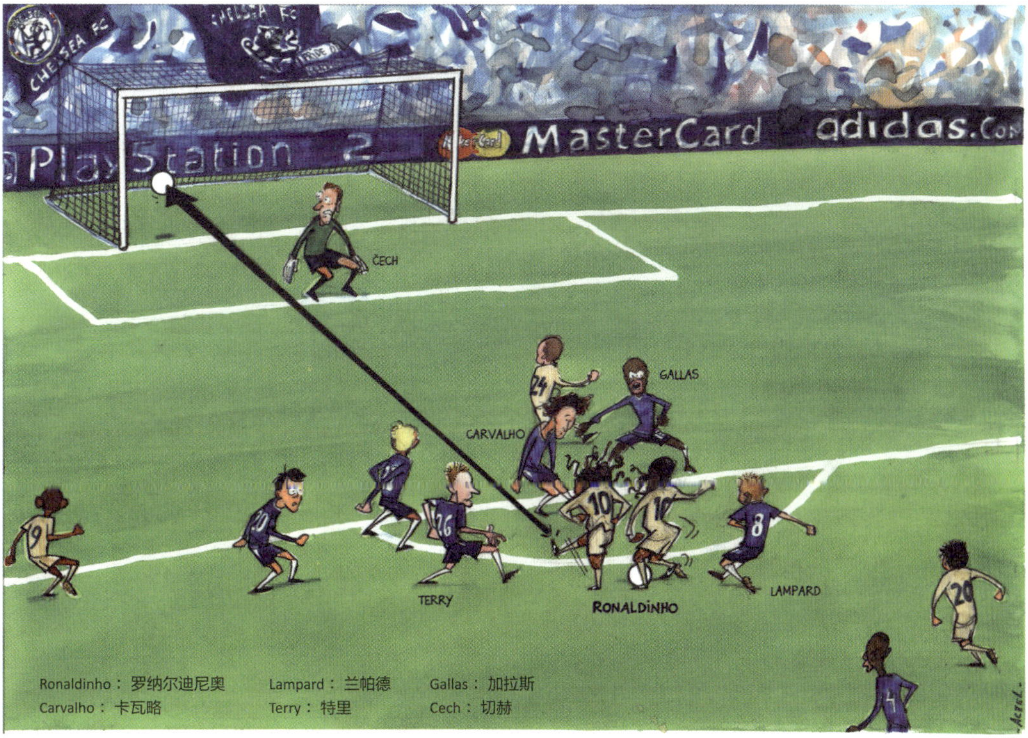
CHELSEA FC
PlayStation 2
MasterCard
adidas.com
ČECH
GALLAS
CARVALHO
TERRY
RONALDINHO
LAMPARD
Ronaldinho：罗纳尔迪尼奥
Carvalho：卡瓦略
Lampard：兰帕德
Terry：特里
Gallas：加拉斯
Cech：切赫

29

罗纳尔迪尼奥 | **巴塞罗那** **第38分钟（4：2）**

2005年3月8日，斯坦福桥球场，伦敦（英格兰）
欧洲冠军联赛，1/8决赛，次回合，切尔西4 ：2巴塞罗那

桑巴足球

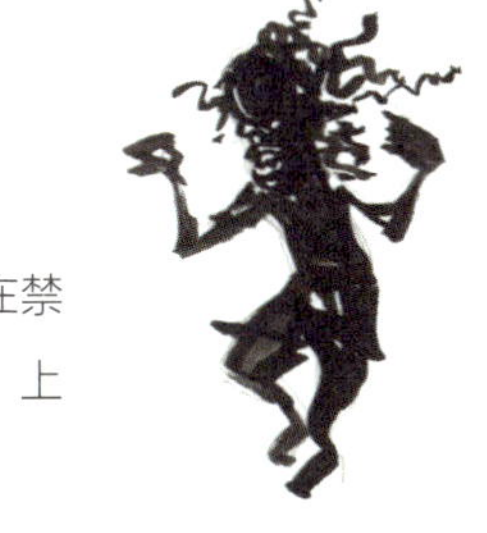

“蓝军”的防守队员从未看起来如此狼狈。在禁区弧顶，小罗原地扭了两下屁股，随即摆动右腿，上演脚尖捅射破门。桑巴足球大放异彩。

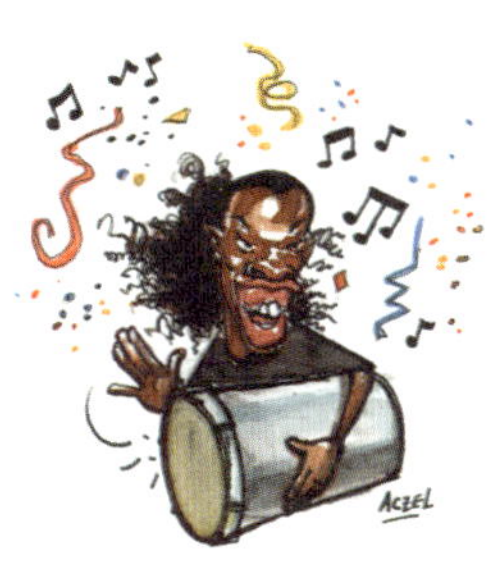

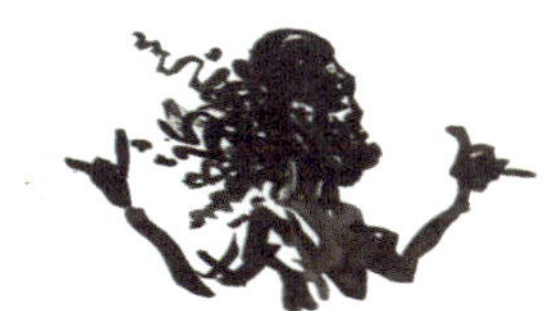

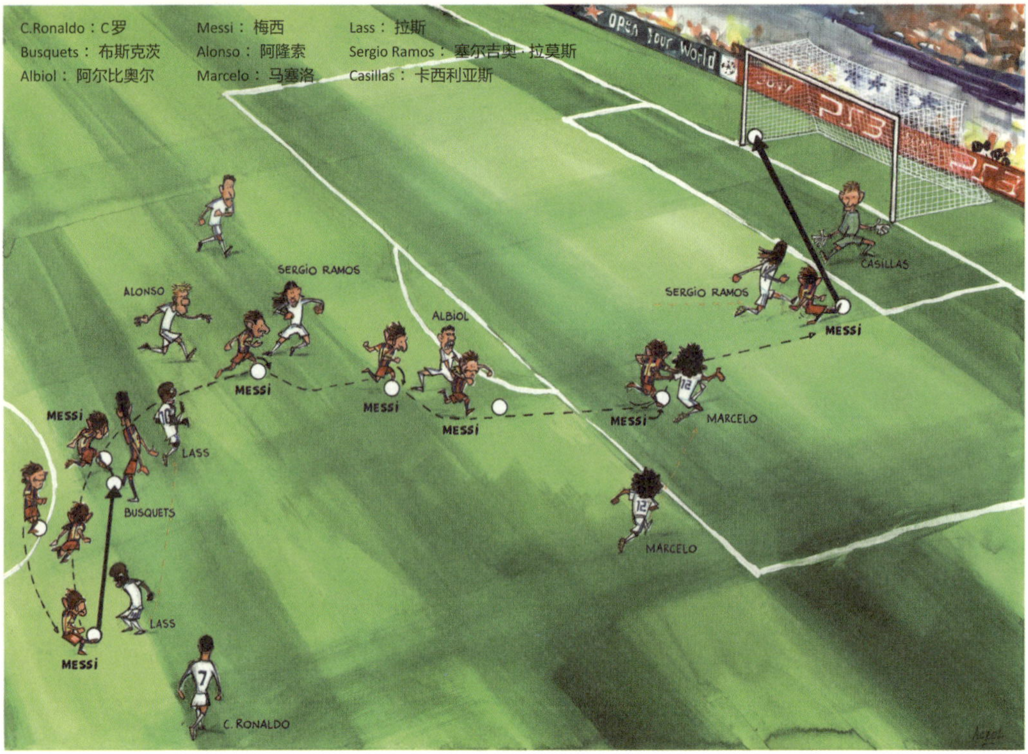
C.Ronaldo：C罗
Busquets：布斯克茨
Albiol：阿尔比奥尔
Messi：梅西
Alonso：阿隆索
Marcelo：马塞洛
Lass：拉斯
Sergio Ramos：塞尔吉奥·拉莫斯
Casillas：卡西利亚斯
SERGIO RAMOS
ALONSO
MESSI
ALBIOL
CASILLAS
SERGIO RAMOS
MESSI
MESSI
LASS
MESSI
MESSI
MESSI
MARCELO
BUSQUETS
MARCELO
LASS
MESSI
C. RONALDO

30

利昂内尔·梅西 | **巴塞罗那** **第87分钟（0：2）**

2011年4月27日，伯纳乌球场，马德里（西班牙）
欧洲冠军联赛，半决赛，首回合，皇家马德里0：2巴塞罗那

“国家德比”中的梅西

又一次，他如同在课间和同学嬉戏一般，轻松地完成了表演。几年后，梅西回忆道：“那是我表现最好的一场比赛，一切都很顺利。”这粒“一条龙”进球在巴萨队史精彩进球中排名第三，而第一名（见第5页）和第二名（见第18页）也都出自梅西脚下。

MESSI
10
ACZEL

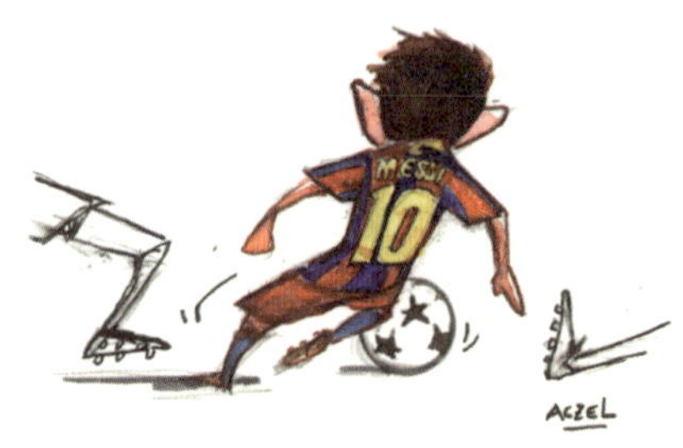

31

利昂内尔·梅西 | **巴塞罗那** **第80分钟（2：0）**

2015年5月6日，诺坎普球场，巴塞罗那（西班牙）
欧洲冠军联赛，半决赛，首回合，巴塞罗那3 ：0拜仁慕尼黑

梅西是不可阻挡的！

确实如此。这一次，梅西的对手是其前教练佩普·瓜迪奥拉的球队，想必他不会质疑瓜迪奥拉在新闻发布会上的发言（见上图）。梅西攻入了一记美妙绝伦的进球，博阿滕在梅西第一次变向后差点儿摔裂屁股，甚是滑稽。网友以此为素材创作了许多表情包，全网疯传。

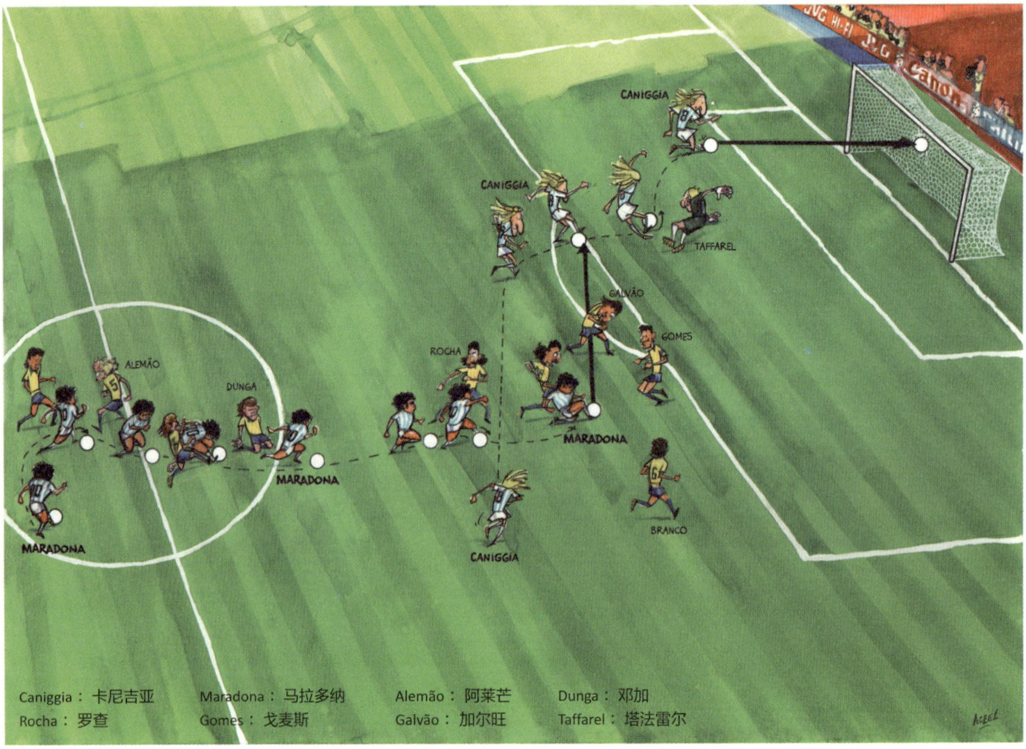
CANIGGIA
CANIGGIA
TAFFAREL
GALVÃO
GOMES
ROCHA
ALEMÃO
DUNGA
MARADONA
MARADONA
MARADONA
CANIGGIA
BRANCO
Caniggia：卡尼吉亚
Rocha：罗查
Maradona：马拉多纳
Gomes：戈麦斯
Alemão：阿莱芒
Galvão：加尔旺
Dunga：邓加
Taffarel：塔法雷尔
ACZEL

32

克劳迪奥·卡尼吉亚 | **阿根廷国家队** **第81分钟（1：0）**

1990年6月24日，德尔·阿尔卑球场，都灵（意大利）
世界杯，1/8决赛，阿根廷1：0巴西

正中网心

ACZEL

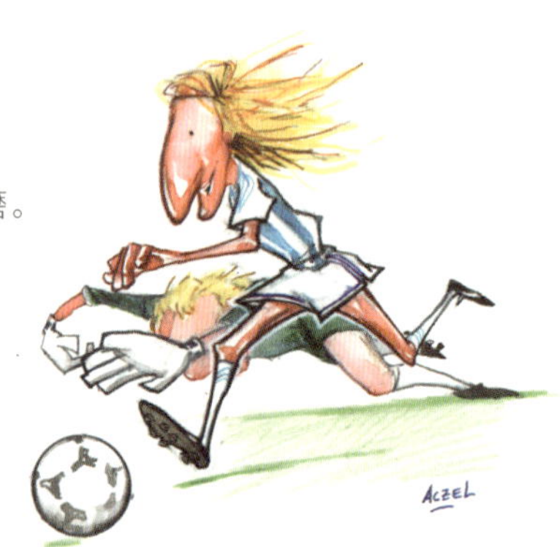

这场比赛对阿根廷队来说简直是无止境的折磨。巴西队全面压制阿根廷队，却始终未能得分，毫无还手之力的阿根廷人竭尽全力守住了0：0的比分。最终，带伤出战的老马（马拉多纳）站了出来，他带球突破，晃过数位防守队员，为向左前方机智斜插的卡尼吉亚送出一记天才般的传球。人们看见“风之子”卡尼吉亚接球后过掉门将塔法雷尔，左脚冷静推射，直中球门中心，塔法雷尔扑空在地，无能为力。

这无疑是足以载入蓝白军团史册的最振奋人心的一粒进球。

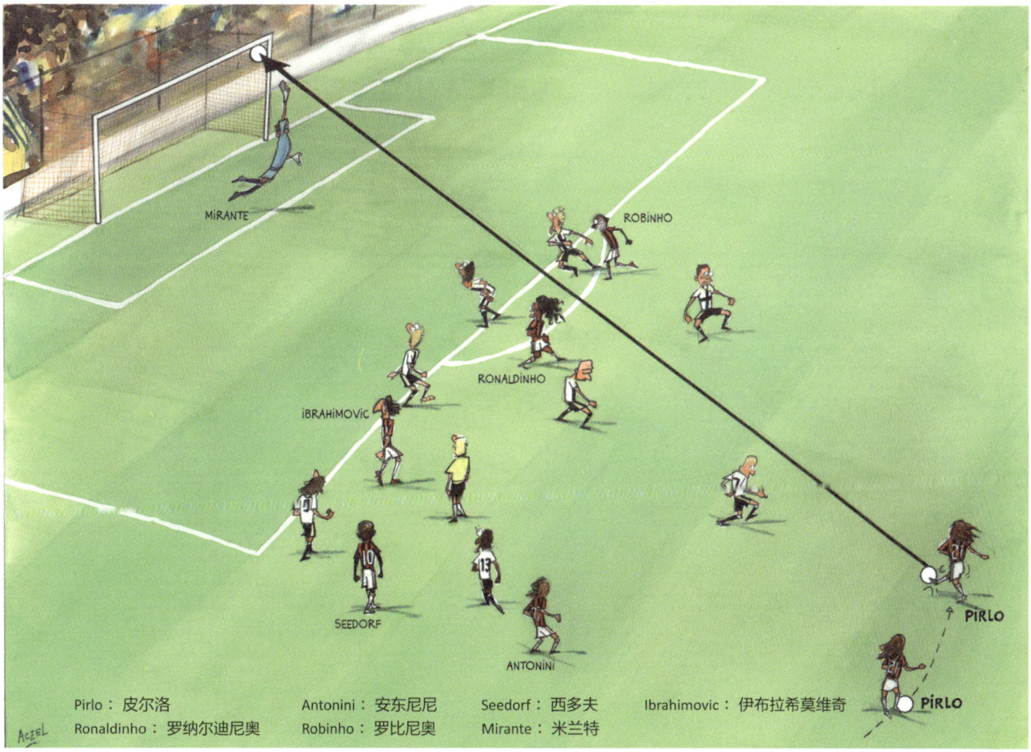
MIRANTE
ROBINHO
RONALDINHO
IBRAHIMOVIC
SEEDORF
ANTONINI
PIRLO
PIRLO
Pirlo：皮尔洛
Ronaldinho：罗纳尔迪尼奥
Antonini：安东尼尼
Robinho：罗比尼奥
Seedorf：西多夫
Mirante：米兰特
Ibrahimovic：伊布拉希莫维奇

33 **安德烈亚 · 皮尔洛** | **AC米兰** **第25分钟（0：1）**

2010年10月2日，塔尔迪尼球场，帕尔马（意大利）
意大利足球甲级联赛，第6轮，帕尔马0 ：1AC米兰

我的妈呀!

“安德烈亚 · 皮尔洛，我的妈呀，这球！”意大利评论员惊叹道。皮尔洛以他一如既往的优雅完成了这次射门，连他的队友小罗都被这粒神仙球迷住了。

PIRLO
21

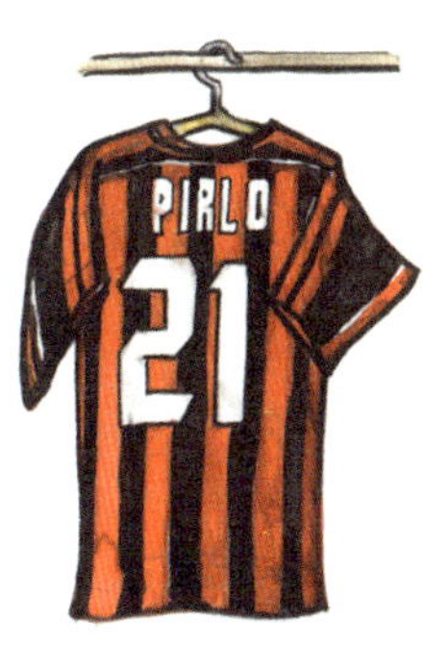

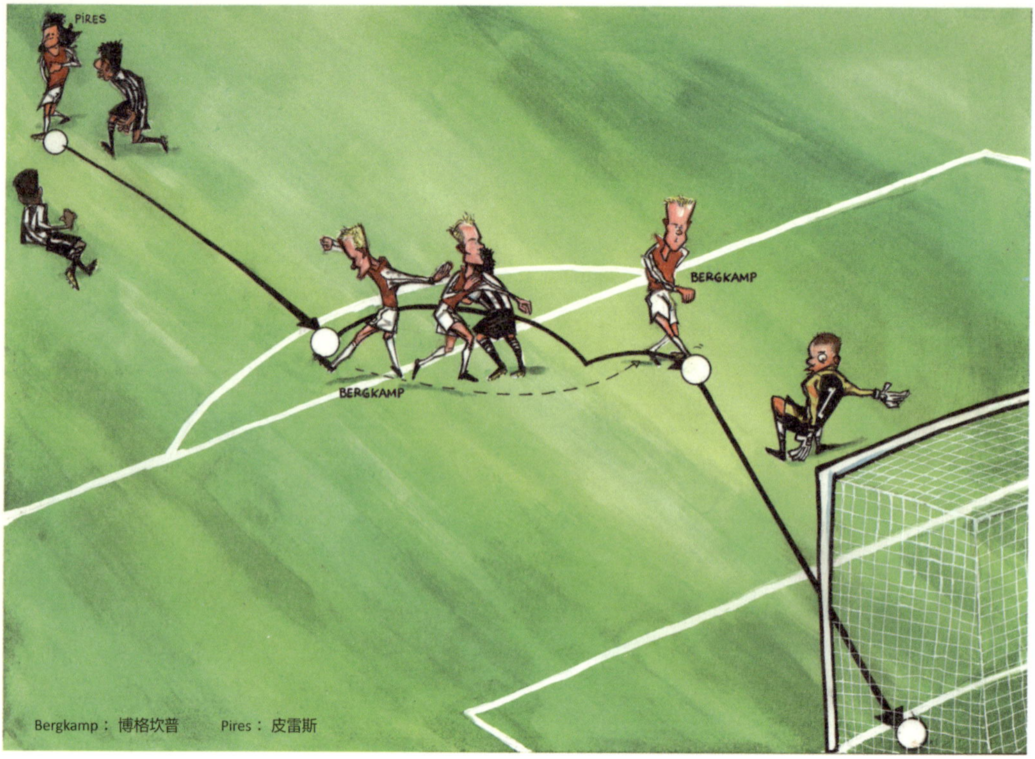
PIRES
BERGKAMP
BERGKAMP
Bergkamp：博格坎普　　Pires：皮雷斯

34

丹尼斯·博格坎普 | 阿森纳

第11分钟（0 ：1）

2002年3月2日，圣詹姆斯公园球场，纽卡斯尔（英格兰）
英格兰足球超级联赛，第28轮，纽卡斯尔联0 ：2阿森纳

欸，什么？

传球给一秒后的自己？这位球场上的艺术家总是以四两拨千斤的方式控制足球，灵动、优雅，倾倒众生。“冰王子”这一芭蕾舞步般的“世纪转身”可谓前无古人，后无来者。

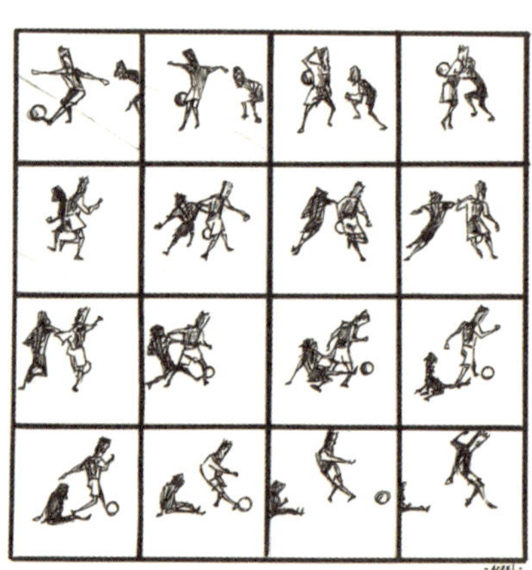

Nilsson：尼尔森　Romario：罗马里奥　Van Breukelen：范布鲁克伦

35　**麦克·尼尔森** | **IFK哥德堡**　**第2分钟（1：0）**

1993年3月17日，乌利维球场，哥德堡（瑞典）
欧洲冠军联赛，小组赛，IFK哥德堡3：0埃因霍温

回旋镖

当这记重炮任意球穿过人墙，惊人的事情发生了：皮球在空中产生了令人难以置信的回旋镖效果，划出惊人弧线。

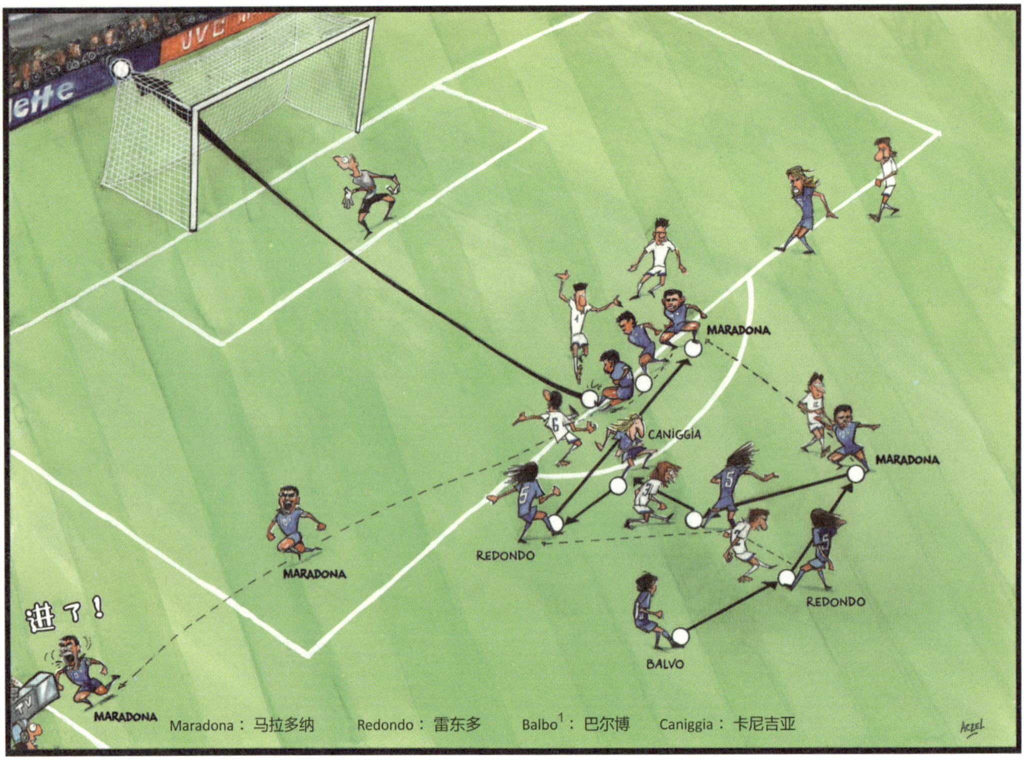

Maradona：马拉多纳　Redondo：雷东多　Balbo[1]：巴尔博　Caniggia：卡尼吉亚

36

迭戈·阿曼多·马拉多纳 | **阿根廷国家队** **第60分钟（3：0）**

1994年6月21日，福克斯波罗体育场，福克斯堡（美国）
世界杯，小组赛D组，阿根廷4：0希腊

球王的呐喊

整个配合就像是在自动弹球机中完成的。“我们完成了一次现象级的配合，最终我把球送进了球门的死角。你们以为我会不为这粒精彩的进球大喊庆祝吗？”

这声呐喊被视作马拉多纳为阿根廷国家队创作的最后一件艺术品。

1. 经查，此处对应的漫画中人名有误，翻译时已更正，后文同类问题不再标注。——译者注

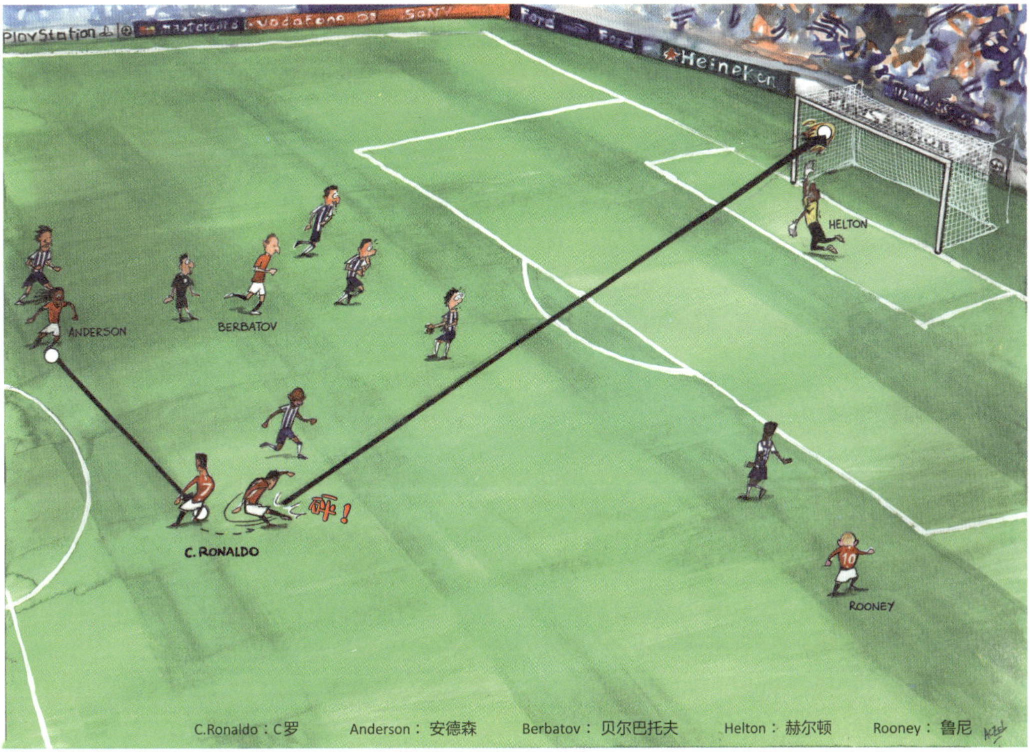
PlayStation
vodafone
SONY
Ford
Ford
Heineken
HELTON
ANDERSON
BERBATOV
砰！
C.RONALDO
ROONEY
C.Ronaldo：C罗
Anderson：安德森
Berbatov：贝尔巴托夫
Helton：赫尔顿
Rooney：鲁尼

37 **克里斯蒂亚诺 · 罗纳尔多** | **曼联** **第6分钟（0：1）**

2009年4月15日，巨龙球场，波尔图（葡萄牙）
欧洲冠军联赛，1/4决赛，次回合，波尔图0 ：1曼联

燃烧的足球

这一次，足球变成了一个燃烧的火球，充分展示了C罗梦幻般的射术。

CR7

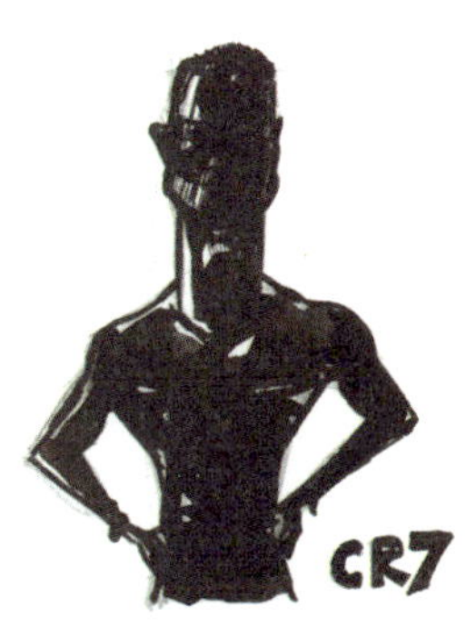

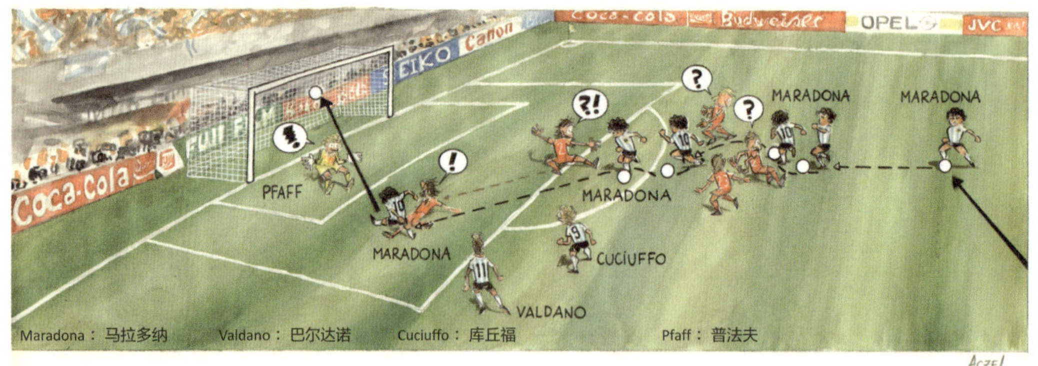

38

迭戈·阿曼多·马拉多纳 | **阿根廷国家队** **第63分钟（2：0）**

1986年6月25日，阿兹特克球场，墨西哥城（墨西哥）
世界杯，半决赛，阿根廷2：0比利时

球王的澄清

这是来自马拉多纳的又一粒大师级进球。这一记精彩的盘带过人、进球，仿佛是要证明他在本届世界杯的惊人表现不过是常规操作而已。

39

贝利 | **巴西国家队** **第59分钟（2：1）**

1970年6月3日，哈利斯科体育场，瓜达拉哈拉（墨西哥）
世界杯，小组赛第3组，巴西4：1捷克斯洛伐克

胸部停球

没有人，也不会再有人可以像贝利那样完成精湛而优美的胸部停球。幸运的是，这一进球被镜头记录了下来。

Ronaldo: 罗纳尔多

40　**罗纳尔多** | **巴塞罗那**　　**第36分钟（0 : 3）**

1996年10月12日，圣拉萨罗体育场，圣地亚哥 · 德 · 孔波斯特拉（西班牙）
西班牙足球甲级联赛，第7轮，孔波斯特拉1 : 5巴塞罗那

“外星人”罗纳尔多

对于许多人来说，罗纳尔多是足球史上的最佳中锋。在巅峰时期，他往往能凭借惊人的速度、盘带能力和终结能力杀出重围。

场上的防守队员拼命地拉拽他、遏制他，但罗纳尔多始终势不可挡。时任巴塞罗那主帅的博比 · 罗布森惊呼：“这是外星人才能完成的进球！”罗纳尔多的“外星人”称号从此传开。

“我最喜欢的进球是在2002年世界杯决赛中打进的那两球，它们是最重要的，但这一球是我的技术巅峰。”

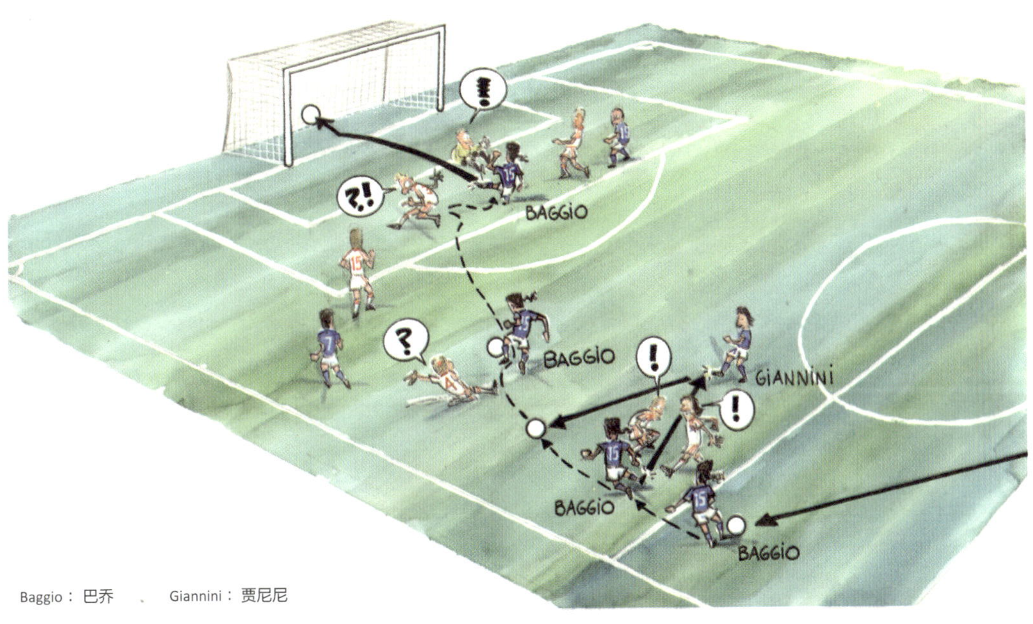

Baggio：巴乔　　Giannini：贾尼尼

41　**罗伯特·巴乔** | **意大利国家队**　**第78分钟（2：0）**

1990年6月19日，奥林匹克体育场，罗马（意大利）
世界杯，小组赛A组，意大利2：0捷克斯洛伐克

美丽的意大利

这场来自巴乔的个人表演被视作这届世界杯中意大利队最漂亮的进球。

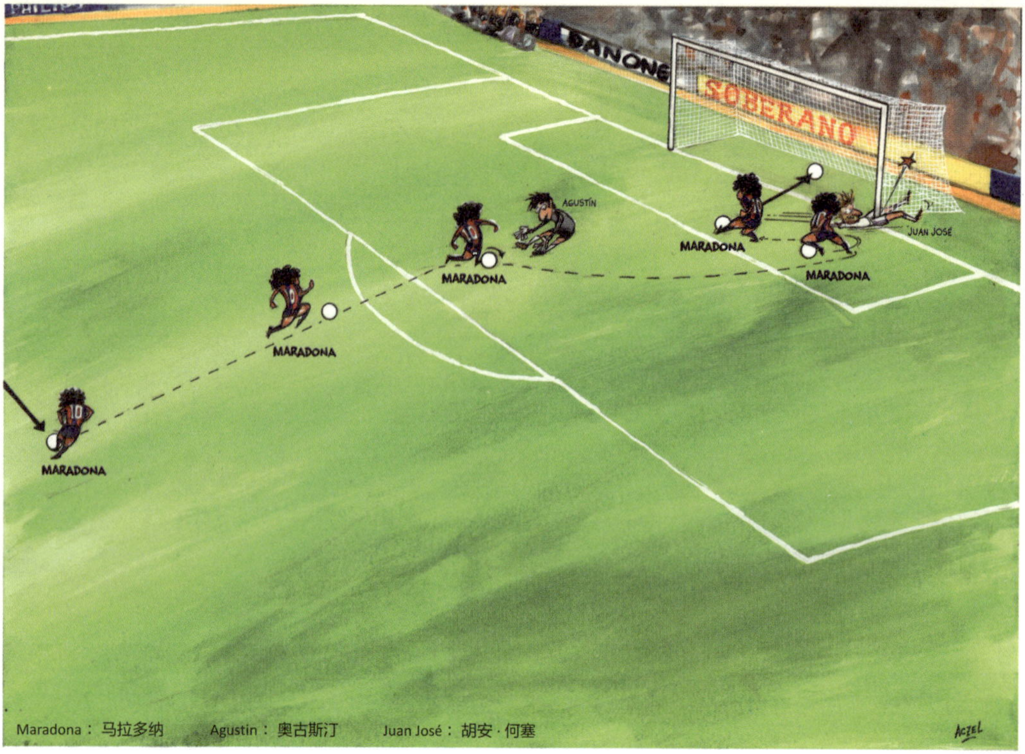

Maradona：马拉多纳　Agustin：奥古斯汀　Juan José：胡安·何塞

42　迭戈·阿曼多·马拉多纳 | 巴塞罗那　第57分钟（0：2）

1983年6月26日，伯纳乌球场，马德里（西班牙）
西班牙联赛杯，决赛，首回合，皇家马德里2：2巴塞罗那

危险！

“我记得，当时卡拉斯科在中场把球传给了我。我闪过门将，等后卫胡安·何塞追上，我让他从我身边跑过，然后他身体最脆弱的地方重重地撞向了门柱。而我只需要将球轻轻地送进球门。之后，我们在中场再次相遇，我对他说：‘对不起，胡安·何塞。’他回敬我：‘去你的！’”

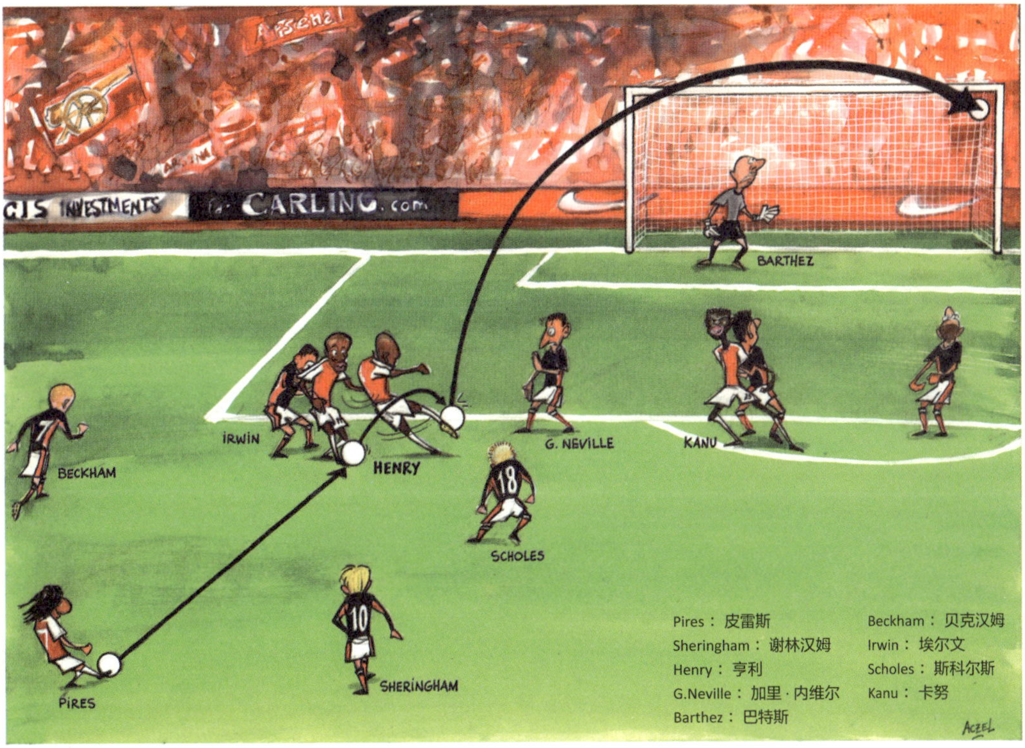

Pires： 皮雷斯
Sheringham： 谢林汉姆
Henry： 亨利
G.Neville： 加里·内维尔
Barthez： 巴特斯
Beckham： 贝克汉姆
Irwin： 埃尔文
Scholes： 斯科尔斯
Kanu： 卡努

43 蒂埃里·亨利 | 阿森纳 第30分钟（1：0）

2000年10月1日，海布里球场，伦敦（英格兰）
英格兰足球超级联赛，第8轮，阿森纳1 ： 0曼联

什么是高质量啊!

球传到亨利这里，他起球后直接180度转身，凌空抽射，门将巴特斯呆若木鸡。

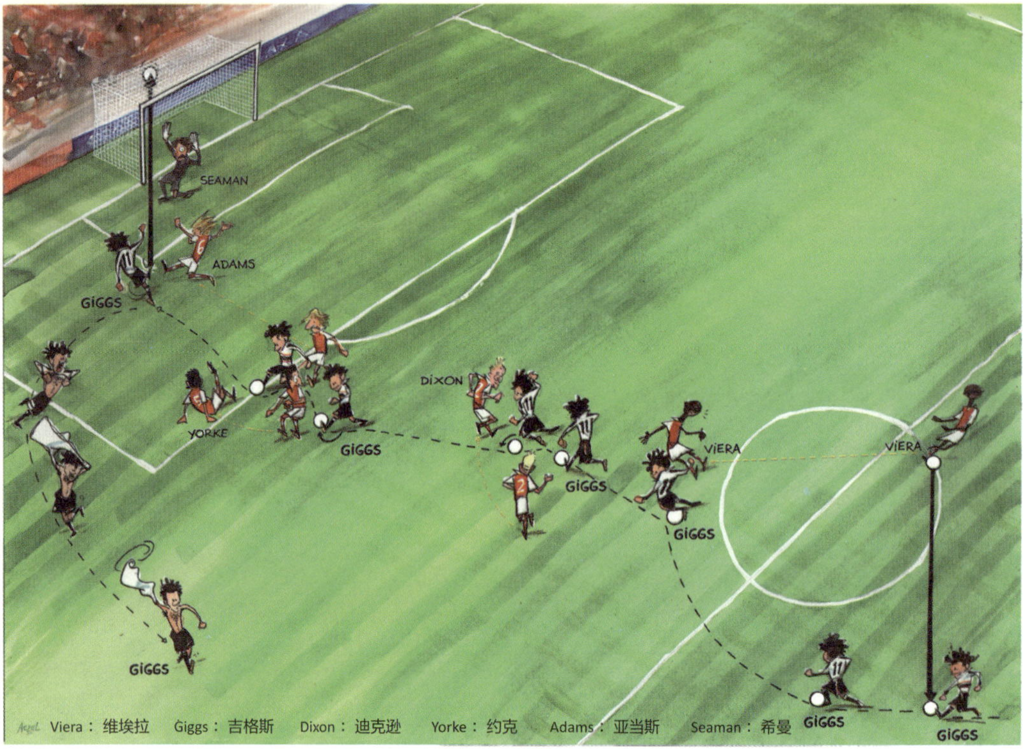
SEAMAN
ADAMS
GIGGS
YORKE
GIGGS
DIXON
GIGGS
VIERA
VIERA
GIGGS
GIGGS
GIGGS
GIGGS
Viera：维埃拉　Giggs：吉格斯　Dixon：迪克逊　Yorke：约克　Adams：亚当斯　Seaman：希曼

44　**瑞恩·吉格斯** | **曼联**　**第109分钟（1：2）**

1999年4月14日，维拉公园球场，伯明翰（英格兰）
英格兰足总杯，半决赛，阿森纳1 ：2曼联（加时赛后）

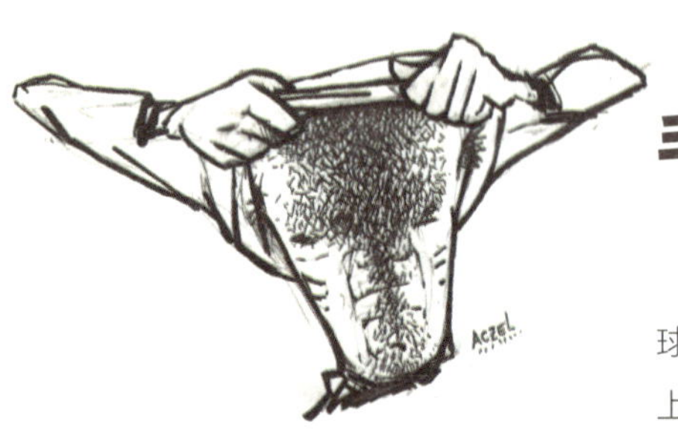

毛茸茸的胸脯

曼联传奇球星千里走单骑，完成了一记漂亮的射门。对球迷来说，这无疑是一粒难忘的进球，它也被视作俱乐部史上最佳进球。那一年，曼联成为首个赢得三冠王（英超、欧冠和足总杯）的俱乐部。此外，吉格斯进球后的庆祝方式成为比赛的又一爆点，他承认道：“我知道自己在庆祝时露出毛茸茸的胸脯并不合适，但漂亮的进球弥补了这一点。”

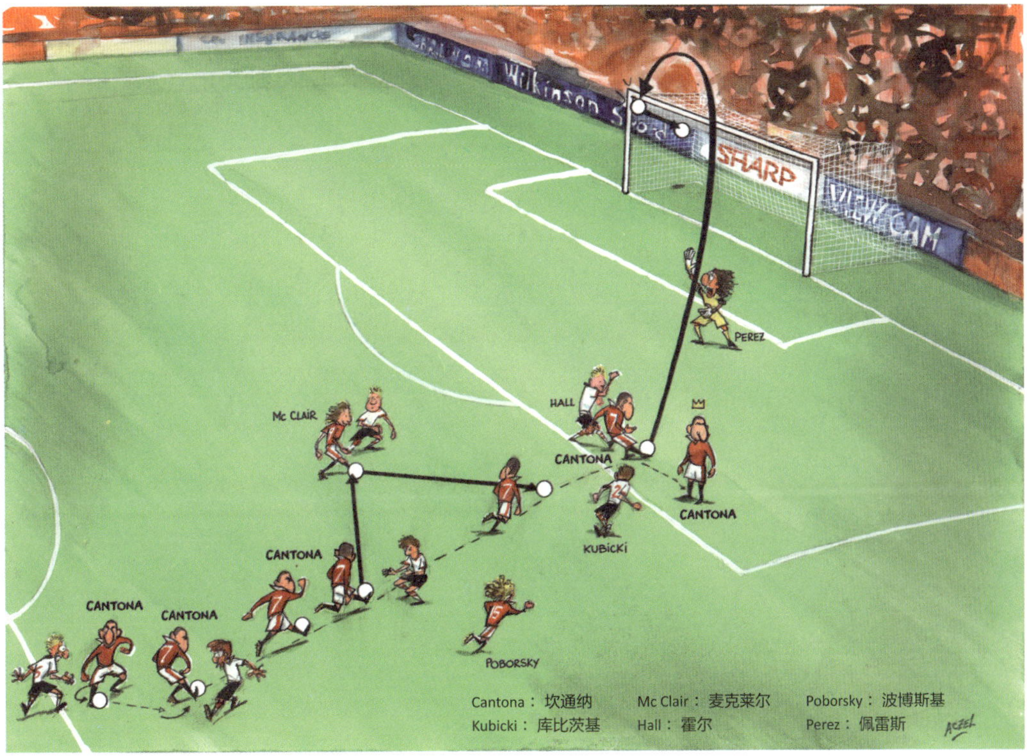

Cantona：坎通纳　Mc Clair：麦克莱尔　Poborsky：波博斯基
Kubicki：库比茨基　Hall：霍尔　Perez：佩雷斯

45　埃里克·坎通纳 | 曼联　第80分钟（5：0）

1996年12月21日，老特拉福德球场，曼彻斯特（英格兰）
英格兰足球超级联赛，第18轮，曼联5：0桑德兰

国王的庆祝

毫无疑问，这一进球和之后的庆祝是英超联赛史上最具代表性的画面之一。

这记精妙绝伦的吊射让足球沿着一道优美的弧线击中门柱后弹射入网。坎通纳之前的一系列盘带华丽无比，仿佛只有这画龙点睛的一脚还不够美妙似的。

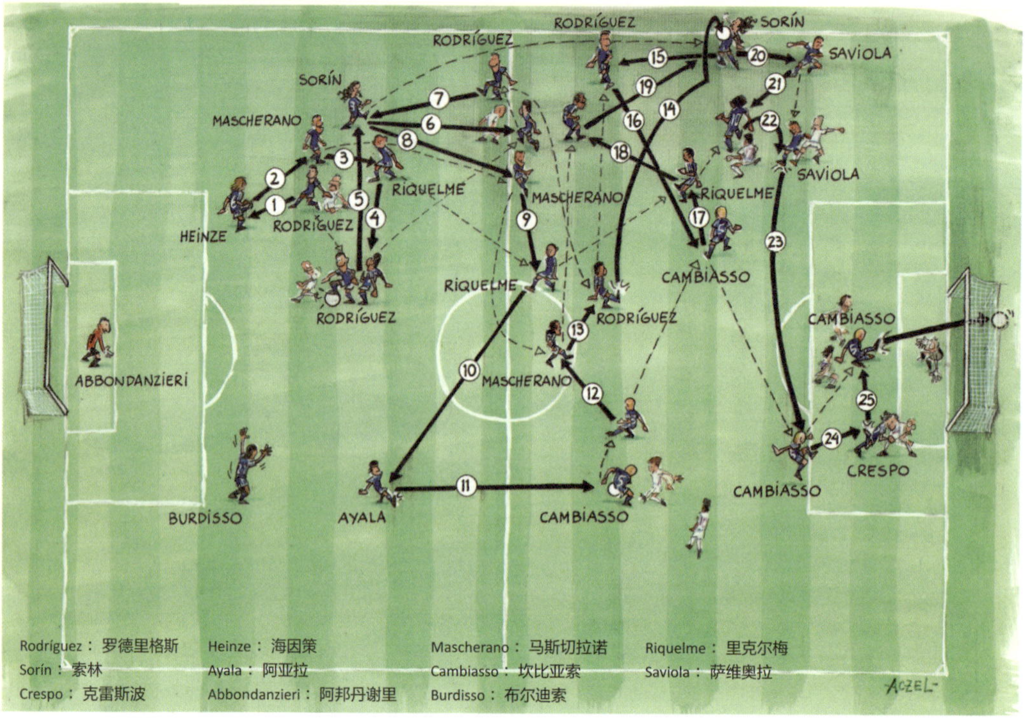
RODRÍGUEZ
SORÍN
RODRÍGUEZ
SAVIOLA
SORÍN
MASCHERANO
SAVIOLA
RIQUELME
MASCHERANO
RIQUELME
HEINZE
RODRÍGUEZ
CAMBIASSO
RIQUELME
RODRÍGUEZ
RODRÍGUEZ
CAMBIASSO
ABBONDANZIERI
MASCHERANO
CRESPO
CAMBIASSO
BURDISSO
AYALA
CAMBIASSO
Rodríguez：罗德里格斯
Sorín：索林
Crespo：克雷斯波
Heinze：海因策
Ayala：阿亚拉
Abbondanzieri：阿邦丹谢里
Mascherano：马斯切拉诺
Cambiasso：坎比亚索
Burdisso：布尔迪索
Riquelme：里克尔梅
Saviola：萨维奥拉
ACZEL

46　**埃斯特班·坎比亚索** | **阿根廷国家队**　**第31分钟（2：0）**

2006年6月16日，费尔廷斯竞技场，盖尔森基兴（德国）
世界杯，C组，阿根廷6：0塞尔维亚和黑山

几何的丰碑

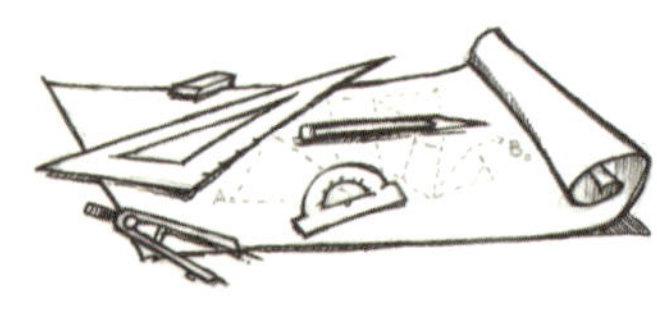

“我不知道我的进球竟然这么特别。我只记得我把球传给了克雷斯波，他又用脚后跟完美地把球回传给我，让我得以轻松破门。”坎比亚索说。

在多达25次的传球配合后，坎比亚索一锤定音，把皮球送进网窝。除了门将和布尔迪索，场上其余9名队员都参与了这次进攻。

20年前，马拉多纳在世界杯赛场上创造了最佳个人进球，2006年的这一进球或许称得上世界杯历史上的最佳团队进球！

47 **兹拉坦·伊布拉希莫维奇** | **阿贾克斯** **第76分钟（5：1）**

2004年8月22日，阿姆斯特丹竞技场，阿姆斯特丹（荷兰）
荷兰足球甲级联赛，第2轮，阿贾克斯6：2布雷达

一路碾压

这简直是力量与技术的赤裸裸的展现。

伊布说："我只是在寻找一个射门的时机、一个更好的起球点来完成这个进球，而第二天尤文图斯就签下了我。"

Córdoba：科尔多巴　　Maradona：马拉多纳　　Fillol：菲洛尔　　Tarantini：塔兰蒂尼

48

迭戈·阿曼多·马拉多纳 | **博卡青年**　　**第67分钟（3：0）**

1981年4月10日，糖果盒球场，布宜诺斯艾利斯博卡区（阿根廷）
阿根廷足球甲级联赛，第10轮，博卡青年3：0河床

经典中的经典

“这是我生命中的经典之作，我爱死这个球了！我梦中的完美进球也不过如此。”

对于将河床视为宿敌的博卡青年而言，这一球堪称刻骨铭心。马拉多纳接连晃过门将菲洛尔和后卫塔兰蒂尼，跟他们一同倒地的还有想抓拍老马庆祝瞬间的摄影师。雨天球场湿滑，摄影师为追逐这位飞跃在尘世之上的球王，在抓拍时不小心摔倒！

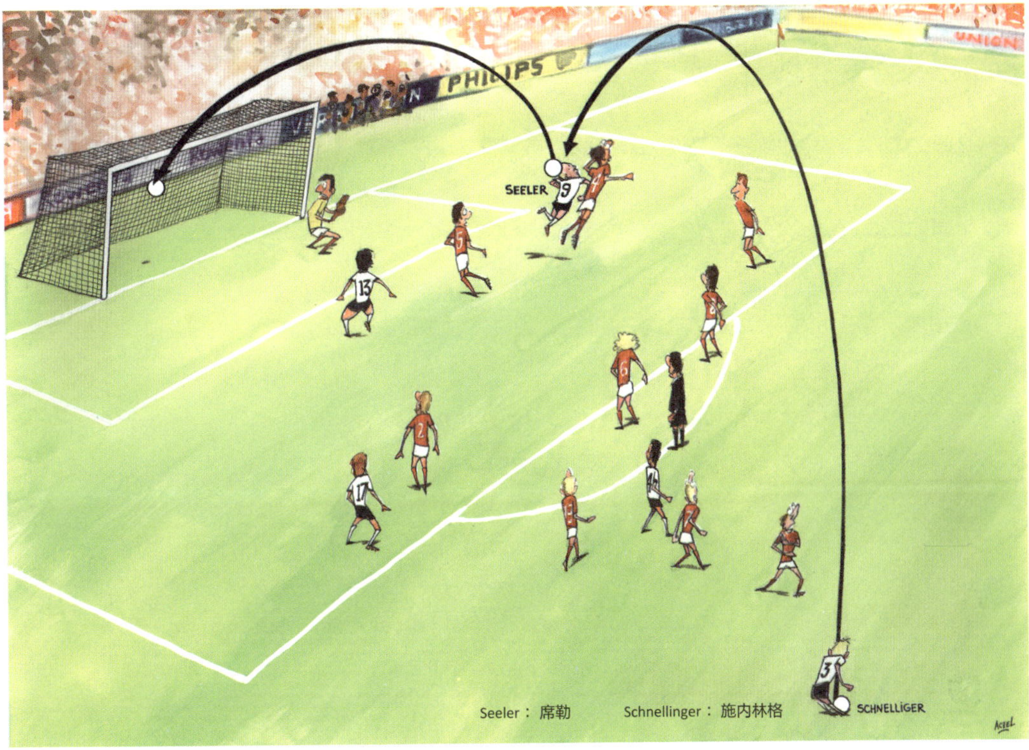
PHILIPS
UNION
SEELER
SCHNELLIGER
Seeler：席勒
Schnellinger：施内林格

49

乌韦·席勒 | **联邦德国国家队** **第82分钟（2：2）**

1970年6月14日，瓜纳华托竞技场，莱昂（墨西哥）
世界杯，1/4决赛，联邦德国3 ：2英格兰（加时赛后）

德国最美的后脑勺

不管你信不信，反正球门在席勒背后。然而，他还是用后脑勺头球攻门得分。加时赛结束后，全场比分定格在3 ：2。联邦德国队终于报了1966年的一箭之仇。

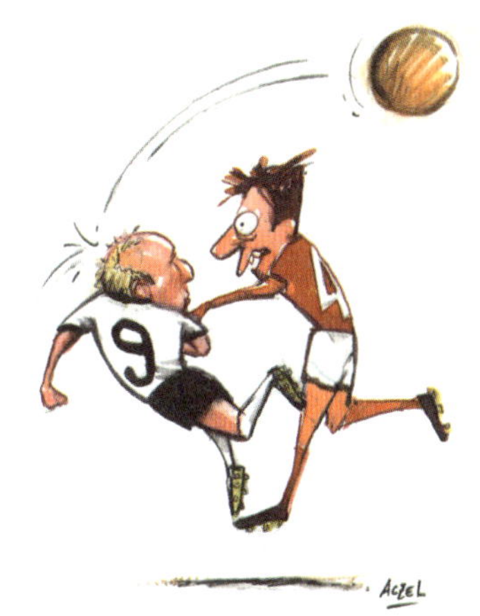

在球员时代，席勒被视为全世界最好的中锋之一。时至今日，他不仅是汉堡的名誉市民，还与弗里茨·瓦尔特、弗朗茨·贝肯鲍尔、洛塔尔·马特乌斯、尤尔根·克林斯曼和菲利普·拉姆一同被列为德国国家队名誉队长。

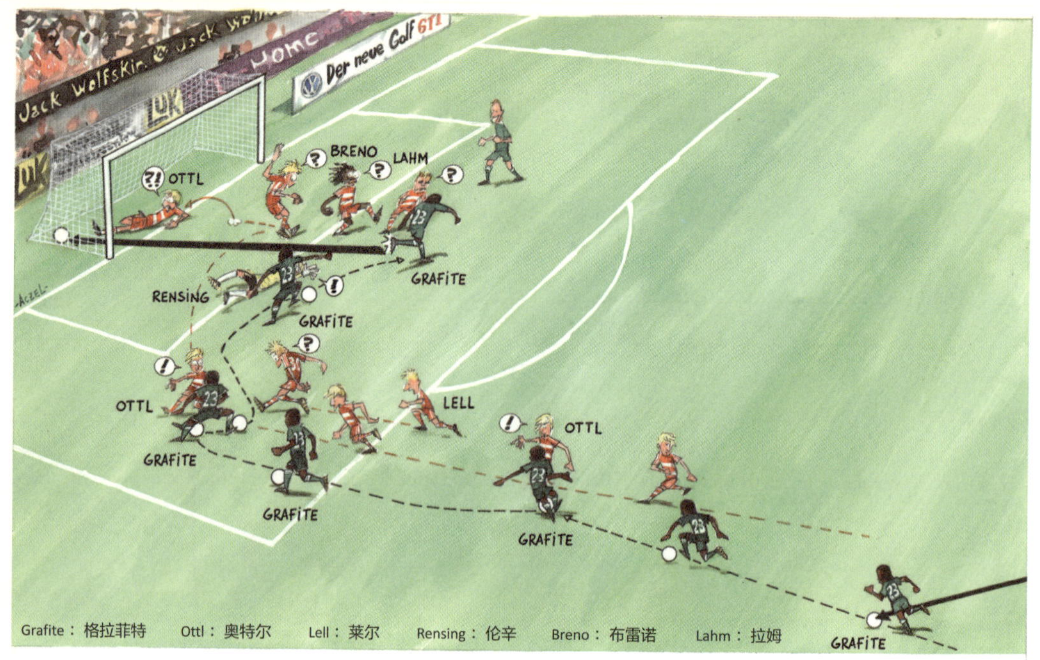

50　**格拉菲特** | **沃尔夫斯堡**　**第77分钟（5：1）**

2009年4月4日，大众竞技场，沃尔夫斯堡（德国）
德国足球甲级联赛，第26轮，沃尔夫斯堡5：1拜仁慕尼黑

加冕礼

这是“狼堡”对阵拜仁慕尼黑打入的第五球，它不仅是球队通向2008-2009赛季德甲冠军的加冕礼，而且成为2009年的年度最佳进球。

格拉菲特把拜仁整条防线上的球员耍得团团转，最终用脚后跟轻轻一点，把球送进大门，刺进拜仁的心窝。经历了这场刻上耻辱柱的失败后，时任拜仁主帅的克林斯曼不得不“下课”走人，而格拉菲特则成功当选年度最佳射手和最佳球员。

51 **罗马里奥** | **弗拉门戈** **第6分钟（0：2）**

1999年2月7日，帕卡安布球场，圣保罗（巴西）
里约-圣保罗锦标赛，科林蒂安0：3弗拉门戈

“牛尾巴过人”

“牛尾巴过人”虽是里维利诺发明的动作，却被罗纳尔迪尼奥、罗纳尔多和罗马里奥等人用得出神入化。回顾这些天生进球狂的精彩动作时，这粒进球绝不能错过。这才是真正的足球！

52

曼努埃尔·内格雷特 | **墨西哥国家队** **第34分钟（1：0）**

1986年6月15日，阿兹特克球场，墨西哥城（墨西哥）
世界杯，1/8决赛，墨西哥2 ：0保加利亚

世纪之剪

如果没有马拉多纳的那粒世纪最佳进球，那么为东道主墨西哥队效力的内格雷特的这粒进球，至少能够成为1986年世界杯的最佳进球。

53 **济科** | **鹿岛鹿角** **第77分钟（5：1）**

1993年12月11日，茨城鹿岛足球场，鹿岛市，茨城县（日本）
日本天皇杯，第2轮，鹿岛鹿角6：1东北电力足球部（仙台维加泰）

四十而立

在他四十岁时，足球传奇济科用一记“蝎子摆尾”打进他职业生涯中——也是他自己心中的——最漂亮的进球。

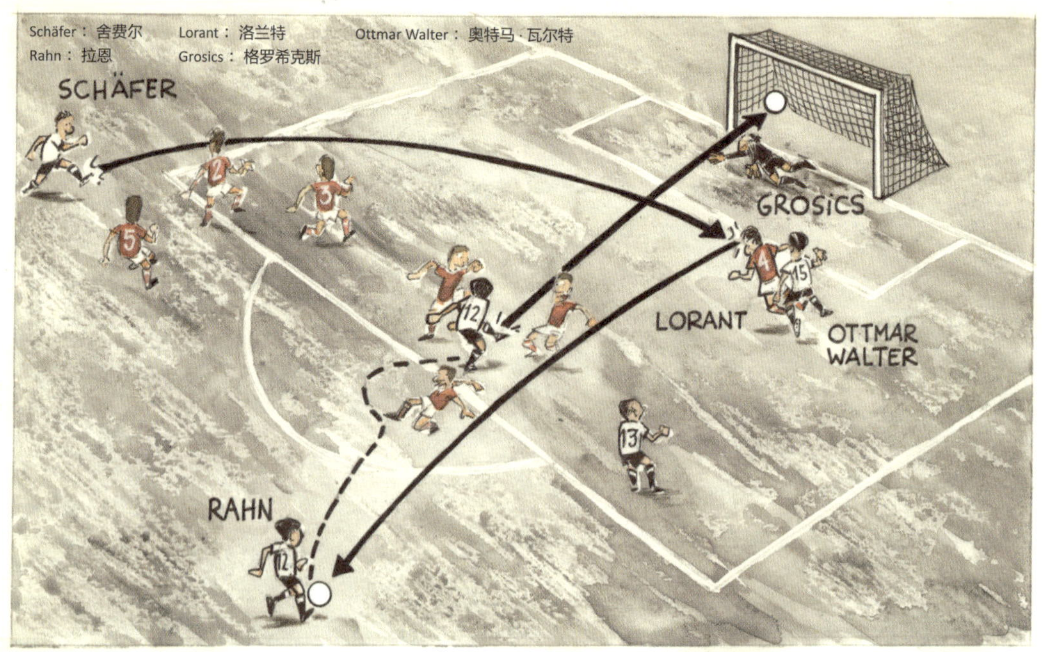

54

赫尔穆特·拉恩 | **联邦德国国家队** **第84分钟（3：2）**

1954年7月4日，万克多夫体育场，伯尔尼（瑞士）
世界杯，决赛，联邦德国3：2匈牙利

伯尔尼奇迹

“拉恩射门了……球进了！球进了！吹哨！吹哨！比赛结束了！比赛结束了！”德国电台评论员赫伯特·齐默尔曼凭借这番经典的解说被载入史册。当然，被载入史册的不只是他，还有德国人发明的旋转嵌入式鞋钉，因为他们预测到比赛时会下雨。而“伯尔尼奇迹”发生时，正如德国人所愿：下雨了。

这是联邦德国的第一个世界杯冠军，参赛队员各获得了1000马克奖金、一辆摩托车、食品篮和一台电视机。对于饱受战争摧残的德意志民族而言，这个世界冠军的头衔意义重大：人们终于获得了一些快乐，并开始期盼复兴，甚至在非官方意义上，联邦德国正是在这一刻重生的。

Schürrle：许尔勒　Messi：梅西　Gago：加戈　Schweinsteiger：施魏因斯泰格　Mascherano：马斯切拉诺　Müller：穆勒
Palacio：帕拉西奥　Lahm：拉姆　Zabaleta：萨巴莱塔　Demichelis：德米凯利斯　Götze：格策　Garay：加拉伊
Biglia：比格利亚　Romero：罗梅罗　Rojo：罗霍　Özil：厄齐尔

55　**马里奥·格策** | **德国国家队**　**第113分钟（1：0）**

2014年7月13日，马拉卡纳体育场，里约热内卢（巴西）
世界杯，决赛，德国1：0阿根廷（加时赛后）

踢进去！

格策显然在对的时间出现在了对的位置。凭借这一粒进球，他助德国第四次举起大力神杯，而他也成为国家的英雄！

Maradona：马拉多纳　　Giuliani：朱利安尼

56　**迭戈 · 阿曼多 · 马拉多纳** | **那不勒斯**　　**第58分钟（3 ：0）**

1985年10月20日，圣保罗球场，那不勒斯（意大利）
意大利足球甲级联赛，第7轮，那不勒斯5 ：0赫拉斯维罗纳

那不勒斯臣服在他脚下

这是马拉多纳在对阵赫拉斯维罗纳那场5 ：0的进球狂欢中攻入的一记世界波。

当时意大利南北部球队之间的实力仍然差距很大，而马拉多纳以不屈不挠的意志带领那不勒斯俱乐部从默默无闻走向跟北方豪强分庭抗礼。那不勒斯城中形成一种对马拉多纳的崇拜氛围。时至今日，他在那不勒斯仍被视为英雄，就像在阿根廷一样。

Netzer：内策尔

57

冈特·内策尔 | **门兴格拉德巴赫** **第42分钟（2：1）**

1973年3月20日，保卡贝治球场，门兴格拉德巴赫（德国）
欧洲联盟杯，1/4决赛，次回合，门兴格拉德巴赫7：1凯泽斯劳滕

花花公子

这是冈特·内策尔在1973年打进的年度最佳进球。那时，他早已因放纵、奢侈的私人生活而闻名：风度翩翩，长发飘逸，经常出入各种狂欢派对，流连于跑车和女人之间。后来，他和格哈德一起主持了一档娱乐节目，他们插科打诨，连续多年给球迷们奉上了许多幽默段子以及专业的足球知识。他还是第一个被皇家马德里签下的德国球员。

Son：孙兴慜

58

孙兴慜 | **托特纳姆热刺** **第32分钟（3：0）**

2019年12月12日，托特纳姆热刺球场，伦敦（英格兰）
英格兰足球超级联赛，第16轮，托特纳姆热刺5：0伯恩利

孙球王！

孙兴慜这粒跨越70米的进球被国际足联描述为令人折服的进球，他因此获得了2019年的普斯卡什奖。

在本方禁区拿到球后，孙兴慜一路狂奔穿过全场，最终精准锁定目标，攻入一球。这场仅仅12秒的个人秀迅速火遍全球。

Schick：希克　Cooper：库珀　Hanley：汉利　Marshall：马歇尔

59

帕特里克·希克 | **捷克国家队**　　**第52分钟（0：2）**

2021年6月14日，汉普顿公园球场，格拉斯哥（苏格兰）
欧洲杯，D组，第1轮，苏格兰0：2捷克

希克的绝招

这届欧洲杯刚一拉开帷幕，捷克人就在中线打出一记世界波破门。足球沿着高高的弧线划过格拉斯哥的天空落入球网，而苏格兰门将回救得太迟了。“很明显，我们已经看到了本届欧洲杯的最佳进球，它不可超越。”希克的一位队友在赛后如此评价这记天才式的世界波。

它也确实成了这届欧洲杯的最佳进球。

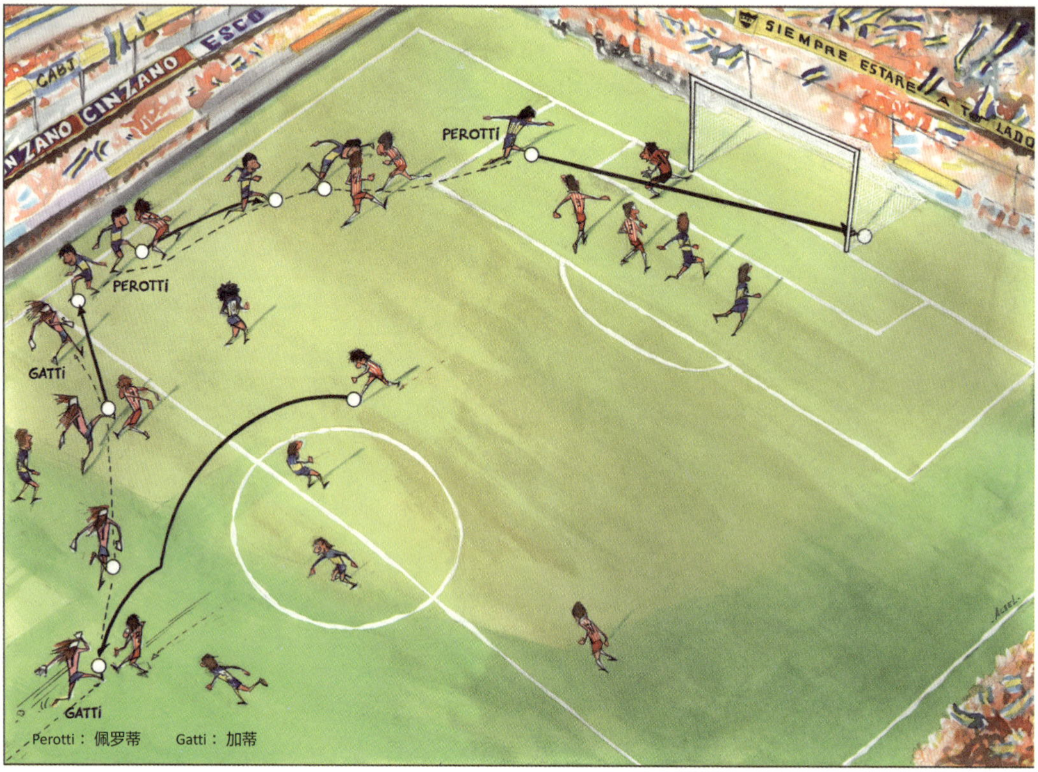
PEROTTI
PEROTTI
GATTI
GATTI
CINZANO
SIEMPRE ESTARE
Perotti： 佩罗蒂
Gatti： 加蒂

60 **雨果·佩罗蒂** | **博卡青年** **第38分钟（1：0）**

1981年7月19日，糖果盒球场，布宜诺斯艾利斯博卡区（阿根廷）
阿根廷足球甲级联赛，第30轮，博卡青年1：0拉普拉塔大学生队

GATTI

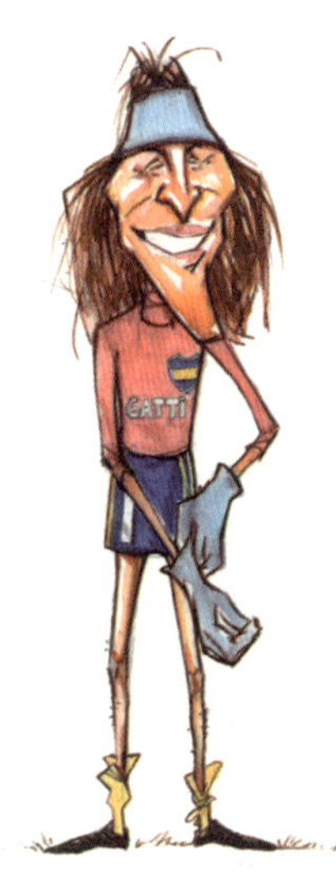

加蒂出击了

博卡门将加蒂以球场上的疯狂举动而闻名，但这次他造就了一记令人印象深刻的进球：他从禁区冲出来，断下对方的长传，但没有把球传给队友，而是一直把球带到中场，传给佩罗蒂。佩罗蒂紧接着上演了一连串精彩的盘带，包括一记胯下盘带，最后用一粒令博卡球迷终生难忘的进球收尾。博卡球迷将一直怀念这个赛季，因为马拉多纳在这一年为博卡夺得了他来到球队后的第一个冠军。

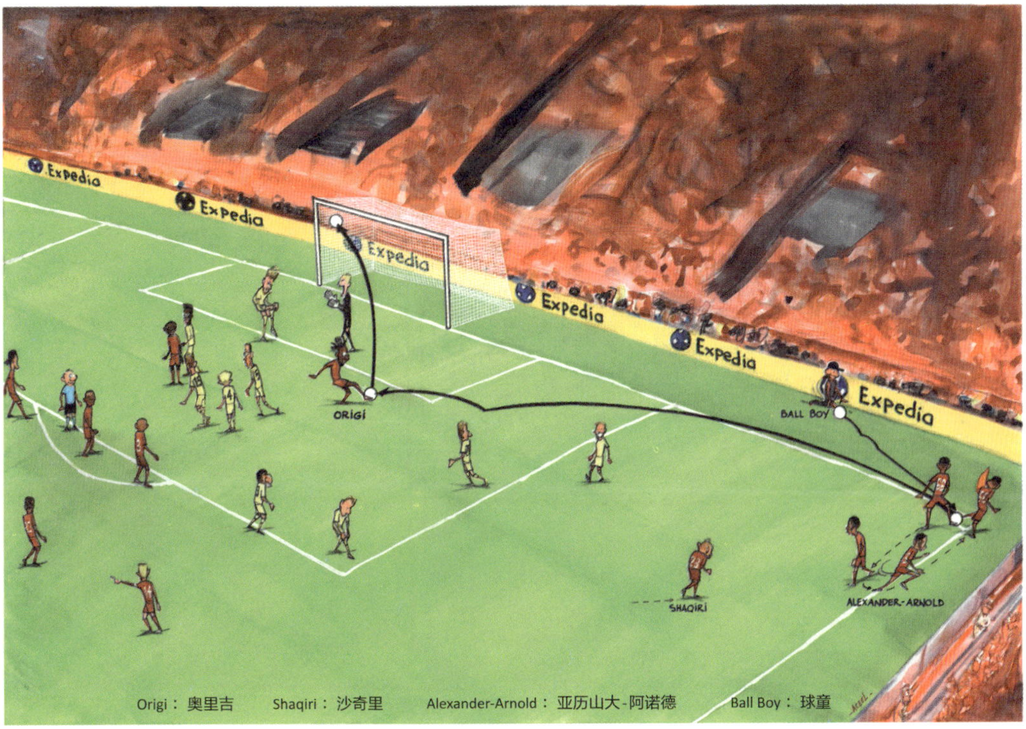
Expedia
ORIGI
BALL BOY
SHAQIRI
ALEXANDER-ARNOLD
Origi：奥里吉　Shaqiri：沙奇里　Alexander-Arnold：亚历山大-阿诺德　Ball Boy：球童

61　**迪沃克·奥里吉**　|　**利物浦**　**第79分钟（4：0）**

2019年5月7日，安菲尔德球场，利物浦（英格兰）
欧洲冠军联赛，半决赛，次回合，利物浦4 ：0巴塞罗那

你永远不会独行

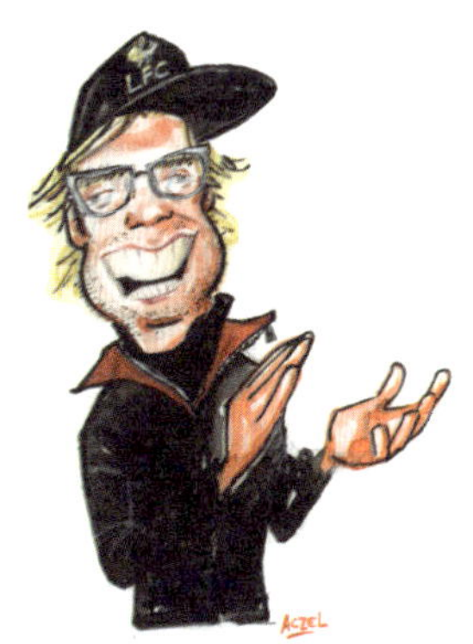

角球新玩法——阿诺德假装自己不开角球，要让队友沙奇里来开，然后趁巴萨队员不注意，突然转身起脚，传球给奥里吉，最终将比分改写成4 ：0。而在首回合的比赛中，巴萨只打进了3个球。凭借这一球，利物浦淘汰巴萨，打入决赛，并最终夺得欧冠联赛的冠军。这个神奇角球的部分秘密在于位于底线处的那个球童，他以闪电般的速度做出反应，把足球扔给了亚历山大-阿诺德，才让本要把角球交给沙奇里来开的阿诺德及时发现巴萨球员的懈怠。然而，据阿诺德说，这不是战术安排，纯粹是本能。

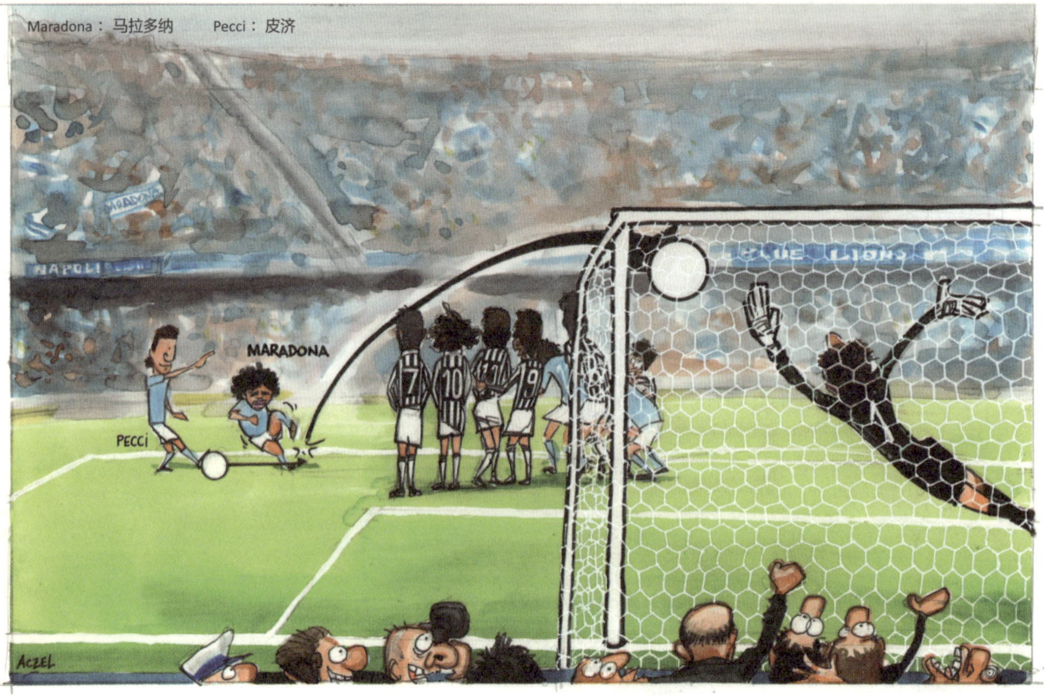
Maradona：马拉多纳　　Pecci：皮济
MARADONA
PECCI
ACZEL

62

迭戈·阿曼多·马拉多纳 | **那不勒斯**　　**第72分钟（1：0）**

1985年11月3日，圣保罗球场，那不勒斯（意大利）
意大利足球甲级联赛，第9轮，那不勒斯1：0尤文图斯

那一天，普拉蒂尼为马拉多纳鼓掌

这是马拉多纳在那不勒斯最重要的进球之一，当时的意甲还是世界第一联赛。这是一个间接任意球，没有太大的射门空间，但马拉多纳用他神奇的左脚将球搓进了球门死角。尤文图斯的普拉蒂尼都忍不住为他鼓掌。

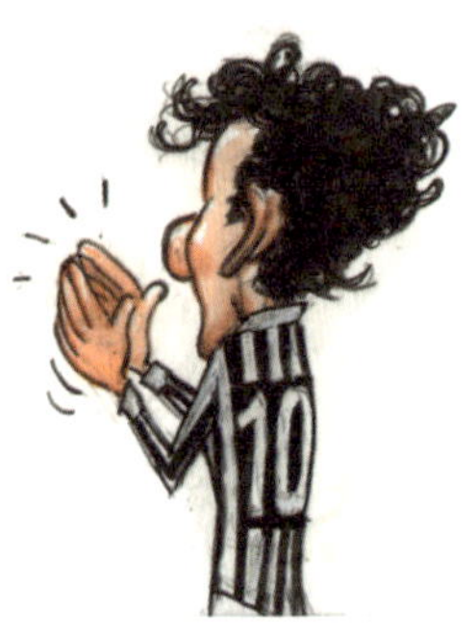

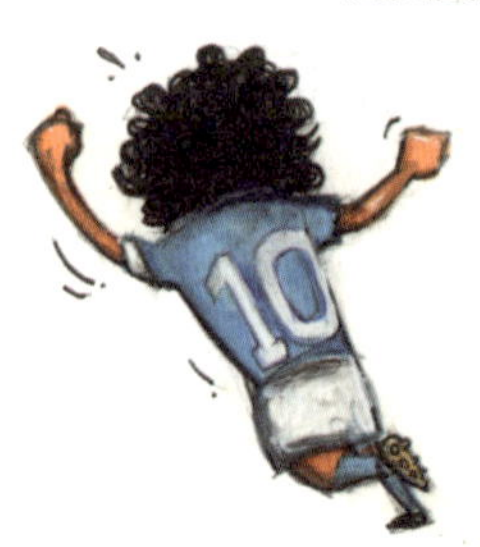

63

萨穆埃尔·埃托奥 | **巴塞罗那** **第65分钟（5：0）**

2005年11月2日，诺坎普球场，巴塞罗那（西班牙）
欧洲冠军联赛，小组赛C组，巴塞罗那5：0帕纳辛纳克斯

漂亮的比赛

接到梅西的传球后，埃托奥本可以继续带球再射门，但他选择直接来一记越过门将的巧妙吊射，进球得分。

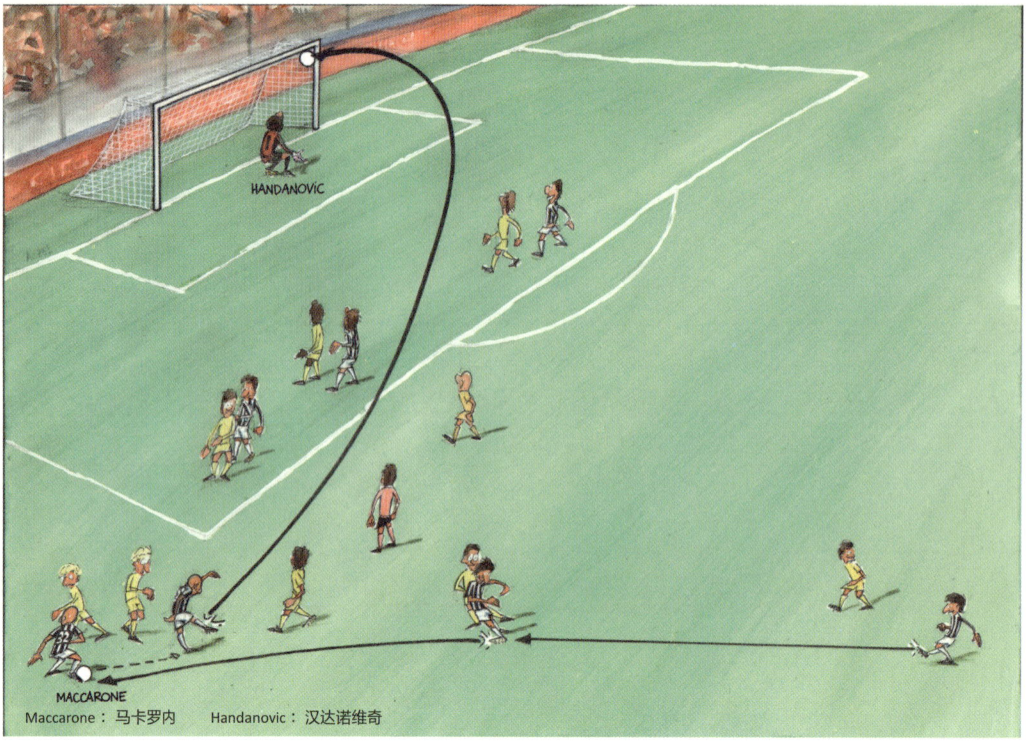
HANDANOVIC
MACCARONE
Maccarone：马卡罗内 Handanovic：汉达诺维奇

64

马西莫·马卡罗内 | **锡耶纳** **第66分钟（1：0）**

2009年12月13日，阿达美奥法兰基球场，锡耶纳（意大利）
意大利足球甲级联赛，第16轮，锡耶纳2：1乌迪内斯

传中直接进球

ACZEL
MASSIMO
MACCARONE

就在所有人都以为马卡罗内要传中时，他却一脚把球直接吊向球门。真是一记神仙球！

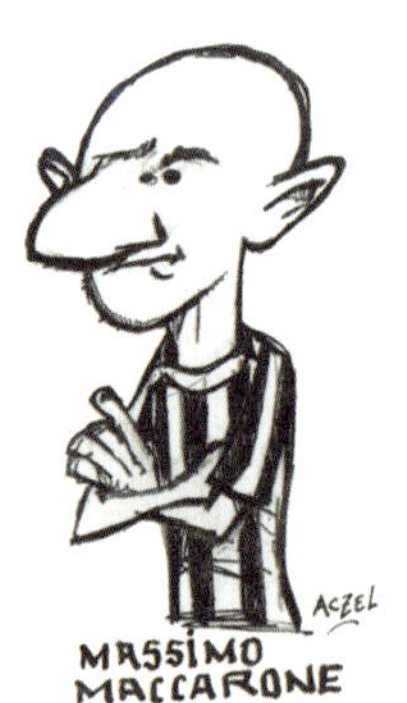

Mágico：马基科

65 马基科·冈萨雷斯 | 加的斯 第69分钟（3：0）

1986年9月14日，拉蒙·德卡兰萨球场，加的斯，安达卢西亚大区（西班牙）
西班牙足球甲级联赛，第4轮，加的斯3：0皇家桑坦德竞技

街头足球的化身

他是加的斯足球俱乐部历史上最伟大的偶像，同时也是其祖国萨尔瓦多最伟大的球员。冈萨雷斯曾说：“我承认我不是个圣人，我喜欢派对。我知道自己是不负责任的，也不够职业。我不喜欢把足球当成工作，如果那样做，我就不是我了。我踢球纯粹是为了快乐。”而这粒进球清晰地展现了他的人生哲学。

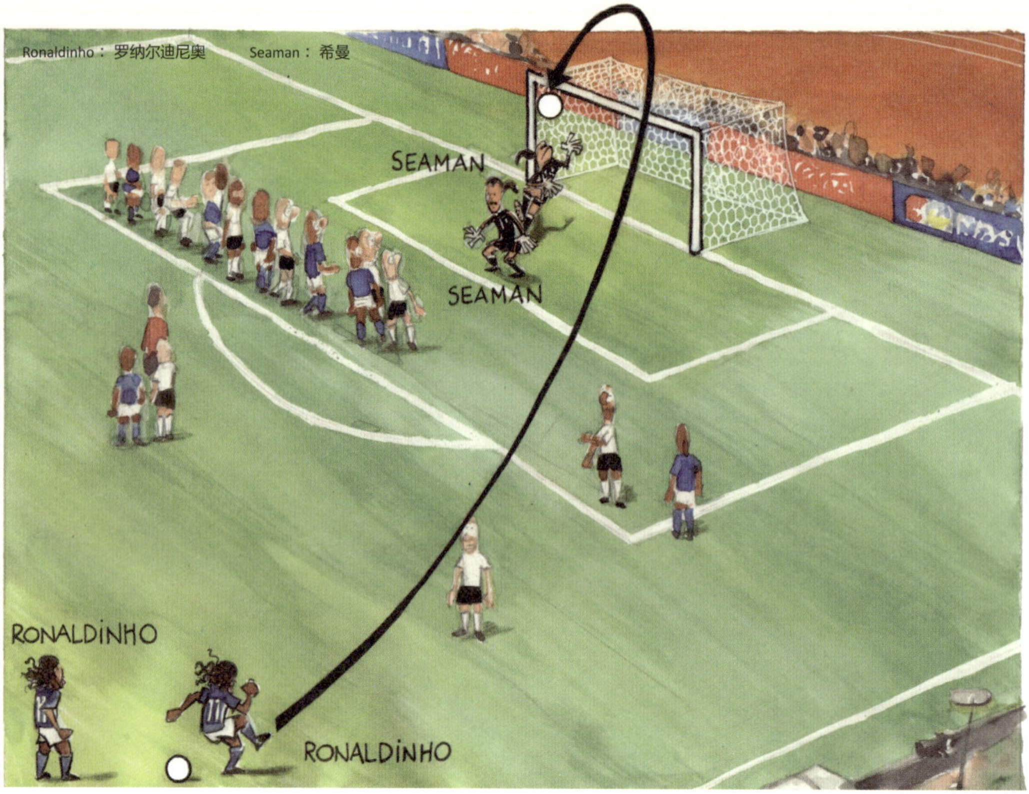

Ronaldinho：罗纳尔迪尼奥　Seaman：希曼

SEAMAN

SEAMAN

RONALDINHO

RONALDINHO

66　**罗纳尔迪尼奥** | **巴西国家队**　**第50分钟（2：1）**

2002年6月21日，静冈体育场，袋井市，静冈县（日本）
世界杯，1/4决赛，巴西2：1英格兰

任意球吊射

门将大卫·希曼拼命后撤，只可惜为时已晚，巴西人已经将这个任意球吊射入门。

67 **安德烈斯·巴斯克斯** | **IFK哥德堡** **第70分钟（0：4）**

2007年5月7日，贝赫尔球场，厄勒布鲁（瑞典）
瑞典足球超级联赛，第5轮，厄勒布鲁0：4 IFK哥德堡

插花脚式进球

通过视频分享网站油管（YouTube）上的疯传，安德烈斯·巴斯克斯以一记从边场发出的插花脚式进球一举成名。

68

吉奥瓦尼·范布隆克霍斯特 | **荷兰国家队** **第18分钟（1：0）**

2010年7月6日，开普敦球场，开普敦（南非）
世界杯，半决赛，荷兰3：2乌拉圭

橙衣炮弹！

这位荷兰队队长在世界杯半决赛中献出一记远程大力轰门。
这是时年35岁的他在国家队的倒数第二场比赛。

69 **乌戈·桑切斯** | **皇家马德里** **第9分钟（1：0）**

1988年4月9日，伯纳乌球场，马德里（西班牙）
西班牙足球甲级联赛，第32轮，皇家马德里2 ：0洛格罗涅斯

梦想成真

“这是我一生中最重要的进球，是孩童时期就梦想过的那种进球。我的父亲喜欢倒钩球，哪怕年纪越来越大，他和朋友一起踢球时也总是这样做。为了向他致敬，我也开始练习倒钩。在我职业生涯的巅峰，在我父亲面前，在座无虚席的伯纳乌球场上，打入这样漂亮的一记倒挂金钩，我一辈子都不会忘记的。”

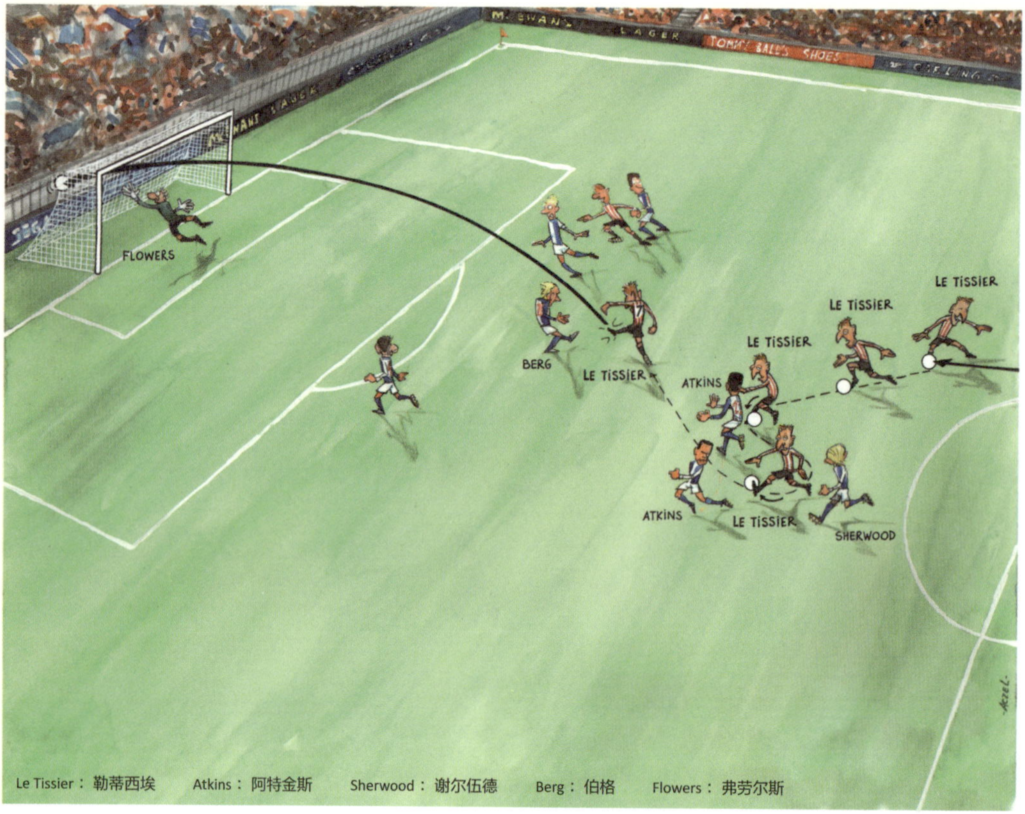

Le Tissier：勒蒂西埃　Atkins：阿特金斯　Sherwood：谢尔伍德　Berg：伯格　Flowers：弗劳尔斯

70　**马修·勒蒂西埃** | **南安普顿**　**第78分钟（3：2）**

1994年12月10日，埃伍德公园球场，布莱克本，兰开夏（英格兰）
英格兰足球超级联赛，第18轮，布莱克本流浪者3：2南安普顿

习以为常

如此精妙绝伦的进球对勒蒂西埃来说早已习以为常。顺便说一下，他是哈维童年时期的偶像。

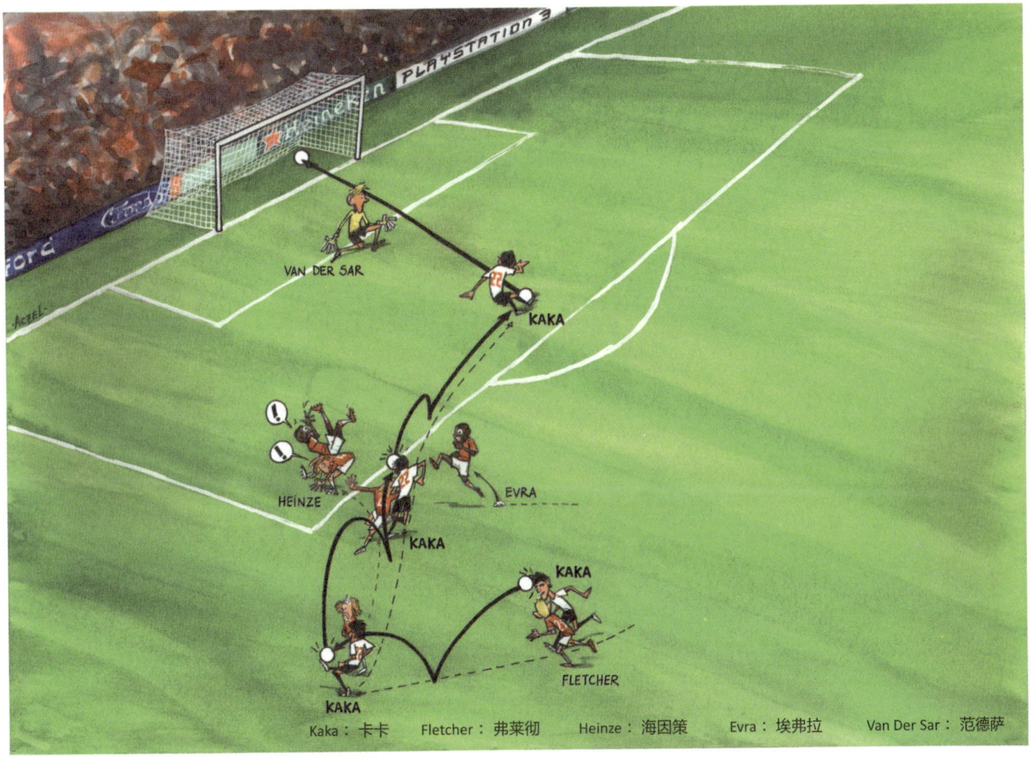
PLAYSTATION 3
VAN DER SAR
KAKA
HEINZE
EVRA
KAKA
KAKA
FLETCHER
KAKA
Kaka：卡卡　Fletcher：弗莱彻　Heinze：海因策　Evra：埃弗拉　Van Der Sar：范德萨

71

卡卡 | **AC米兰**　　**第37分钟（1：2）**

2007年4月24日，老特拉福德球场，曼彻斯特（英格兰）
欧洲冠军联赛，半决赛，首回合，曼联3 ：2 AC米兰

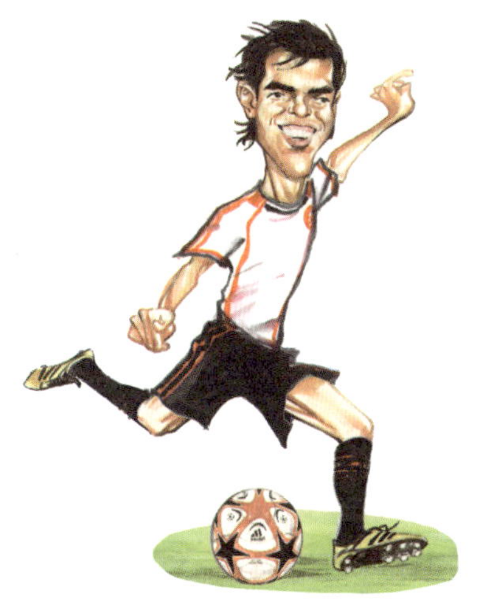

哎哟！

一次头球、一次挑球，然后又是一次精准的头球。成功摆脱海因策和埃弗拉，让这两个人撞个满怀后，卡卡面对空门轻松得分。

Dowie：道伊　Le Tissier：勒蒂西埃　Venison：维尼森　Scott：斯科特　Hooper：胡珀

72　**马修·勒蒂西埃** | **南安普顿**　**第62分钟（1：0）**

1993年10月24日，小谷球场，南安普顿（英格兰）
英格兰足球超级联赛，第12轮，南安普顿2：1纽卡斯尔联

又是一粒习以为常的进球

勒蒂西埃从未厌倦打入各种完美进球，而这是这位可爱的中场球员的又一作品。

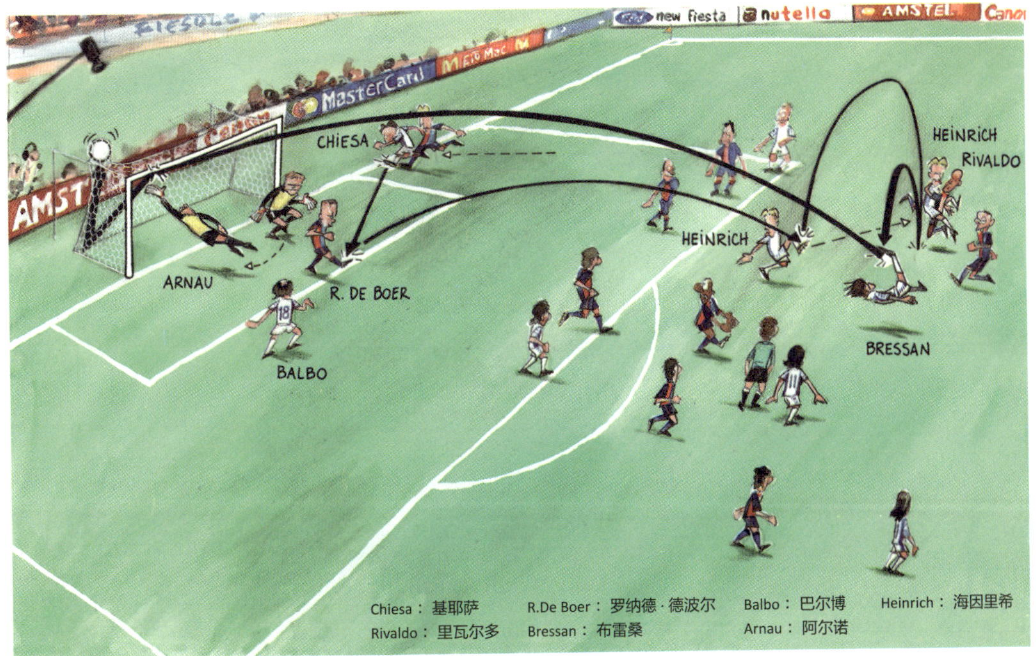

73 **毛罗·布雷桑** | **佛罗伦萨** **第14分钟（1：0）**

1999年11月2日，弗兰基球场，佛罗伦萨（意大利）
欧洲冠军联赛，B组，佛罗伦萨3 ： 3巴塞罗那

重质不重量!

布雷桑职业生涯中的进球数量并不多，这一球却是欧冠最佳进球之一。

74 **克里斯托弗·德拉赞** | **维也纳迅速** **第19分钟（1：1）**

2011年10月26日，格尔哈德哈纳皮球场，维也纳（奥地利）
奥地利足总杯，1/8决赛，维也纳迅速1：2里德（加时赛后）

精心设计的角球

这是一记精心设计的角球，也是一次完美的执行。

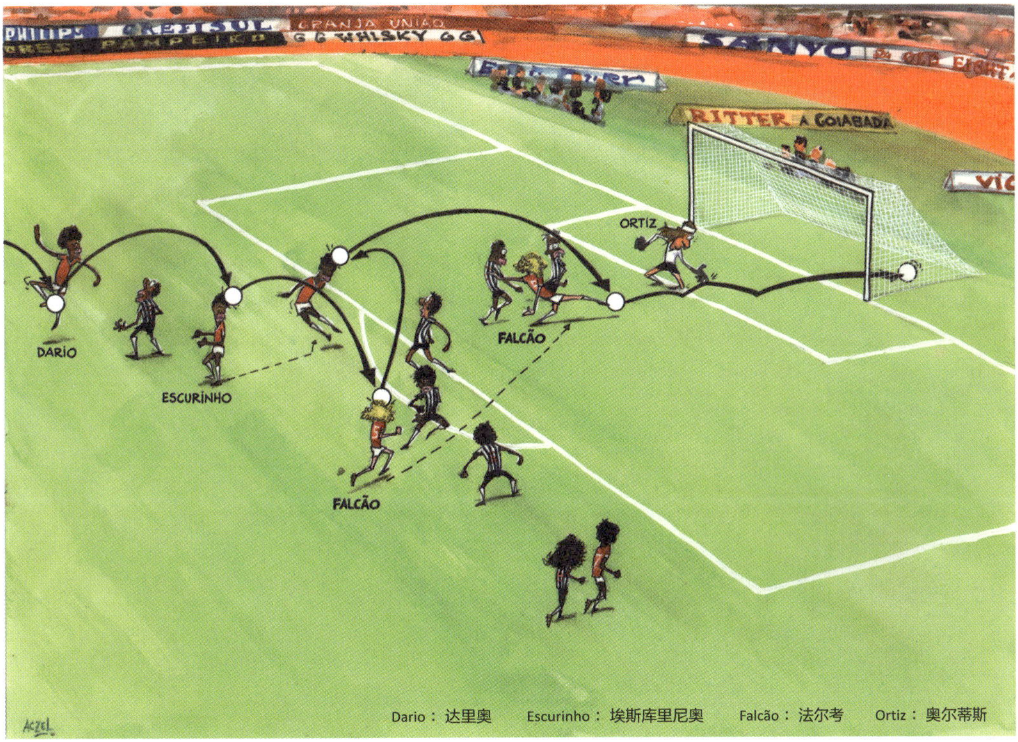
PHILIPS
CREFISUL
GRANJA UNIÃO
GG WHISKY GG
SANYO
RITTER A GOIABADA
DARIO
ESCURINHO
FALCÃO
FALCÃO
ORTIZ
Dario： 达里奥
Escurinho： 埃斯库里尼奥
Falcão： 法尔考
Ortiz： 奥尔蒂斯

75

法尔考 | **巴西国际** **第90分钟（2：1）**

1976年12月5日，贝拉里奥体育场，阿雷格里港（巴西）
巴西足球甲级联赛，半决赛，巴西国际2：1米内罗竞技

高级洗发露

这是巴西国际俱乐部史上最佳进球，它要归功于连续三次头球摆渡的助攻。这粒球就像洗发露，让大家把头洗了一遍。

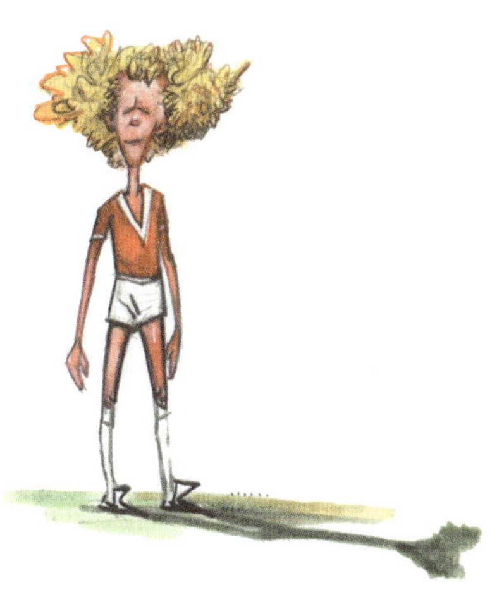

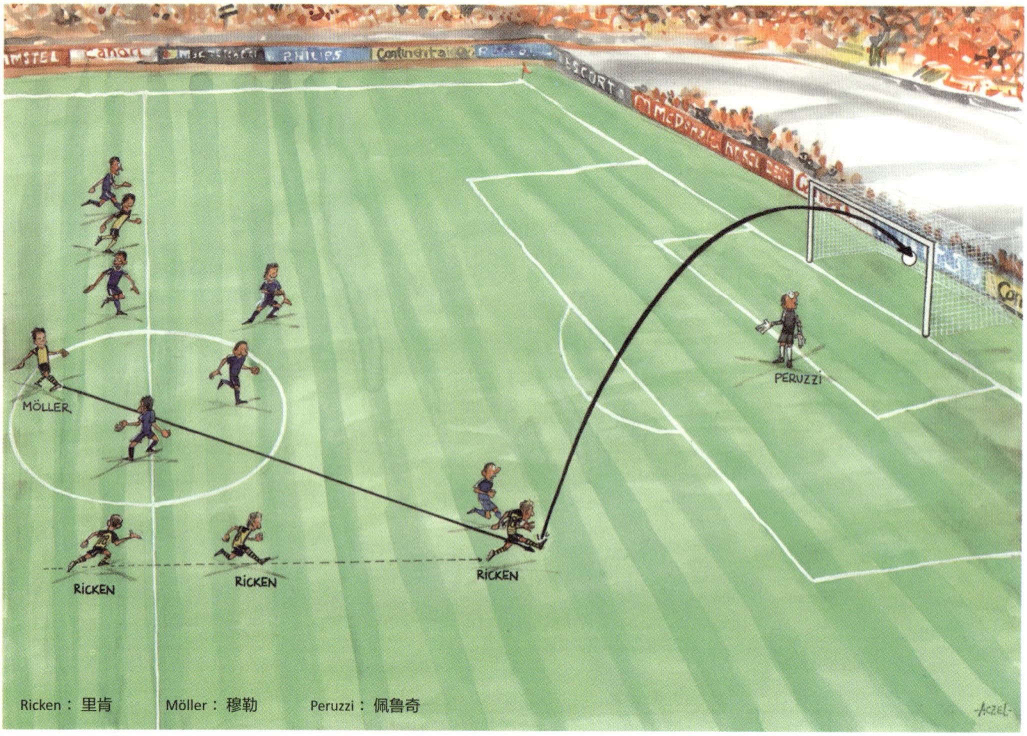
PHILIPS
MÖLLER
PERUZZI
RICKEN
RICKEN
RICKEN
Ricken：里肯
Möller：穆勒
Peruzzi：佩鲁奇
ACZEL

76

拉尔斯·里肯 | **多特蒙德** **第71分钟（3：1）**

1997年5月28日，奥林匹克体育场，慕尼黑（德国）
欧洲冠军联赛，决赛，多特蒙德3：1尤文图斯

9
18
UEFA

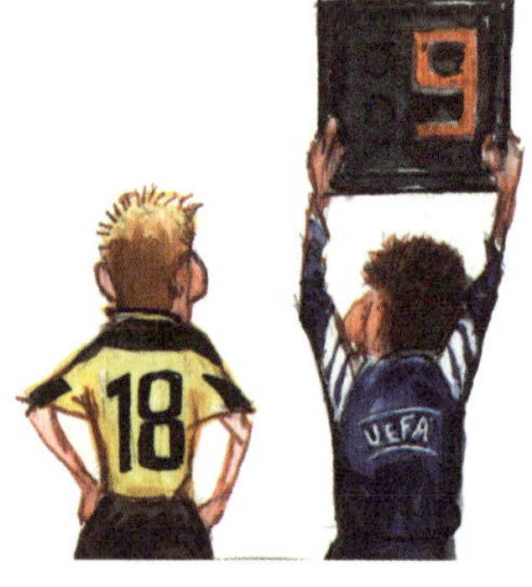

“大黄蜂”的世纪进球

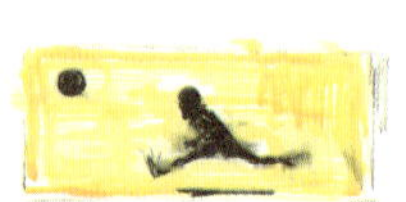

年仅20岁的里肯刚作为替补上场16秒，第一次触球就打入了决定这场欧冠决赛的进球。这位小将用一记30米开外的吊射摧毁了强大的“斑马军团”。在此之前，他坐在替补席上看了前70分钟的比赛，注意到对方守门员有时站得离球门很远。“当时我想的是，第一脚触球我就要射门，不管我在哪里。”最终，他确实这样做了。“时至今日，我仍喜欢听球迷讲述他们见证那次进球的故事。在我的职业生涯中，能为他们留下一些难忘的回忆，真的很美好。”

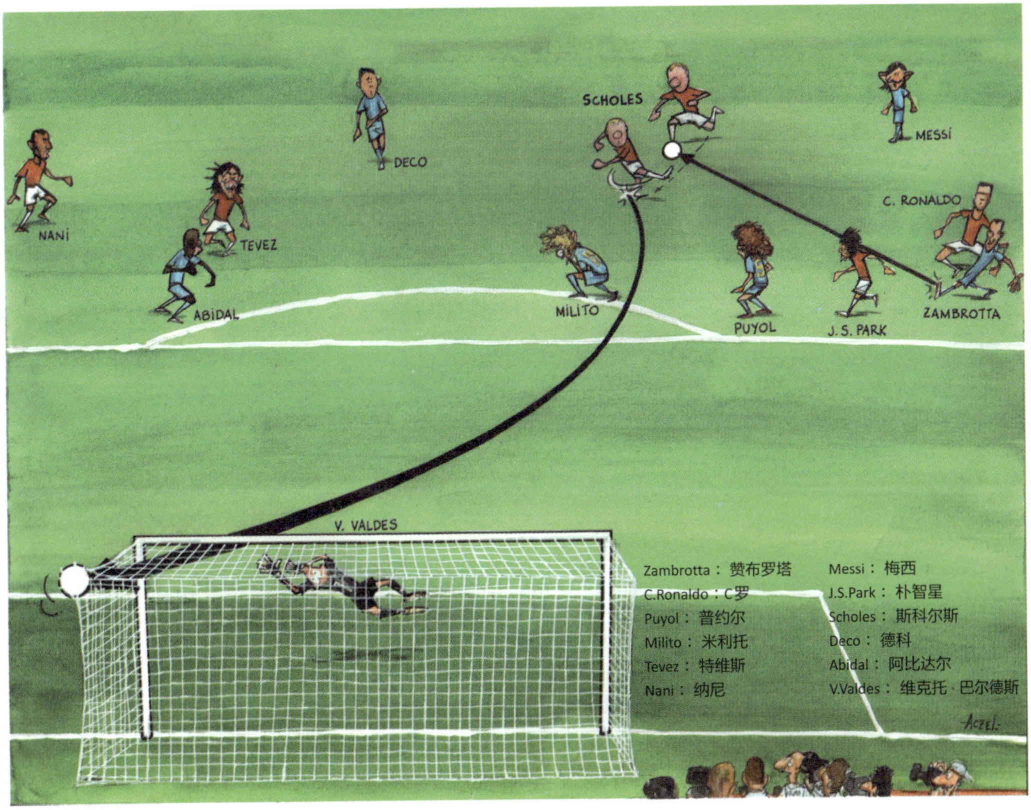
SCHOLES
MESSI
DECO
NANI
TEVEZ
ABIDAL
C. RONALDO
MILITO
PUYOL
J. S. PARK
ZAMBROTTA
V. VALDES
Zambrotta：赞布罗塔
C.Ronaldo：C罗
Puyol：普约尔
Milito：米利托
Tevez：特维斯
Nani：纳尼
Messi：梅西
J.S.Park：朴智星
Scholes：斯科尔斯
Deco：德科
Abidal：阿比达尔
V.Valdes：维克托·巴尔德斯
ACZEL

77

保罗·斯科尔斯 | **曼联** **第14分钟（1：0）**

2008年4月29日，老特拉福德球场，曼彻斯特（英格兰）
欧洲冠军联赛，半决赛，次回合，曼联1：0巴塞罗那

非比寻常

斯科尔斯进的球并不多，但只要他进球，大多都是令人赏心悦目的远射。此外，面对巴萨，这记世界波成为“红魔”打开通往决赛之门的钥匙。

PAUL SCHOLES
ACZEL

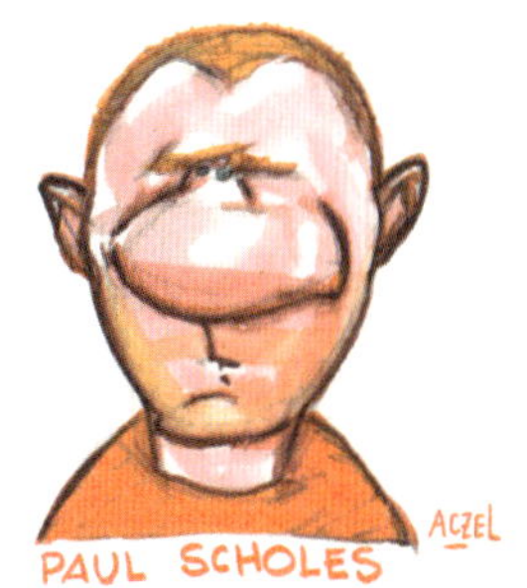

78　**克里斯蒂安·查维斯**　|　**图库曼竞技**　**第58分钟（0：1）**

2011年3月1日，胡安·多明戈·贝隆总统体育场，科尔多瓦（阿根廷）
阿根廷足球乙级联赛，第22轮，科尔多瓦学院0：1图库曼竞技

甲级联赛

发生在阿根廷乙级联赛上的进球要想在这份名单中占据一席之地，必须要有其过人之处，而这粒进球则毋庸置疑：查维斯晃开一名防守球员，然后连续两次穿裆过人，在门将身前5米处以一脚大师级的精妙挑射终结了进攻。

Bein：拜因　Okocha：奥科查　Kahn：卡恩　Reich：赖希　Bilic：比利奇　Schmidt：施密特

79 杰伊–杰伊·奥科查 | 法兰克福　　第87分钟（3：1）

1993年8月31日，瓦尔德球场，法兰克福（德国）
德国足球甲级联赛，第5轮，法兰克福3：1卡尔斯鲁厄

“我到现在还晕着呢。”（奥利弗·卡恩）

奥科查用他疯狂的“舞蹈”羞辱了卡恩和三名防守球员。尽管被戏耍，三次当选世界最佳门将的“狮王”却并不生气，只能祝贺奥科查。20年后，卡恩轻松地评价道：“那真是鬼才般的进球。那一幕让我第一次意识到自己还能那么敏捷。往上，往下，再往上，再往下……太快了！我到现在还晕着呢。”

此球被看作法兰克福队最精彩的进球，也是卡恩最漂亮的失球。

Ravn：拉文　Helmer：海尔默　Babbel：巴贝尔　Matthäus：马特乌斯　Kahn：卡恩

80　**艾伦·拉文** | **布隆德比**　**第90分钟（2：1）**

1998年9月16日，布隆德比体育场，哥本哈根（丹麦）
欧洲冠军联赛，小组赛D组，布隆德比2：1拜仁慕尼黑

献给球迷

“当我在第87分钟接到球时，球迷们已经在庆祝能战平拜仁慕尼黑这样的豪门球队了。”丹麦球员艾伦·拉文回忆道，“我没力气再过掉最后一名后卫了，所以决定起脚射门，把球吊过站位稍微靠前的卡恩。球飞入球门上角时，整个体育场都沸腾了。时至今日，走在丹麦大街上，我仍会被记得那粒进球的球迷叫住。”

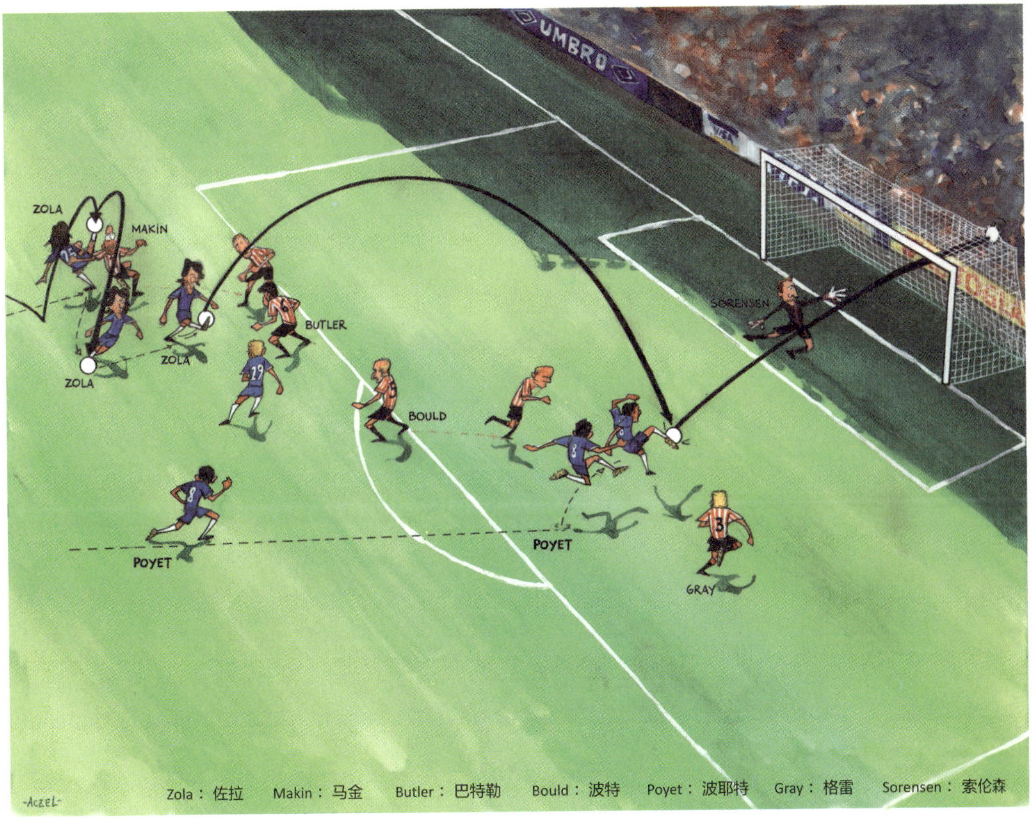
UMBRO
ZOLA
MAKIN
BUTLER
ZOLA
ZOLA
BOULD
SORENSEN
POYET
POYET
GRAY
-ACZEL-
Zola：佐拉　Makin：马金　Butler：巴特勒　Bould：波特　Poyet：波耶特　Gray：格雷　Sorensen：索伦森

81

古斯·波耶特 | **切尔西**　　**第77分钟（4：0）**

1999年8月7日，斯坦福桥球场，富勒姆，伦敦（英格兰）
英格兰足球超级联赛，第1轮，切尔西4：0桑德兰

“我之前从没这么试过。”

“甚至在训练中都踢不出来。这是我平生唯一一次踢这种‘剪刀脚’，或者不管你叫它什么都行。虽然我喜欢更重要、更具决定性的进球，但我永远不会忘记我进球时队友们的反应。他们笑着说：‘我的天啊！你进了个什么神仙球啊！’”

Aczel
POYET

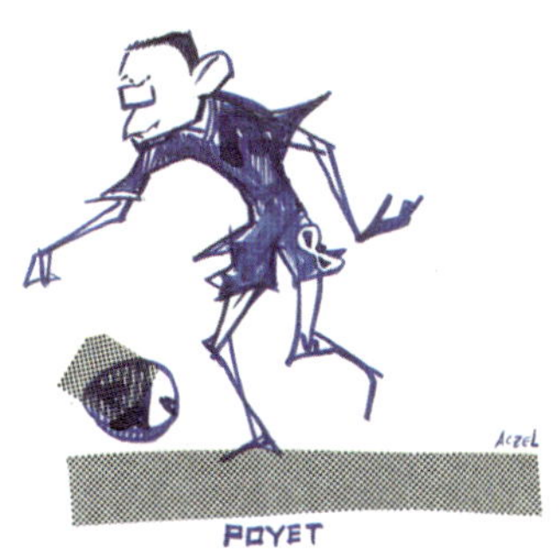

Maddix：马迪克斯　Spencer：斯宾塞　Sinclair：辛克莱尔　Moses：摩西　Redfearn：瑞德费恩　Watson：沃特森

82

特雷弗·辛克莱尔 | 女王公园巡游者　　第74分钟（3：1）

1997年1月25日，洛夫图斯路球场，怀特城，伦敦（英格兰）
英格兰足总杯，1/4决赛，女王公园巡游者3：2巴恩斯利

哇！

这是辛克莱尔在禁区外打进的一粒倒勾球，很符合喜欢杂耍式进球的球迷们的胃口。

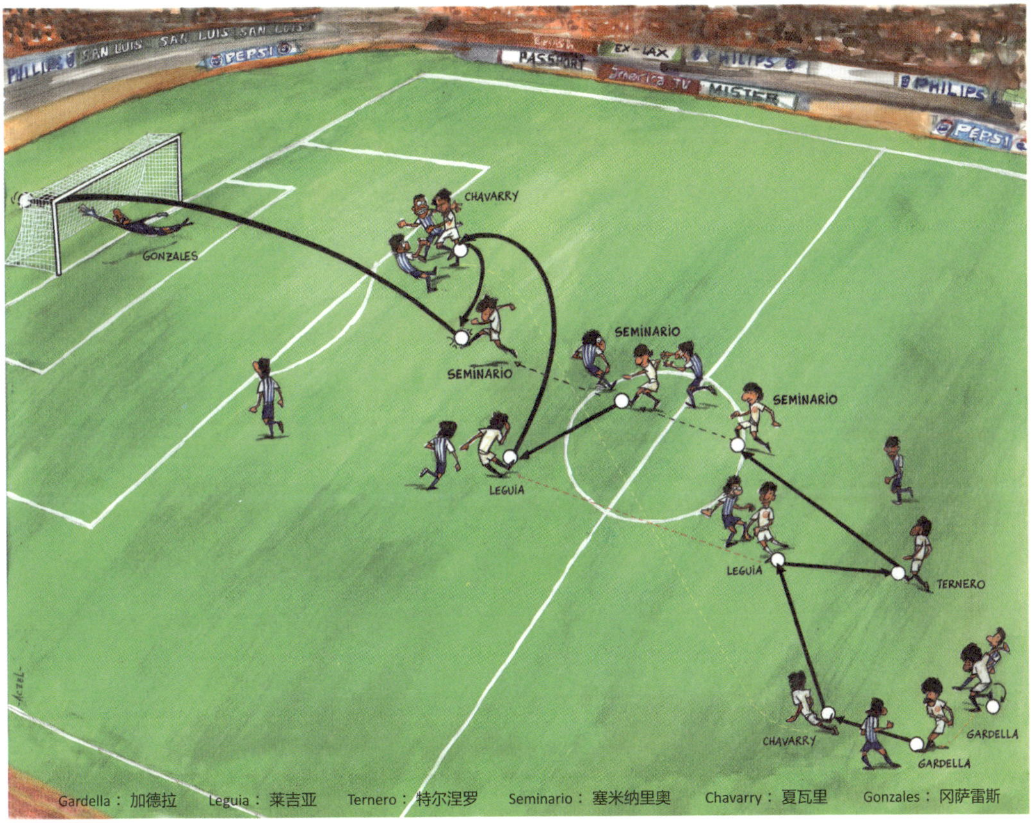

Gardella：加德拉　Leguia：莱吉亚　Ternero：特尔涅罗　Seminario：塞米纳里奥　Chavarry：夏瓦里　Gonzales：冈萨雷斯

83　**米格尔·塞米纳里奥** | **秘鲁体育大学**　**第89分钟（2：1）**

1983年6月29日，国家体育场，利马（秘鲁）
秘鲁足球甲级联赛，第11轮，秘鲁体育大学2：1利马联盟

值得拍成电影的经典之作

秘鲁最大的德比战至今已有90多年的历史，其间产生了超过900粒进球。但有一个人的进球高于其他所有人的，他就是米格尔·塞米纳里奥。他的进球是秘鲁“国家德比”史上最美的进球。

Simmes：西姆斯

84 **丹尼尔·西姆斯** | **多特蒙德** **第63分钟（1：0）**

1984年10月5日，威斯特法伦球场，多特蒙德（德国）
德国足球甲级联赛，第7轮，多特蒙德2：1勒沃库森

人生之球

18岁这年，西姆斯打进了他职业生涯中最精彩的一粒单刀球。这不仅是他的第一粒德甲进球，更是1984年的年度最佳进球。在这场比赛中，西姆斯还曾为奠定胜局的第二粒进球献上助攻。其实，巴塞罗那俱乐部在3个月前就已经向西姆斯报价，又在这场比赛后再次报价，但他根本没有离开多特蒙德的想法。然而，在接下来的几年，他的星光明显暗淡了，并最终退役，因为他再也跑不动了。直到职业生涯结束后许久，西姆斯才发现原因：他天生心律不齐，因此无法充分发挥自己的身体机能。但西姆斯说："我有一个伟大的妻子和两个出色的孩子。人生总是有得有失。"

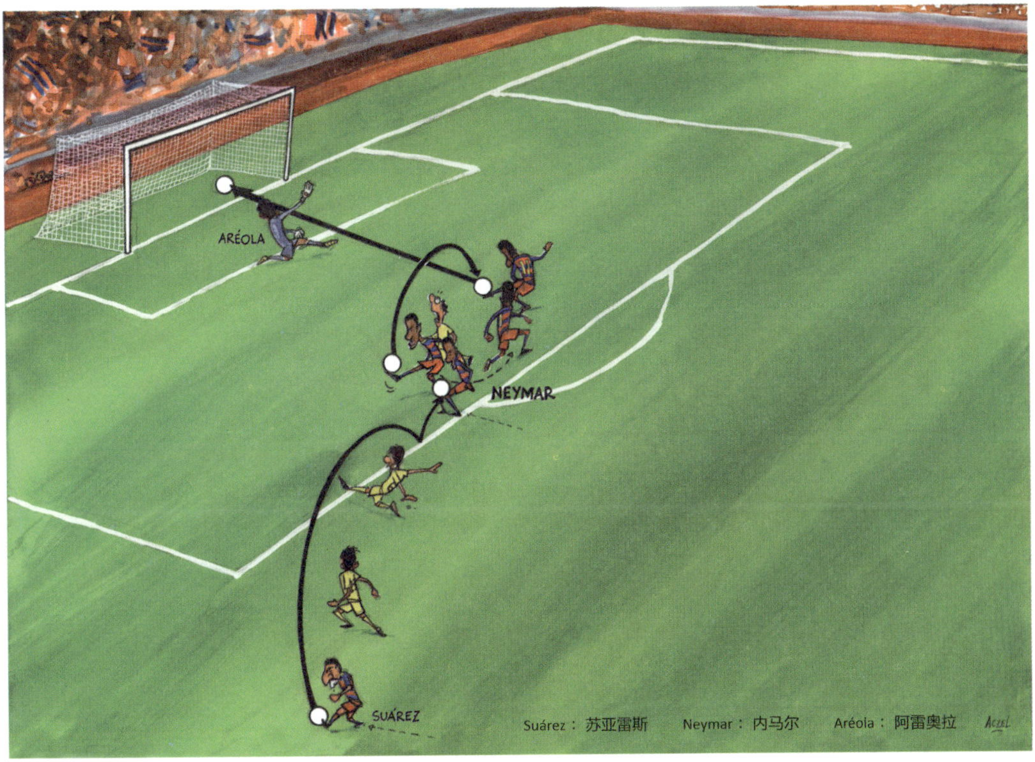
ARÉOLA
NEYMAR
SUÁREZ
Suárez：苏亚雷斯
Neymar：内马尔
Aréola：阿雷奥拉

85 **内马尔** | **巴塞罗那** **第85分钟（3：0）**

2015年11月8日，诺坎普球场，巴塞罗那（西班牙）
西班牙足球甲级联赛，第11轮，巴塞罗那3 ：0比利亚雷亚尔

内马尔的彩虹

你甚至无法在PS游戏机上打出这样的进球，因为根本没有能使出这一招的组合键，是这位巴西天才发明了这种惊艳的足球技能。

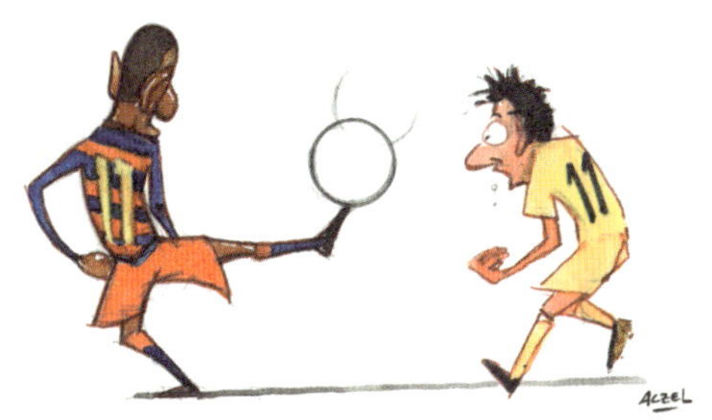

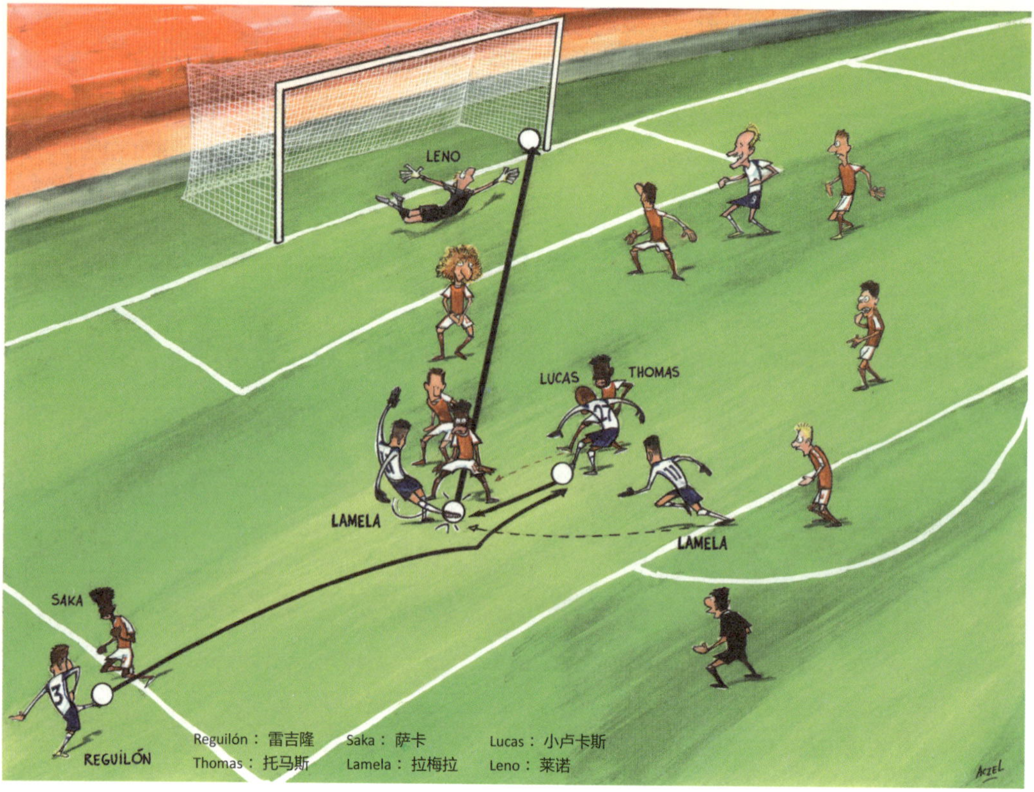

Reguilón：雷吉隆　Saka：萨卡　Lucas：小卢卡斯
Thomas：托马斯　Lamela：拉梅拉　Leno：莱诺

86　**埃里克·拉梅拉** | **托特纳姆热刺**　**第33分钟（0：1）**

2021年3月14日，酋长球场，伦敦（英格兰）
英格兰足球超级联赛，第28轮，阿森纳2：1托特纳姆热刺

插花脚射门

这个神奇的进球不仅成为英超联赛的赛季最佳进球，更在之后拿下国际足联的普斯卡什奖。

埃里克·拉梅拉巧妙地让球从托马斯胯下穿过，进入球门远角，而且还是一记插花脚。虽然最后托特纳姆热刺输掉了比赛，拉梅拉由两黄变一红，只能离场，但又有什么关系呢……

Rummenigge：鲁梅尼格

87

卡尔－海因茨·鲁梅尼格 | **拜仁慕尼黑** **第57分钟（4：0）**

1981年7月19日，老蒂沃利球场，亚琛（德国）
亚琛足球赛，拜仁慕尼黑5：1布鲁日

潇洒得太傲慢

鲁梅尼格先是巧妙地过掉布鲁日的门将，然后不仅在门线前停下脚步休息，还环顾四周，得寸进尺地把球挑到空中，再轻轻地用头一点，把球送进球门，之后潇洒地转身就走，非常傲慢。不过，当年可没有人指责这个球毫无体育精神。鲁梅尼格甚至因为这个不怎么光彩的进球得了不少奖，包括1981年7月的“月度最佳进球”。

如今，这样的动作肯定会招致大量不满，但足球的美好不就在于这种“和邻居家的朋友踢野球”的快乐吗？

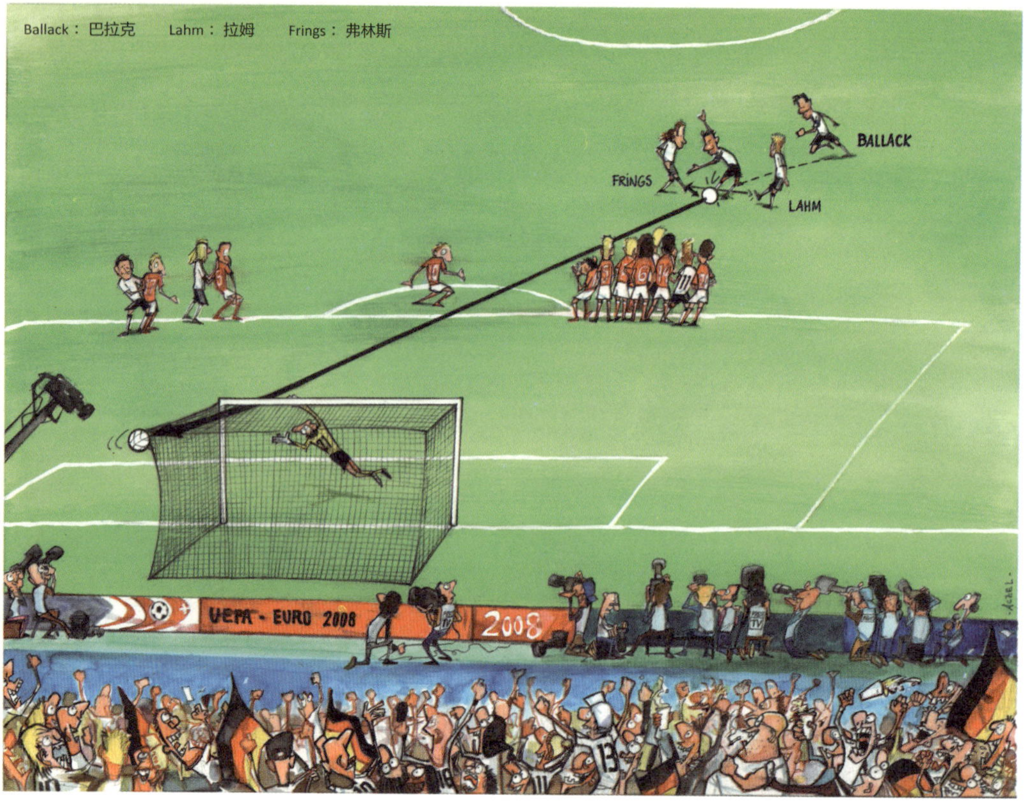
Ballack：巴拉克
Lahm：拉姆
Frings：弗林斯
BALLACK
FRINGS
LAHM
2008

88 　**米夏埃尔·巴拉克** | **德国国家队** 　**第49分钟（0：1）**

2008年6月16日，恩斯特·哈佩尔球场，维也纳（奥地利）
2008年欧洲杯，小组赛B组，奥地利0：1德国

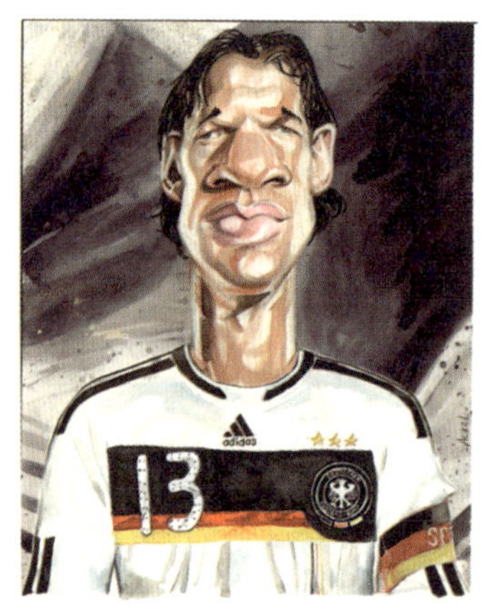

大力抽射

这一次，德国队必须获胜才能晋级。他们之前输给了克罗地亚，饱受批评。不出所料，这场比赛变成了一场硬仗。但这个任意球，“德国队长”没有搓弧线，而是直接一脚大力抽射，从25米外把球轰进奥地利球门的右上角。

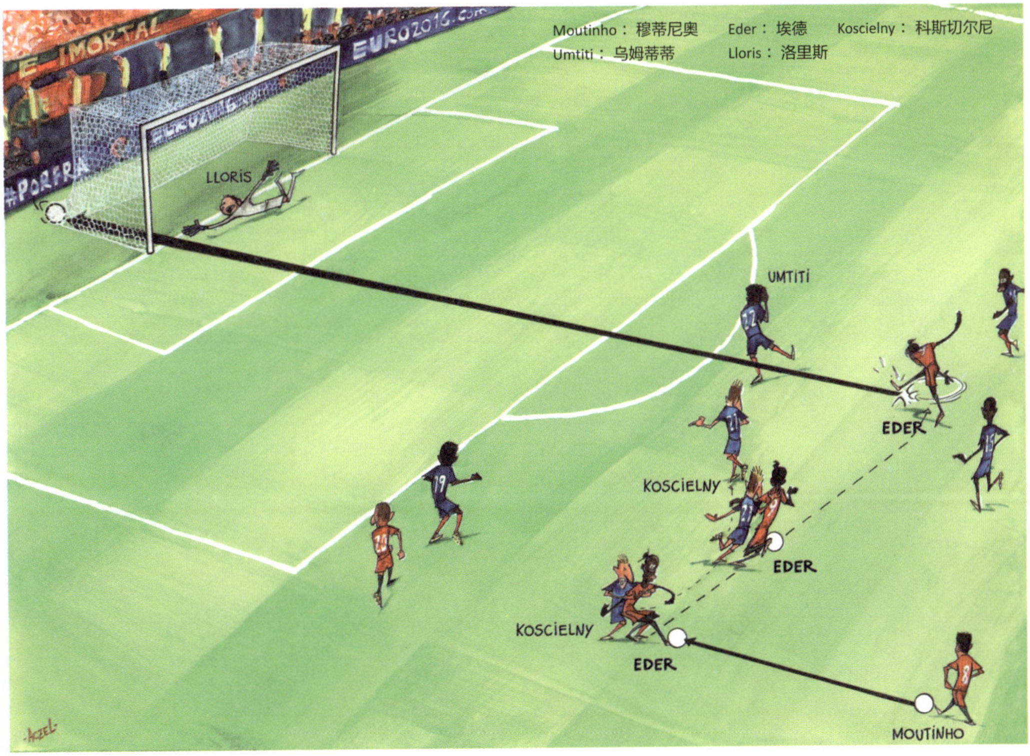
Moutinho：穆蒂尼奥
Eder：埃德
Koscielny：科斯切尔尼
Umtiti：乌姆蒂蒂
Lloris：洛里斯
LLORIS
UMTITI
EDER
KOSCIELNY
EDER
KOSCIELNY
EDER
MOUTINHO

89 **埃德** | **葡萄牙国家队** **第109分钟（1：0）**

2016年7月10日，法兰西大球场，巴黎（法国）
2016年欧洲杯，决赛，葡萄牙1：0法国（加时赛后）

助理教练C罗

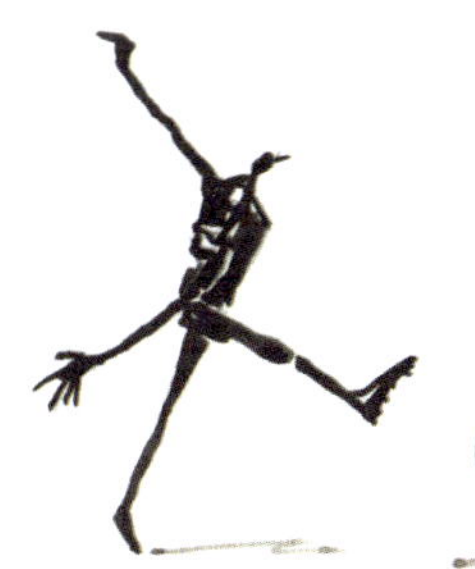

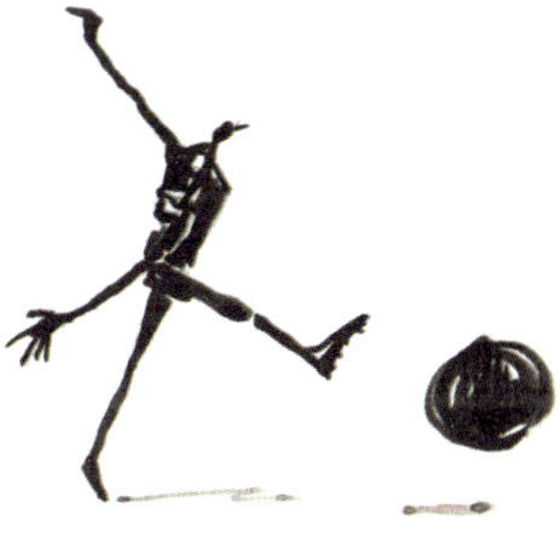

直到加时赛，人们才等来夺冠的制胜球。无人防守的埃德用24米开外的一脚势大力沉的低射将球打入网窝，为葡萄牙赢得了德劳内杯。“我把这一进球献给我的心理教练。”他说。

令人难忘的是，受伤的C罗一直在场边的替补席上怀着令人难以置信的热情和激情为球队打气鼓劲。

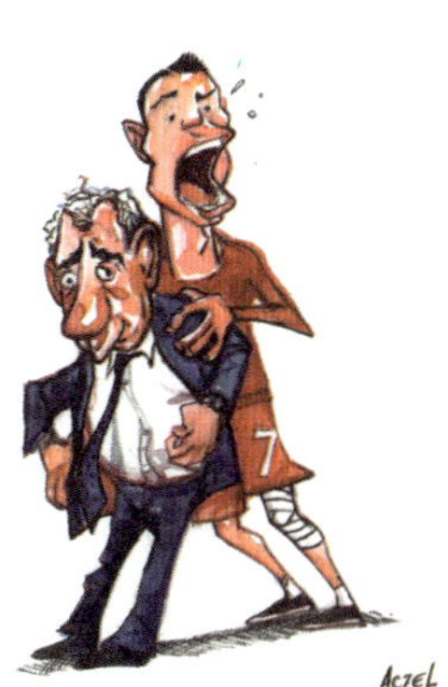

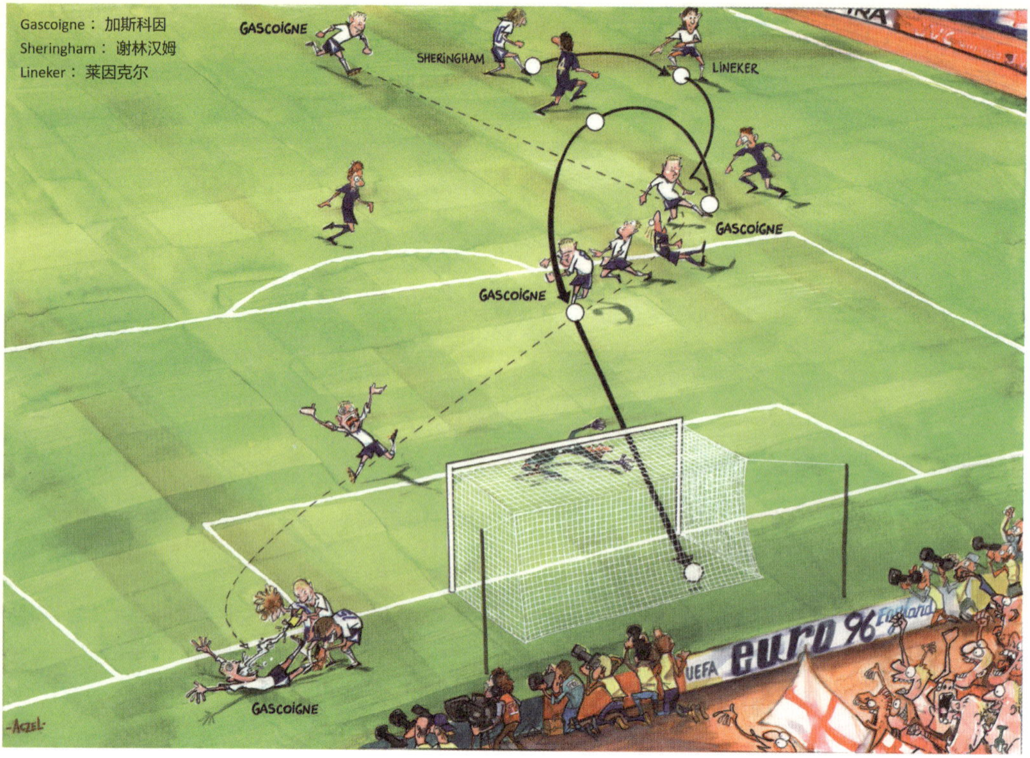
Gascoigne：加斯科因
Sheringham：谢林汉姆
Lineker：莱因克尔
GASCOIGNE
SHERINGHAM
LINEKER
GASCOIGNE
GASCOIGNE
GASCOIGNE
euro 96
UEFA
AczeL

90

保罗·加斯科因 | **英格兰国家队** **第79分钟（2：0）**

1996年6月15日，温布利球场，伦敦（英格兰）
1996年欧洲杯，小组赛A组，英格兰2：0苏格兰

当时加扎喝的还是水

这是加斯科因最值得记住的一粒进球，而且庆祝动作真的很酷。当年他曾作为负面新闻男主角上过头条：在某张照片中，他坐在牙医的椅子上，拿管子灌酒。这场比赛进球之后，他模仿了这一幕。当然，这一次，他喝的是水。

AczeL

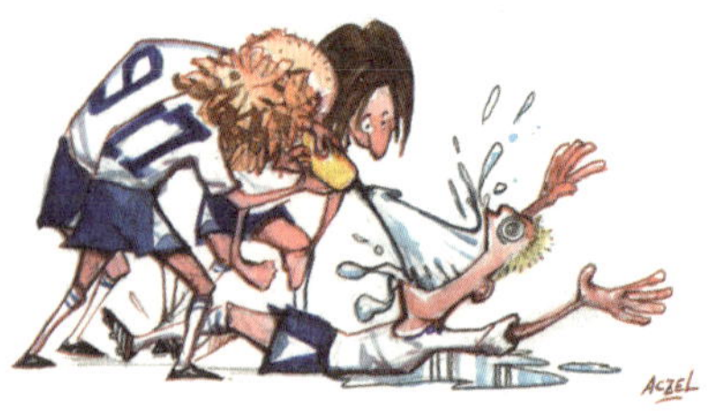

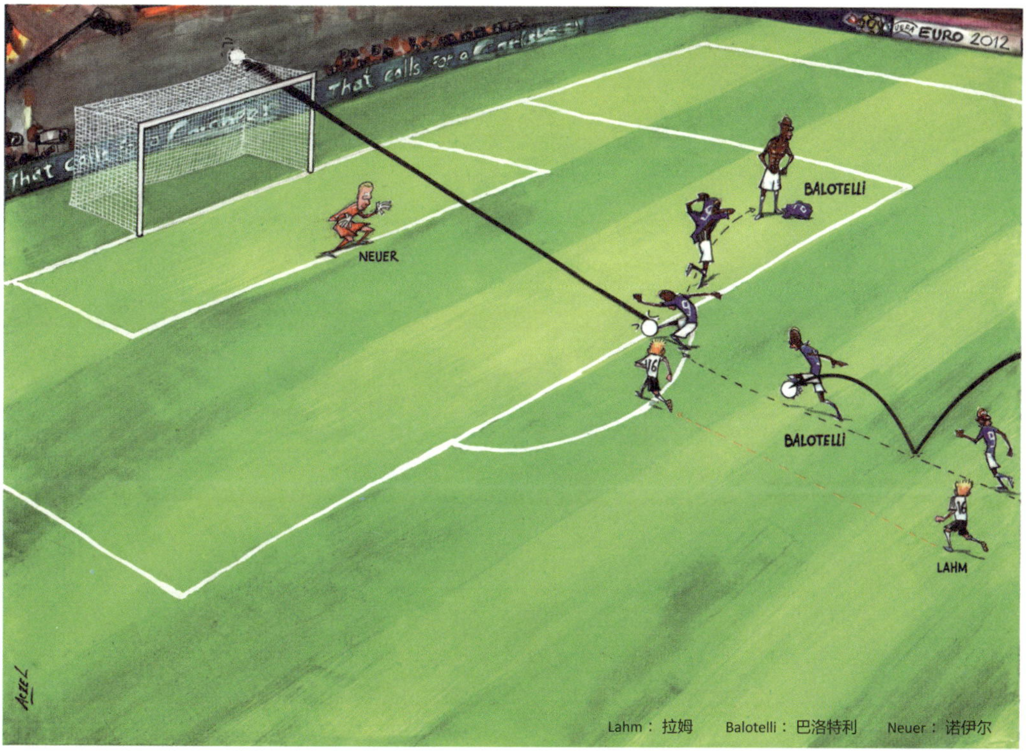

Lahm：拉姆　Balotelli：巴洛特利　Neuer：诺伊尔

91

马里奥·巴洛特利 | 意大利国家队

第36分钟（0：2）

2012年6月28日，国家体育场，华沙（波兰）
2012年欧洲杯，半决赛，德国1：2意大利

超级马里奥

巴洛特利在比赛的第20分钟和第36分钟先后进球，梅开二度，凭一己之力把德国队淘汰出局。第二粒进球尤其值得一看——庆祝时他大秀了一番肌肉。

LAHM

Lahm：拉姆

92

菲利普·拉姆 | **德国国家队** **第6分钟（1：0）**

2006年6月9日，安联球场，慕尼黑（德国）
世界杯，小组赛揭幕战A组，德国4 ：2哥斯达黎加

首开纪录

从数据统计的角度看，这是这届世界杯的首粒进球。对于东道主德国来说，这是那场“夏日童话”的开始。刚刚从手臂骨折中恢复过来的菲利普·拉姆用一条优美的弧线将皮球打进球门远角。

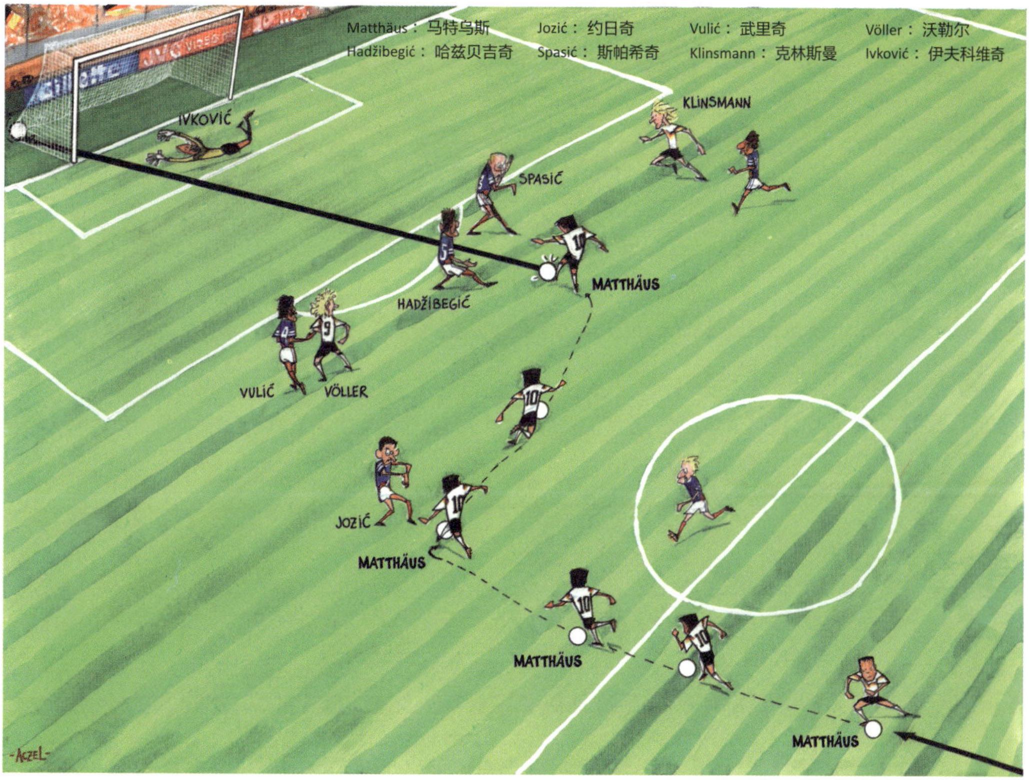

Matthäus：马特乌斯　Jozić：约日奇　Vulić：武里奇　Völler：沃勒尔
Hadžibegić：哈兹贝吉奇　Spasić：斯帕希奇　Klinsmann：克林斯曼　Ivković：伊夫科维奇

93

洛塔尔·马特乌斯 | **联邦德国国家队** **第65分钟（3：1）**

1990年6月11日，朱塞佩·梅阿查球场，米兰（意大利）
世界杯，小组赛D组，联邦德国4：1南斯拉夫

活力，技术，精准

这可能是马特乌斯职业生涯中最漂亮的进球。凭借这一球，联邦德国在1990年世界杯对阵南斯拉夫的比赛中轻松取胜晋级，再次展现出他们的强劲实力。

2020年，马特乌斯作为防守型中场入选《法国足球》杂志评选的金球奖梦之队。

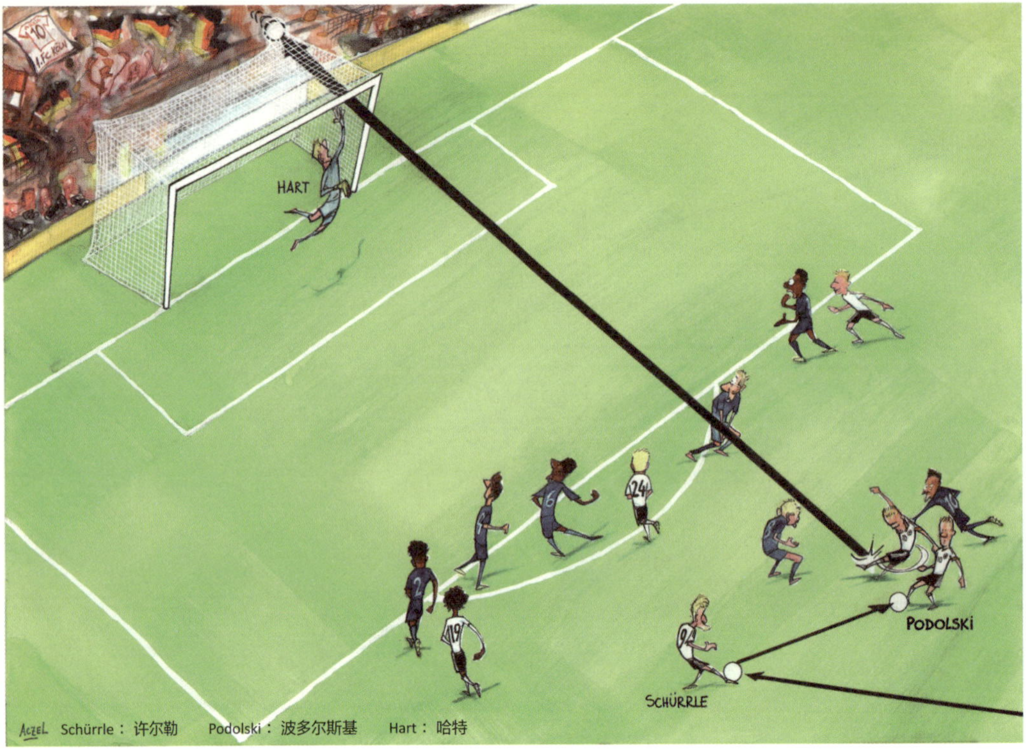

Aczel Schürrle：许尔勒 Podolski：波多尔斯基 Hart：哈特

94 **卢卡斯·波多尔斯基** | **德国国家队** **第69分钟（1：0）**

2017年3月22日，威斯特法伦球场，多特蒙德（德国）
告别赛，德国1：0英格兰

波尔蒂王子

卢卡斯·波多尔斯基是球迷们的掌上明珠，被称为波尔蒂王子。在告别德国国家队的比赛中，波尔蒂在第69分钟用一脚进球创造了全场的高光时刻。

他笑着说："这就好比一部伟大的电影，我们以1：0获胜，而球是我进的。"这是他应得的殊荣。

托马斯·穆勒说："剧本写得再好不过了。如果我是导演，倒可能会觉得有点儿俗气，但没人信我。"

1. "TOR"意为"球进了"，此处为夸张写法。——译者注

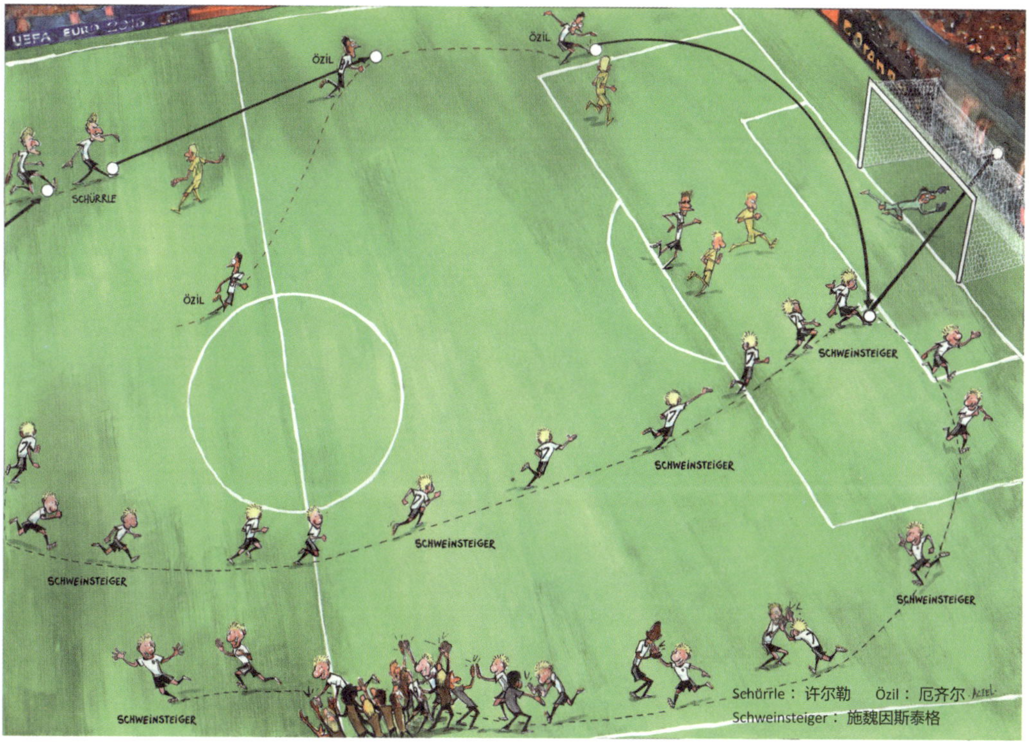

Schürrle：许尔勒　Özil：厄齐尔
Schweinsteiger：施魏因斯泰格

95

巴斯蒂安·施魏因斯泰格 | **德国国家队**　　**第90+2分钟（2：0）**

2016年6月12日，皮埃尔-莫鲁瓦球场，里尔（法国）
2016年欧洲杯，小组赛C组，德国2：0乌克兰

小猪

被球迷们叫作“小猪”的施魏因斯泰格一路冲刺穿越整个球场，等传中球弹地后，一脚劲射，洞穿球门。之后他继续冲刺，和场上的队友、教练以及每一位替补球员一一击掌。

这是他在国家队的最后一粒进球。

Ibrahimovic： 伊布拉希莫维奇

96

兹拉坦·伊布拉希莫维奇 | **瑞典国家队** **第85分钟（1：1）**

2004年6月18日，巨龙球场，波尔图（葡萄牙）
2004年欧洲杯，小组赛C组，意大利1 ：1瑞典

征服链式防守

22岁的伊布拉希莫维奇背对着布冯把守的球门，用一记“蝎子摆尾”将球送入球门。在那之前，意大利队一直以他们的链式防守在场上占据主导。伊布这一非凡的进球是瑞典在整场比赛中的唯一机会。

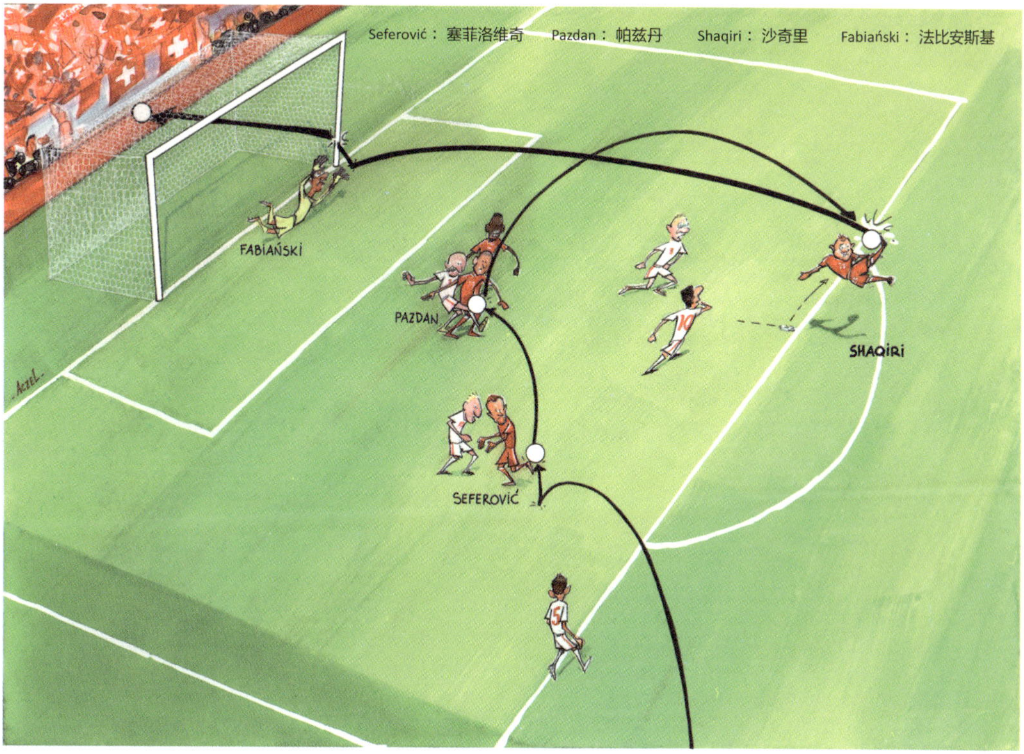
Seferović：塞菲洛维奇
Pazdan：帕兹丹
Shaqiri：沙奇里
Fabiański：法比安斯基
FABIAŃSKI
PAZDAN
SHAQIRI
SEFEROVIĆ

97 **谢尔丹·沙奇里** | **瑞士国家队** **第82分钟（1：1）**

2016年6月25日，热奥弗鲁瓦-基查尔球场，圣艾蒂安（法国）
2016年欧洲杯，1/8决赛，瑞士1：1波兰（加时赛后），点球大战4：5

赛事最佳进球

沙奇里一记侧身倒钩，球击中立柱内侧后弹入网窝。沙奇里拯救了瑞士，将比赛拖入加时赛。在德国，这个进球被评为月度最佳。但扎卡后来点球没中，瑞士队还是被淘汰了。

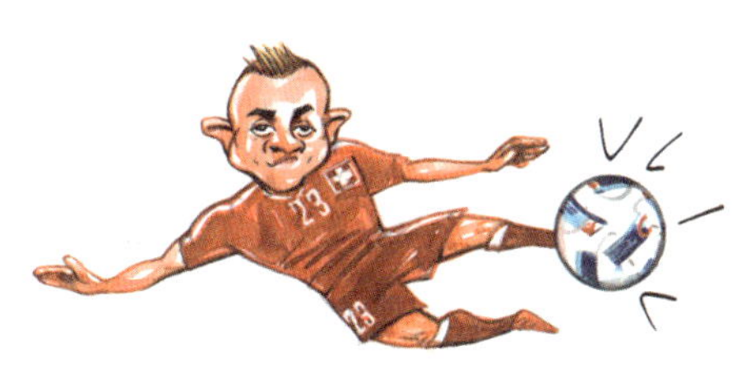

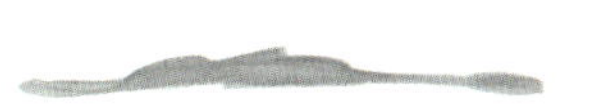

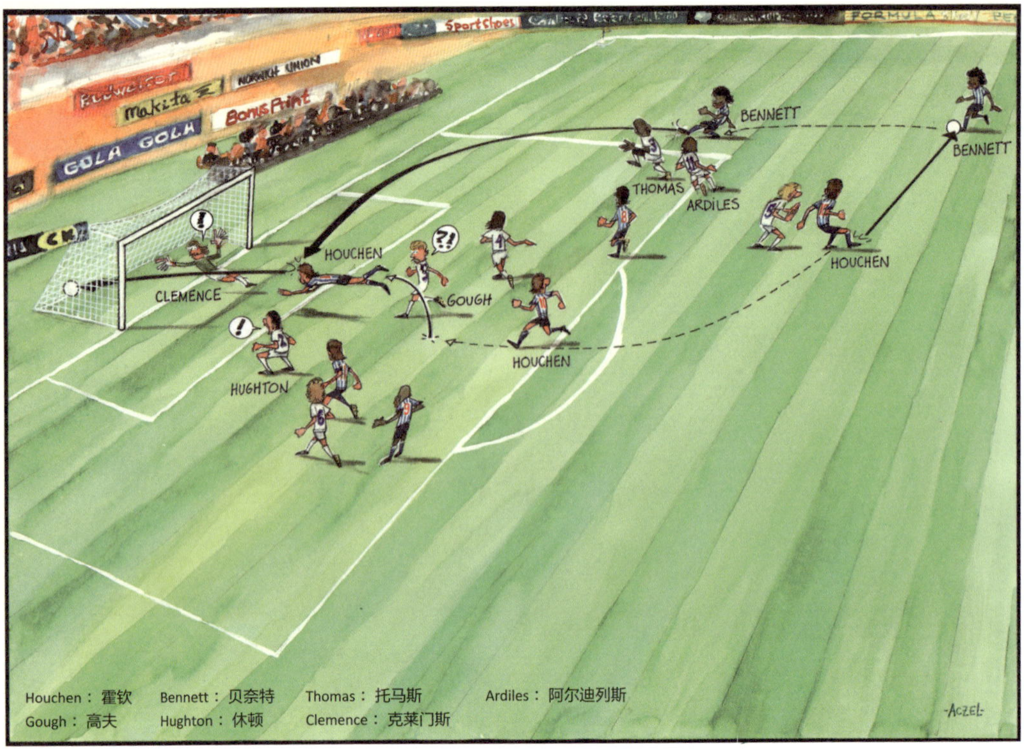
Sport Shoes
Budweiser
NORWICH UNION
Makita
Bonus Print
GOLA GOLA
BENNETT
BENNETT
THOMAS
ARDILES
HOUCHEN
HOUCHEN
HOUCHEN
CLEMENCE
GOUGH
HUGHTON
Houchen：霍钦
Gough：高夫
Bennett：贝奈特
Hughton：休顿
Thomas：托马斯
Clemence：克莱门斯
Ardiles：阿尔迪列斯
-ACZEL-

98

吉斯·霍钦 | **考文垂** **第62分钟（2：2）**

1987年5月16日，温布利球场，伦敦（英格兰）
英格兰足总杯，决赛，考文垂3：2托特纳姆热刺

鱼跃冲顶，拿下奖杯

如此惊艳的“鱼跃冲顶”竟然出现在温布利球场举行的足总杯决赛中！这成为该赛季最佳进球。

ACZEL

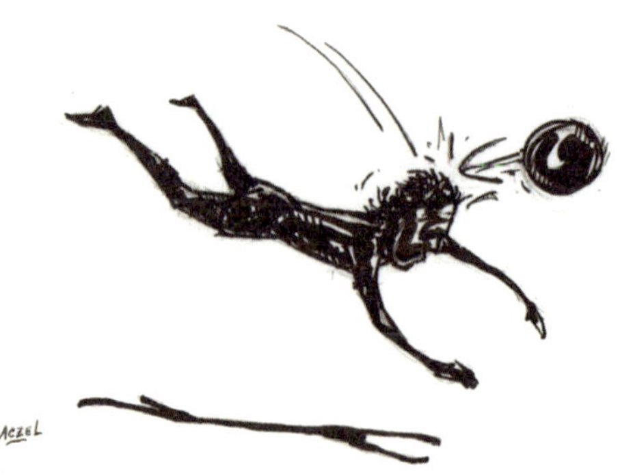

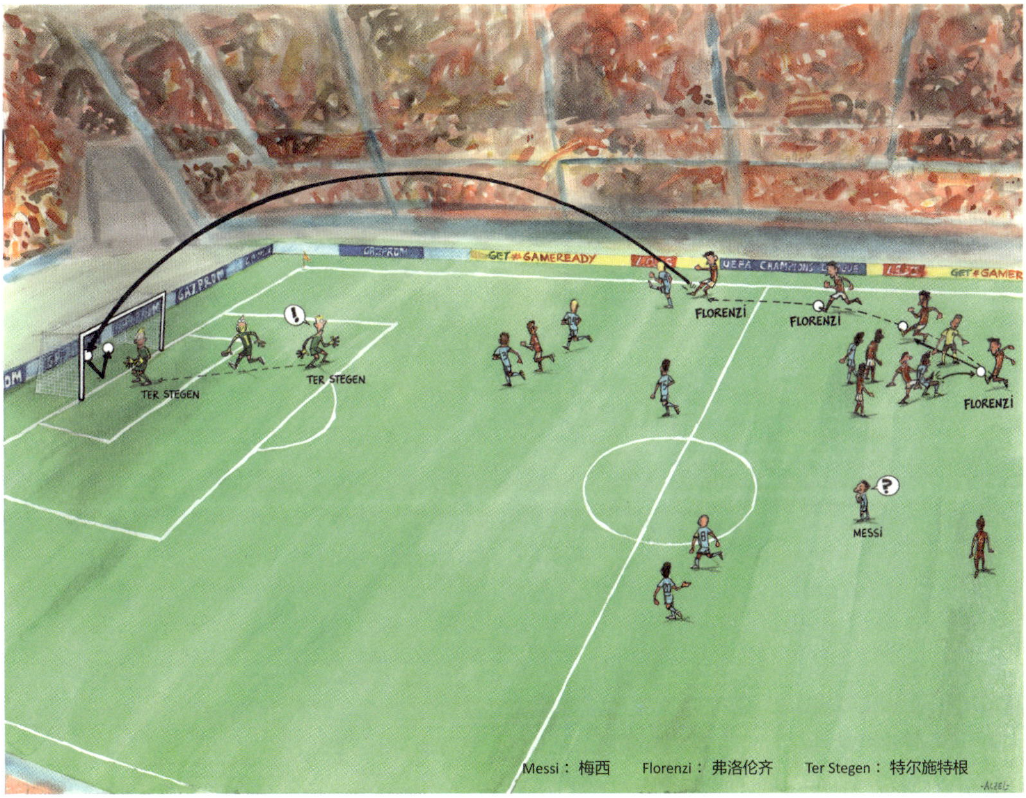
GAZPROM
GET GAMEREADY
UEFA CHAMPIONS LEAGUE
FLORENZI
FLORENZI
FLORENZI
TER STEGEN
TER STEGEN
MESSI
Messi：梅西　Florenzi：弗洛伦齐　Ter Stegen：特尔施特根

99

亚历桑德罗 · 弗洛伦齐 | 罗马　　**第31分钟（1：1）**

2015年9月16日，奥林匹克球场，罗马（意大利）
欧洲冠军联赛，小组赛E组，罗马1 ：1巴塞罗那

你扑啊!

弗洛伦齐从中场直接吊射，将球送进特尔施特根把守的大门。当然，这不是每天都会发生的事。

Florenzi

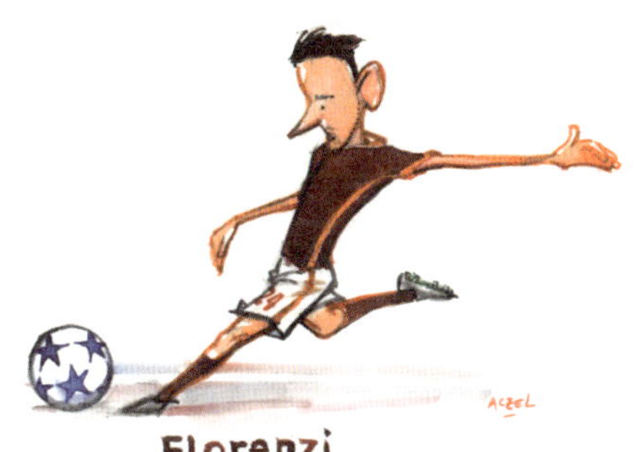

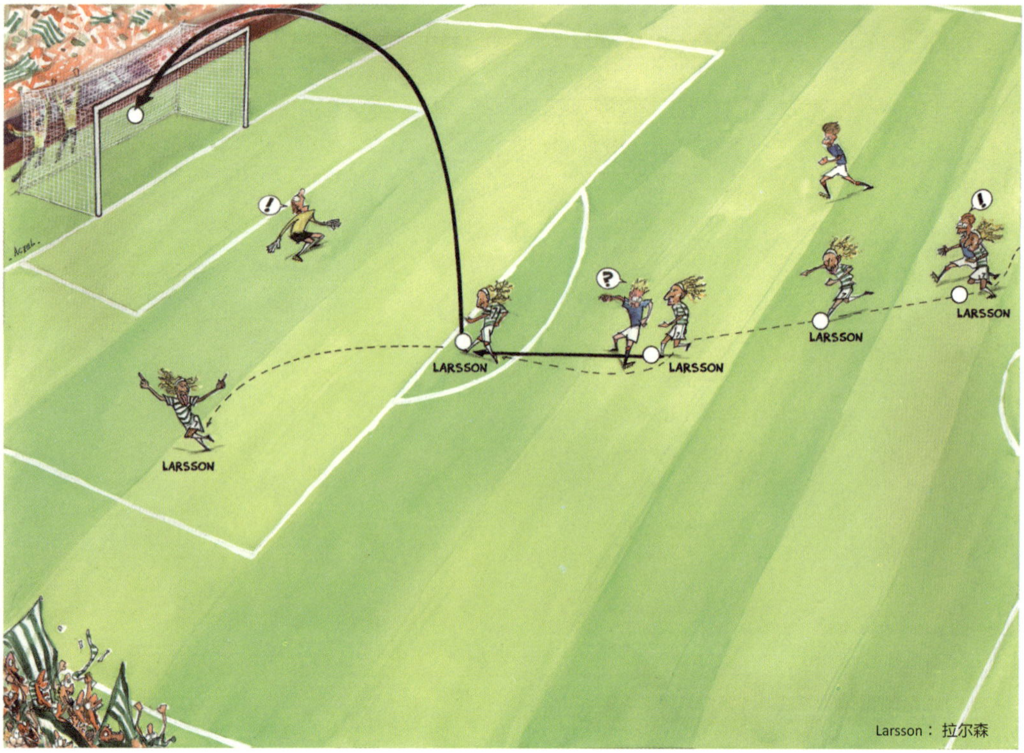

Larsson：拉尔森

100 **亨里克·拉尔森** | **凯尔特人** **第50分钟（4：1）**

2000年8月27日，凯尔特人公园球场，格拉斯哥（苏格兰）
苏格兰足球超级联赛，第5轮，凯尔特人6 ：2流浪者

苏格兰德比中的羞辱

穿裆过人之后的这一记吊射，在凯尔特人的球迷心中将永远占据一席之地。瑞典人拉尔森是少有的人见人爱的球员（当然，除了流浪者队的球迷）。“我第一次在巴塞罗那遇到罗纳尔迪尼奥时，他告诉我：‘你是我的榜样！’从那时起，他就视我为榜样。太不可思议了。”

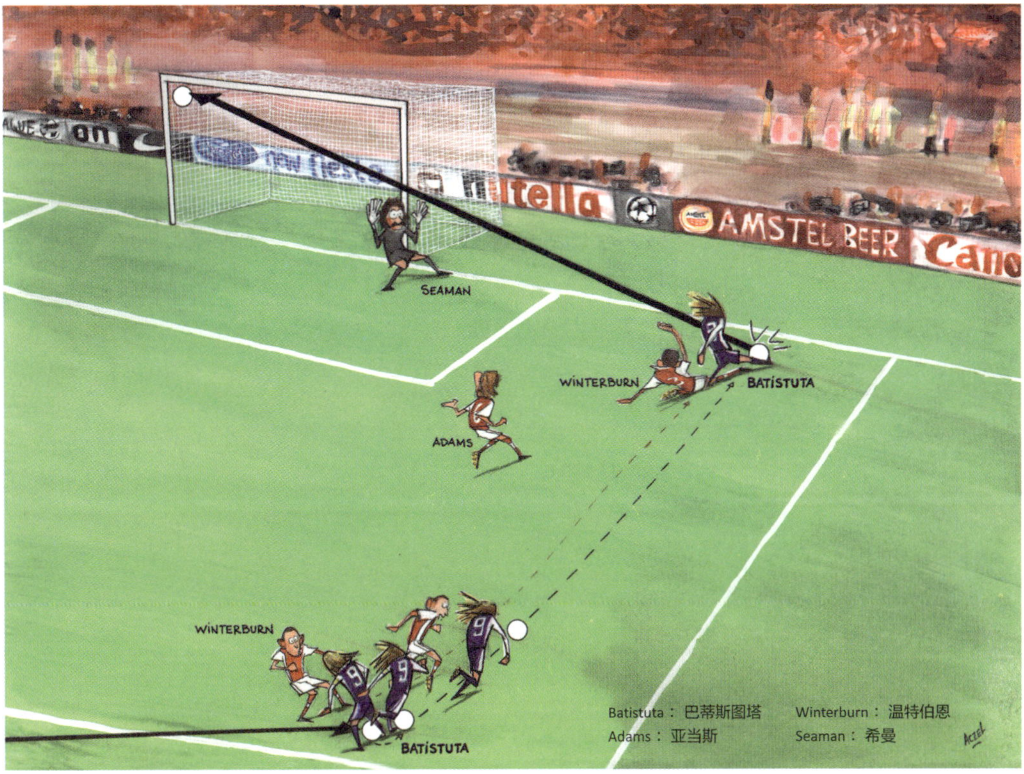

SEAMAN
WINTERBURN
BATISTUTA
ADAMS
WINTERBURN
BATISTUTA
Batistuta： 巴蒂斯图塔
Adams： 亚当斯
Winterburn： 温特伯恩
Seaman： 希曼
AMSTEL BEER

101 **加夫列尔·奥马尔·巴蒂斯图塔** | **佛罗伦萨** **第75分钟（0：1）**

1999年10月27日，温布利球场，伦敦（英格兰）
欧洲冠军联赛，小组赛B组，阿森纳0：1佛罗伦萨

巴蒂斯图塔！

“这是一粒美丽的进球，但对于佛罗伦萨的球迷来说，这可是球队历史上最重要的进球之一。我们竟然在主场击败了状态正佳的阿森纳，在比赛之前谁能相信？”巴蒂斯图塔说。曾为俱乐部打入168粒进球的他至今依旧是佛罗伦萨队最成功的射手。

GABRIEL OMAR BATISTUTA
“战神”

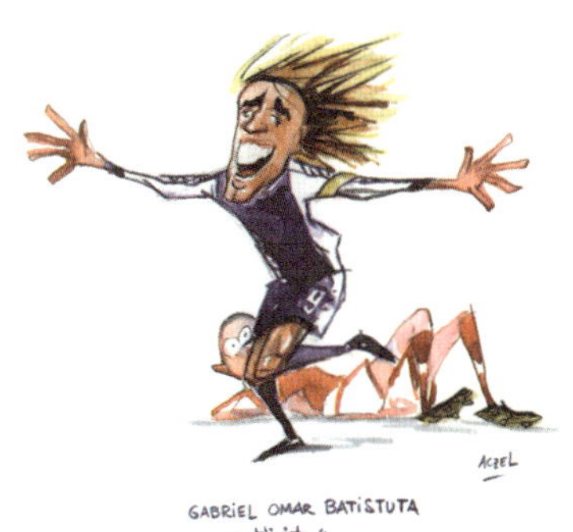

102 **克里斯·瓦德尔** | **马赛** **第5分钟（1：0）**

1989年10月27日，韦洛德罗姆球场，马赛（法国）
法国足球甲级联赛，第16轮，马赛2：1巴黎圣日耳曼

瓦德尔自得其乐

胸部停球，挑过门将，脚后跟破门，瓦德尔只缺穿裆过球了。

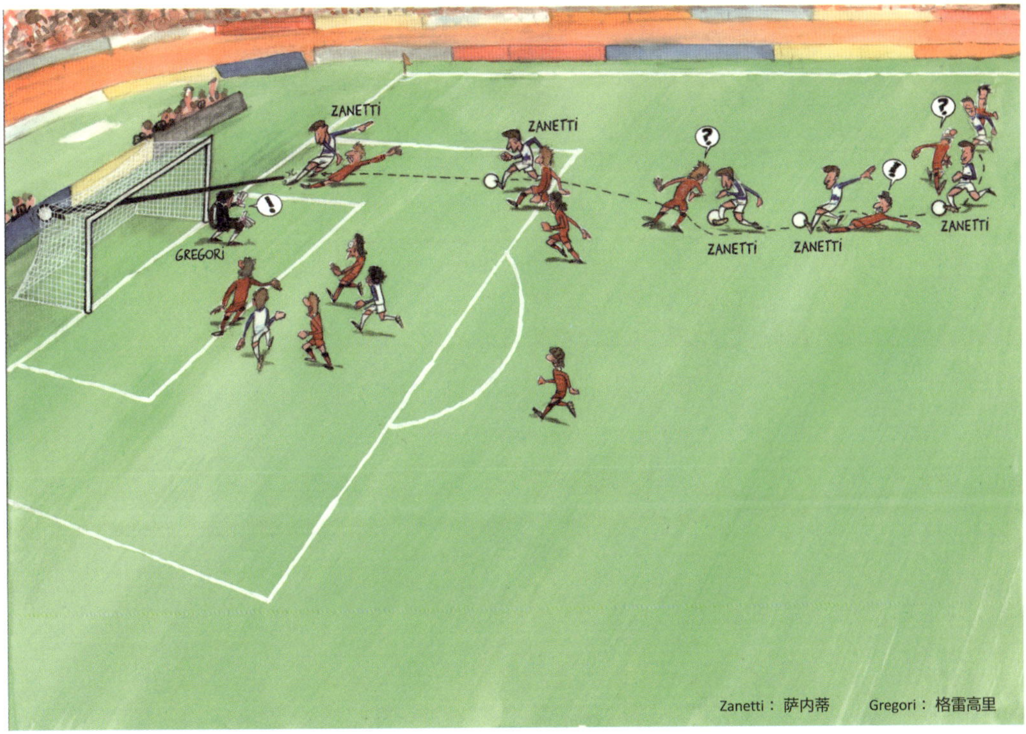
ZANETTI
ZANETTI
ZANETTI
ZANETTI
ZANETTI
GREGORI
Zanetti：萨内蒂　　Gregori：格雷高里

103

哈维尔·萨内蒂 | **国际米兰** **第86分钟（0：1）**

1996年11月3日，马尔科·安东尼奥·本特戈蒂球场，维罗纳（意大利）
意大利足球甲级联赛，第8轮，赫拉斯维罗纳0：1国际米兰

拖拉机

有“拖拉机”之称的萨内蒂在国米当了多年的队长，时至今日，他仍保持着为国米出场615次的纪录。

ACZEL

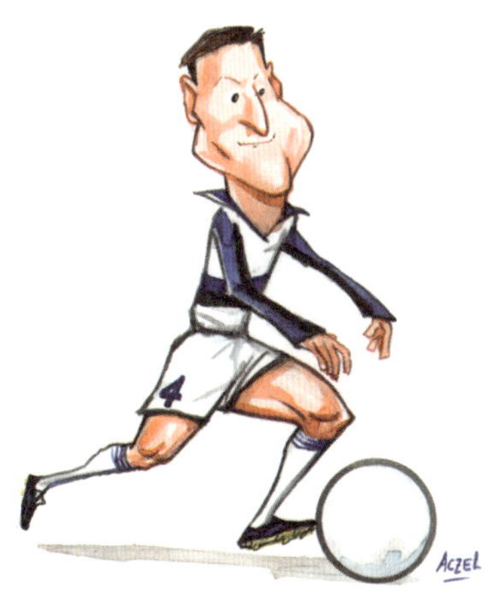

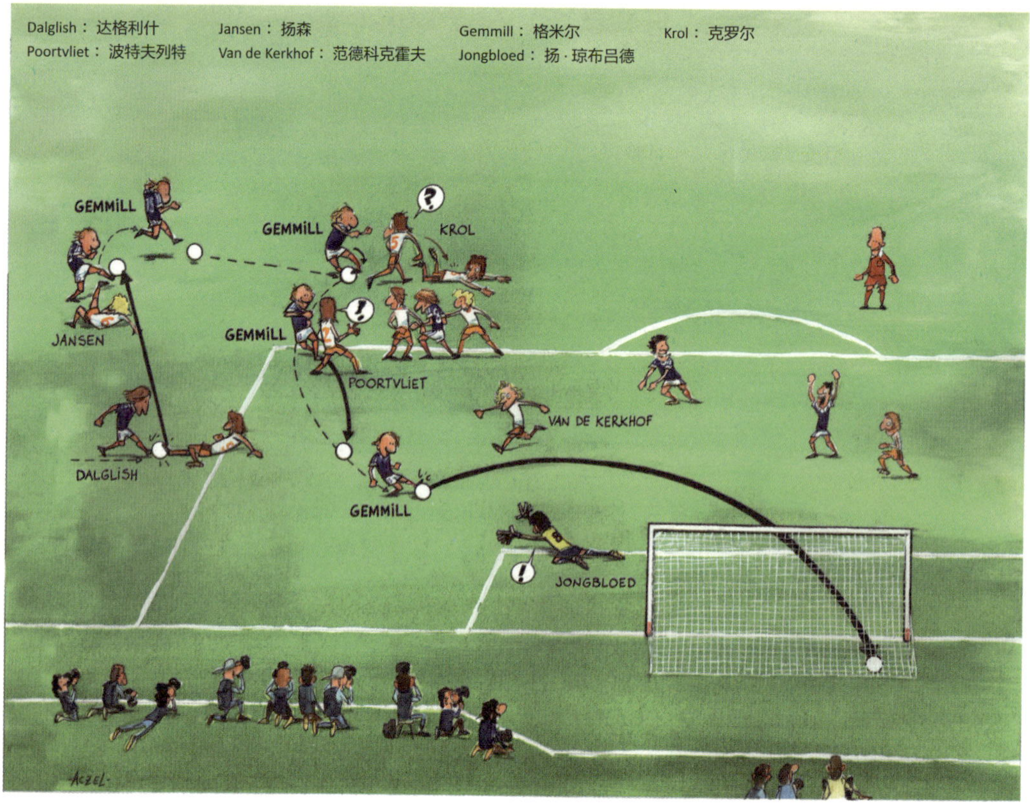
Dalglish：达格利什
Poortvliet：波特夫列特
Jansen：扬森
Van de Kerkhof：范德科克霍夫
Gemmill：格米尔
Jongbloed：扬·琼布吕德
Krol：克罗尔
GEMMILL
GEMMILL
KROL
JANSEN
GEMMILL
POORTVLIET
VAN DE KERKHOF
DALGLISH
GEMMILL
JONGBLOED
ACZEL

104

阿奇·格米尔 | **苏格兰国家队** **第68分钟（3：1）**

1978年6月11日，圣马丁体育场，门多萨（阿根廷）
世界杯，小组赛第4组，苏格兰3 ： 2荷兰

ARCHIE
GEMMILL
ACZEL

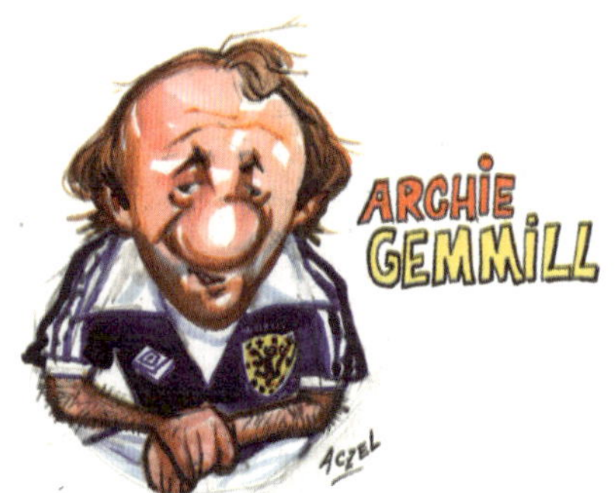

苏格兰历史最佳进球

格米尔凭借对阵20世纪70年代的劲旅荷兰队的这粒精彩进球，在苏格兰国人心中稳稳占据一席之地。

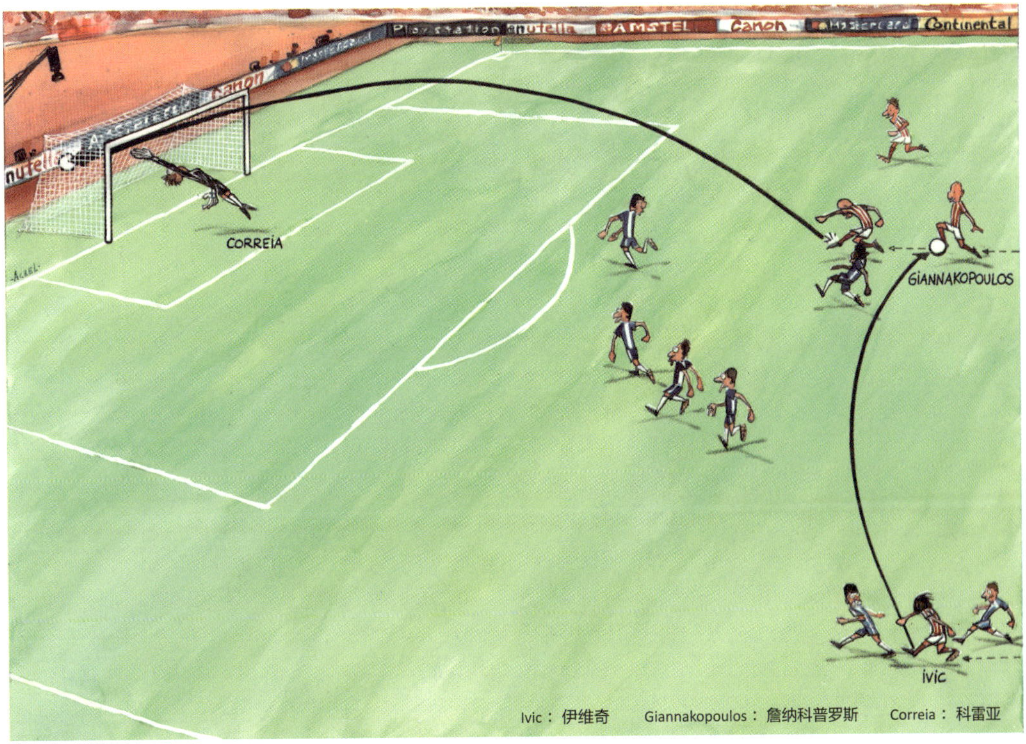

Playstation
nutella
AMSTEL
Canon
Continental
CORREIA
GIANNAKOPOULOS
IVIC
Ivic： 伊维奇
Giannakopoulos： 詹纳科普罗斯
Correia： 科雷亚

105 詹纳科普罗斯 | 奥林匹亚科斯 第6分钟（1：0）

1997年9月17日，奥林匹克体育场，雅典（希腊）
欧洲冠军联赛，小组赛D组，奥林匹亚科斯1 ： 0波尔图

奥林匹亚克斯队史欧冠第一球

GIANNAKOPOULOS

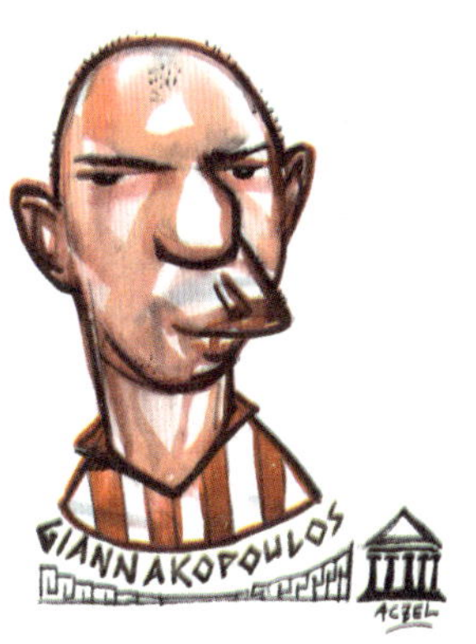

“当时是反击。我其实没把球停好，但球的位置让我刚好可以试着起脚打门。我那三个儿子都为自己的父亲骄傲。如果他们因为这样一个瞬间而想成为职业球员，那就太棒了。这就是足球的意义所在。”

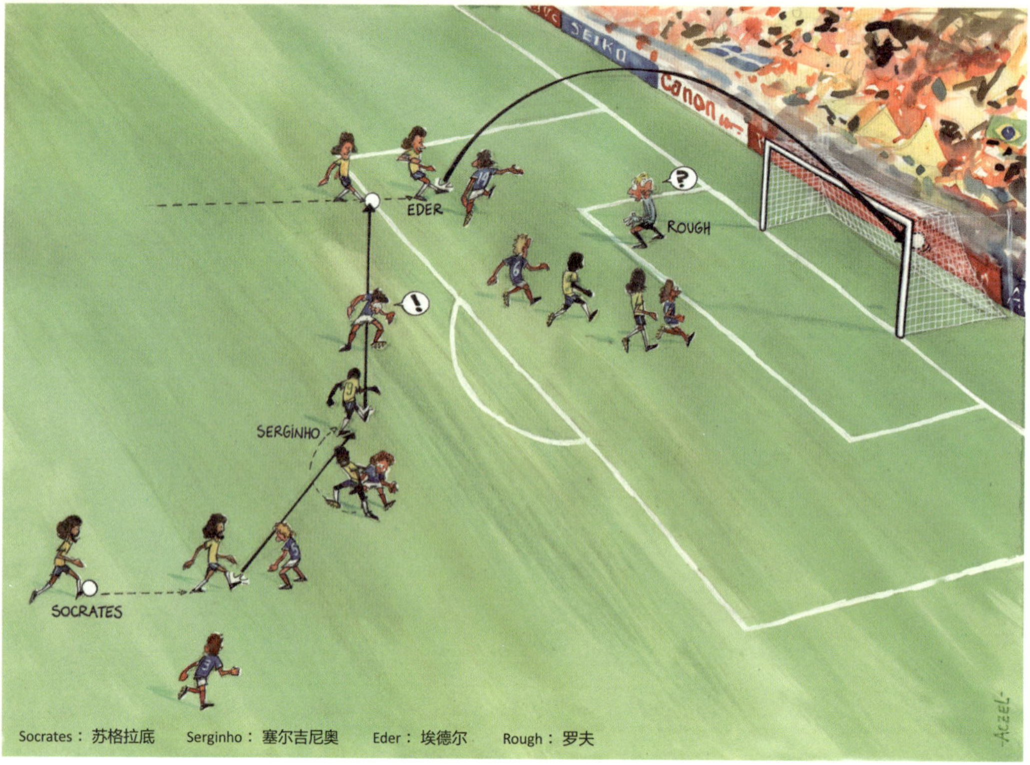
SEIKO
Canon
EDER
ROUGH
SERGINHO
SOCRATES
-AczeL-
Socrates：苏格拉底　Serginho：塞尔吉尼奥　Eder：埃德尔　Rough：罗夫

106

埃德尔 | 巴西国家队　　**第65分钟（3 ：1）**

1982年6月18日，贝尼托·维拉马林体育场，塞维利亚（西班牙）
世界杯，小组赛第6组，巴西4 ：1苏格兰

Éder
AczeL

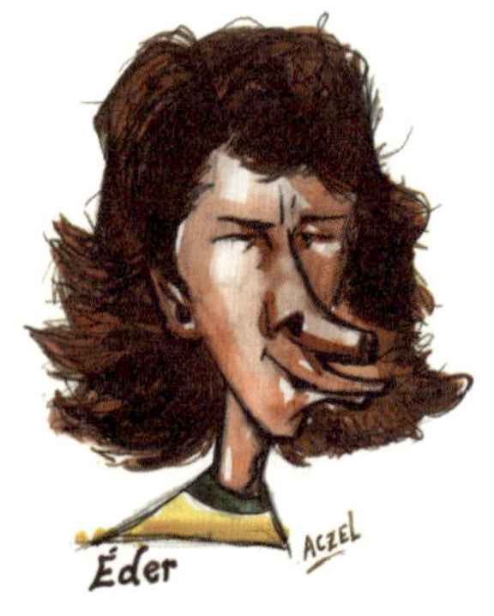

美丽足球

在这场比赛的下半场，埃德尔轻松地挑射破门。巴西队在1982年世界杯赛场上踢出的“美丽足球”直到今天还影响着世界，甚至连瓜迪奥拉都说自己的Tiki-Taka[1]是受了这支巴西队的启发。

1. 西班牙语中的象声词，用来形容足球战术，指球员们在场上快速的短传。——译者注

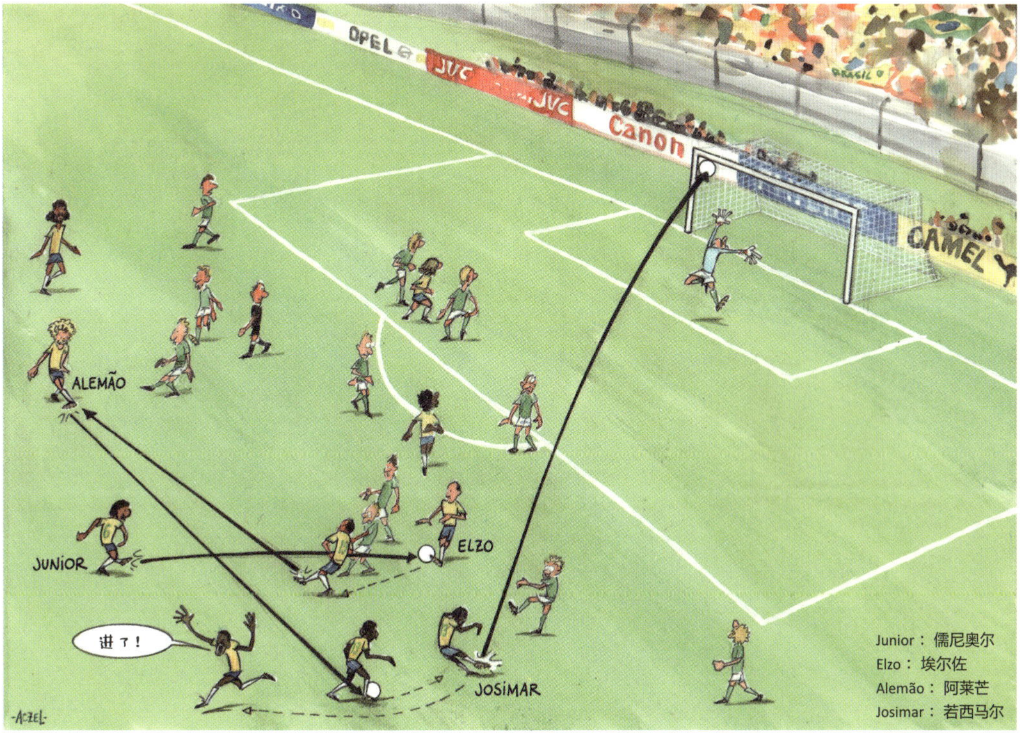
ALEMÃO
JUNIOR
ELZO
进了！
JOSIMAR
-ACZEL-
Junior：儒尼奥尔
Elzo：埃尔佐
Alemão：阿莱芒
Josimar：若西马尔

107 **若西马尔** | **巴西国家队** **第42分钟（2：0）**

1986年6月12日，哈利斯科体育场，瓜达拉哈拉（墨西哥）
世界杯，小组赛D组，巴西3 ：0北爱尔兰

-ACZEL-
JOSIMAR

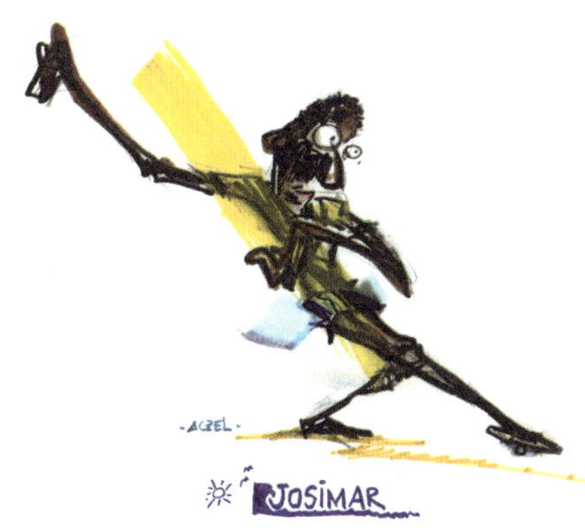

纯粹的快乐

不出所料，若西马尔以替补身份出征世界杯。当这个远射破门时，他的喜悦之情溢于言表。“这不是运气球。为了打磨自己的球技，我加练了很久。”

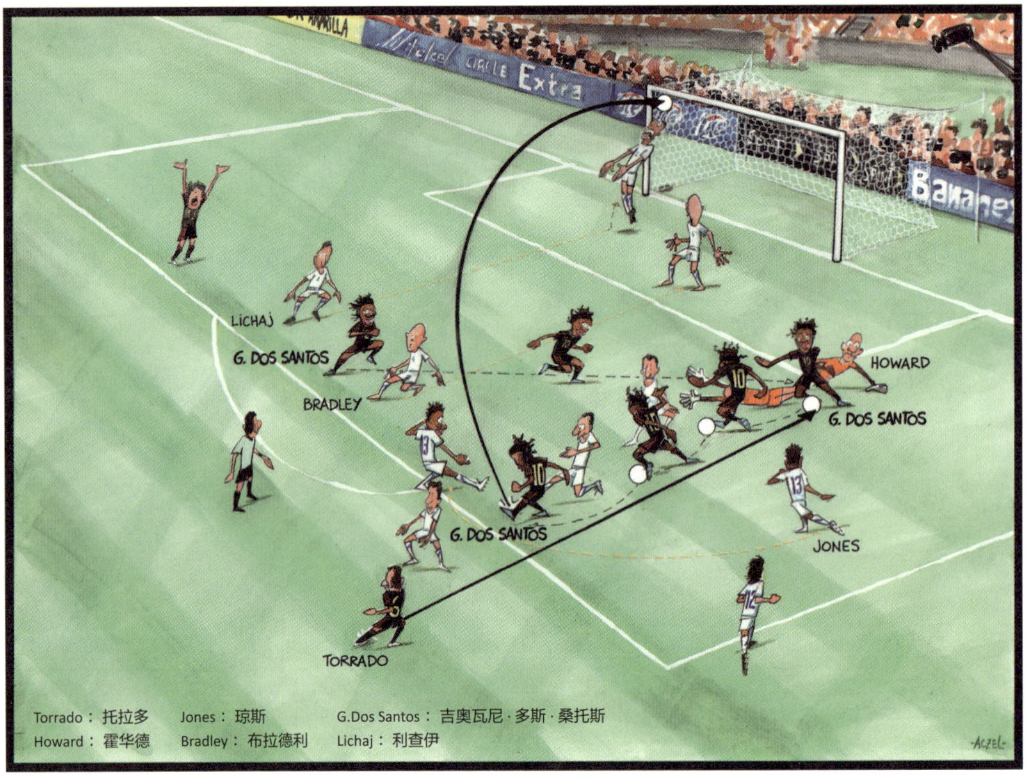
LICHAJ
G. DOS SANTOS
BRADLEY
G. DOS SANTOS
HOWARD
G. DOS SANTOS
JONES
TORRADO
Torrado：托拉多
Howard：霍华德
Jones：琼斯
Bradley：布拉德利
G.Dos Santos：吉奥瓦尼·多斯·桑托斯
Lichaj：利查伊
ACZEL

108　**吉奥瓦尼·多斯·桑托斯** | **墨西哥国家队**　**第76分钟（2：4）**

2011年6月25日，玫瑰碗球场，洛杉矶，加利福尼亚州（美国）
2011年美金杯，决赛，美国2：4墨西哥

一切尽在掌控中

“我摆脱门将和后卫的包围，跑到正确的起脚位置，把球踢进唯一可能的位置：后卫的脑袋和门框左上角之间的缝隙。这不仅是我技术上最好的一粒进球，也是最重要的一球，因为这是在一场决赛中为我的祖国进的球。”

CONCACAF
GOLD CUP
2011
ACZEL
[1]

1. “CONCACAF Gold Cup”即美金杯。——译者注

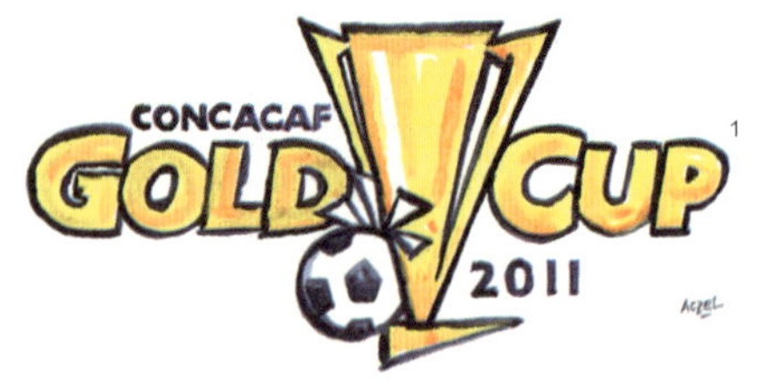

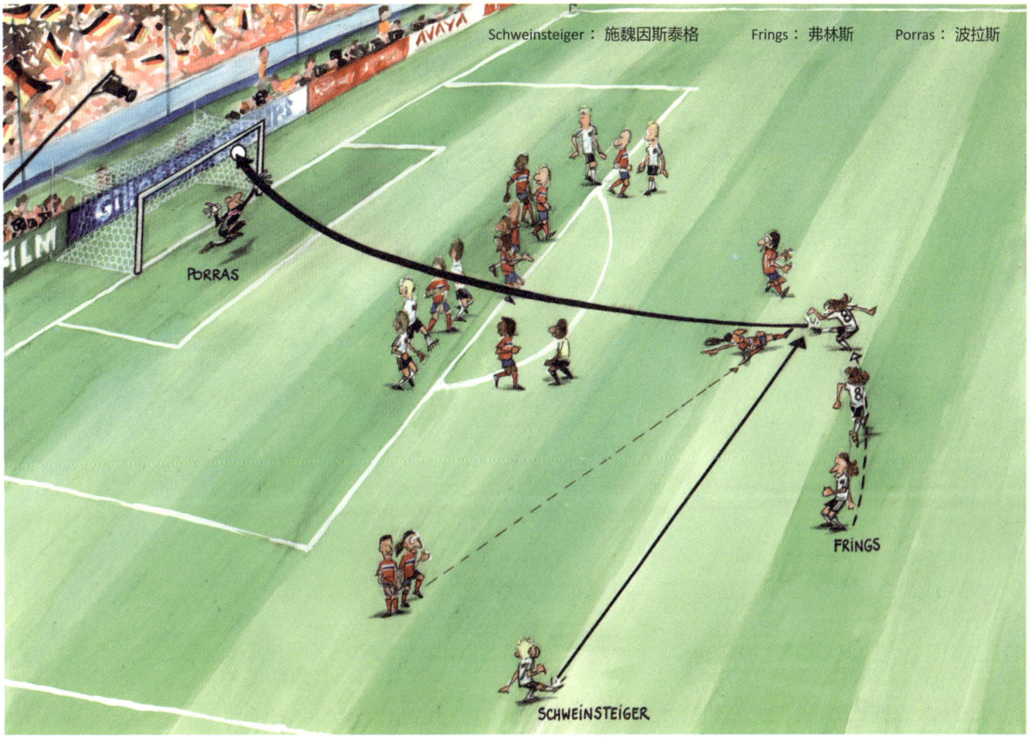
Schweinsteiger：施魏因斯泰格
Frings：弗林斯
Porras：波拉斯
PORRAS
FRINGS
SCHWEINSTEIGER

109 **托尔斯滕·弗林斯** | **德国国家队** **第87分钟（4：2）**

2006年6月9日，安联球场，慕尼黑（德国）
世界杯，小组赛揭幕战A组，德国4：2哥斯达黎加

2006年夏天，童话伊始

在比赛的第87分钟，弗林斯从球门开外25米处打入一记极具观赏性的世界波，为这场跌宕起伏的揭幕战画上了圆满的句号。先前，拉姆已在比赛开始5分钟后打入一粒漂亮的进球，为德国队首开纪录。此外，这是世界杯历史上第一场有东道主出场的揭幕战。

FRINGS

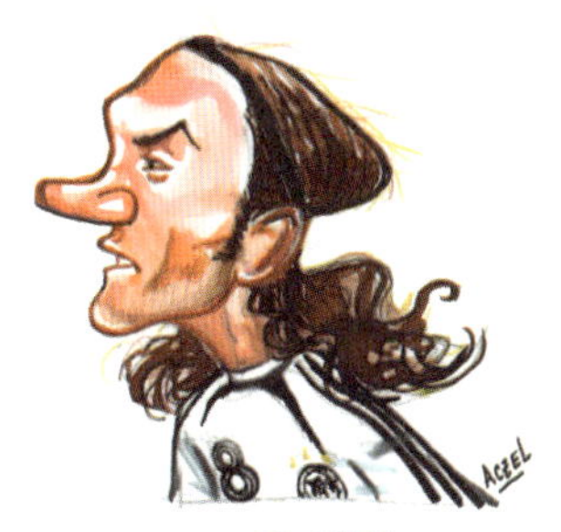

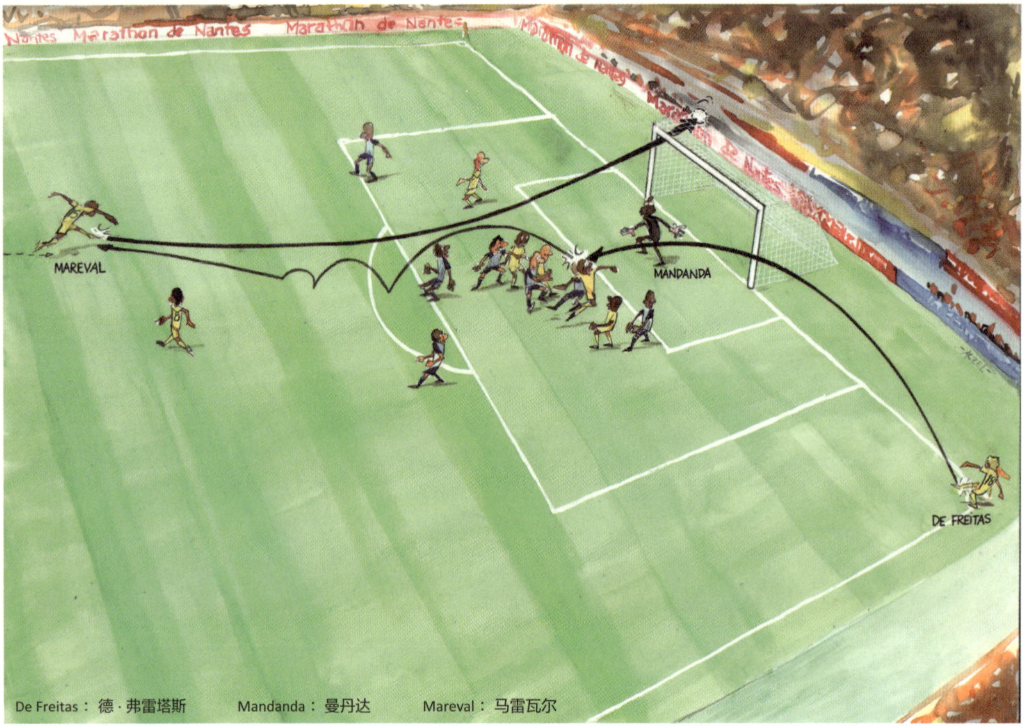
Marathon de Nantes
MAREVAL
MANDANDA
DE FREITAS
De Freitas：德·弗雷塔斯
Mandanda：曼丹达
Mareval：马雷瓦尔

110 雷米·马雷瓦尔 | 南特 第44分钟（1：0）

2008年10月29日，博茹瓦尔球场，南特（法国）
法国足球甲级联赛，第11轮，南特1：1马赛

我感觉自己就像一名伟大的前锋

雷米·马雷瓦尔是一位名不见经传的法国后卫。在南特队的三年内，他仅打入两球，但这两球都无与伦比。

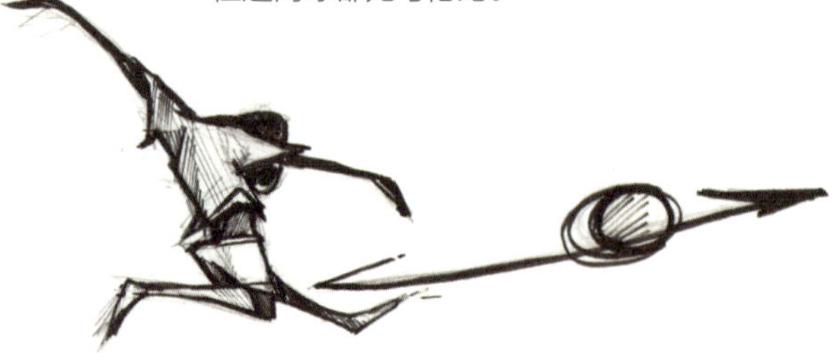

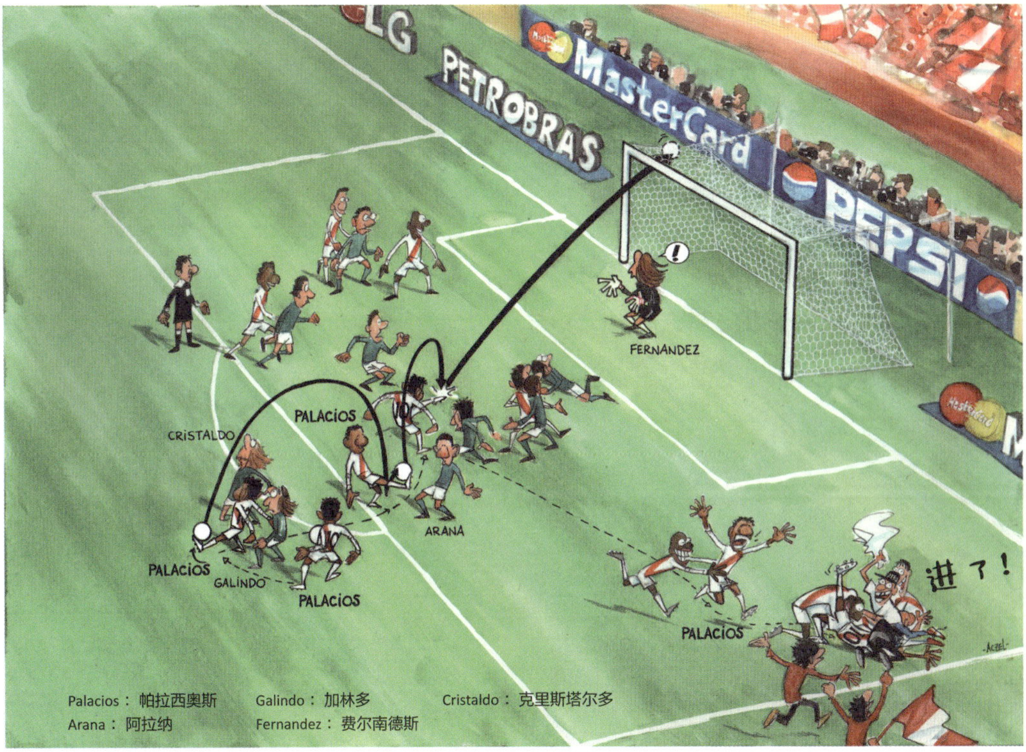
LG
PETROBRAS
MasterCard
PEPSI
FERNANDEZ
PALACIOS
CRISTALDO
ARANA
PALACIOS
GALINDO
PALACIOS
PALACIOS
进了！
Palacios： 帕拉西奥斯
Galindo： 加林多
Cristaldo： 克里斯塔尔多
Arana： 阿拉纳
Fernandez： 费尔南德斯

111

罗伯托·帕拉西奥斯 | **秘鲁国家队** **第86分钟（2：2）**

2004年7月6日，国家体育场，利马（秘鲁）
2004年美洲杯，小组赛A组，秘鲁2 ：2玻利维亚

双足将

“我父亲曾经告诉我：‘孩子，你必须用双脚踢球。’从小到大，我每天都会对着墙踢几个小时球，就是为了练习。”帕拉西奥斯在美洲杯揭幕战中打入了这粒非凡的进球。他的祖国秘鲁是这场比赛的东道主。

COPA AMERICA[1]
PERU[2] 2004

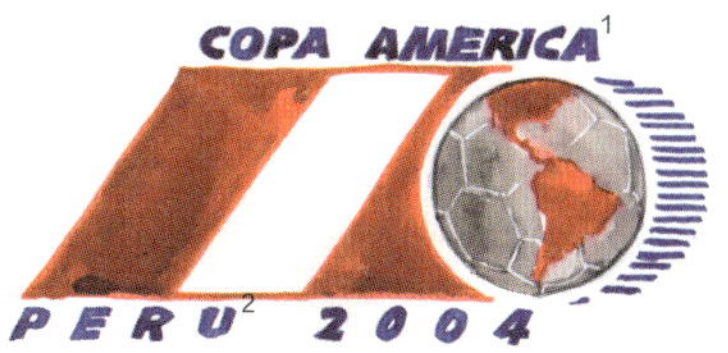

1. 美洲杯。——译者注
2. 秘鲁。——译者注

Seedorf：西多夫

112 克拉伦斯·西多夫 | 皇家马德里 第75分钟（1：1）

1997年8月30日，伯纳乌球场，马德里（西班牙）
西班牙足球甲级联赛，第1轮，皇家马德里1：1马德里竞技

火箭发射

这脚出色的远射令球如火箭一般急速进入球门，而且还是在马德里德比战中。值得一提的是，就在一天前，西多夫刚刚迎来自己的第一个孩子。可想而知，他有多兴奋。

113 **里瓦尔多** | **巴塞罗那** **第89分钟（3：2）**

2001年6月17日，诺坎普球场，巴塞罗那（西班牙）
西班牙足球甲级联赛，第38轮，巴塞罗那3 ：2瓦伦西亚

惊险晋级

一个美妙的胸部停球后，里瓦尔多紧接着来了一记倒挂金钩。多亏了这粒精彩的进球，巴萨迎来加时赛，并最终拿到了欧冠的入场券。

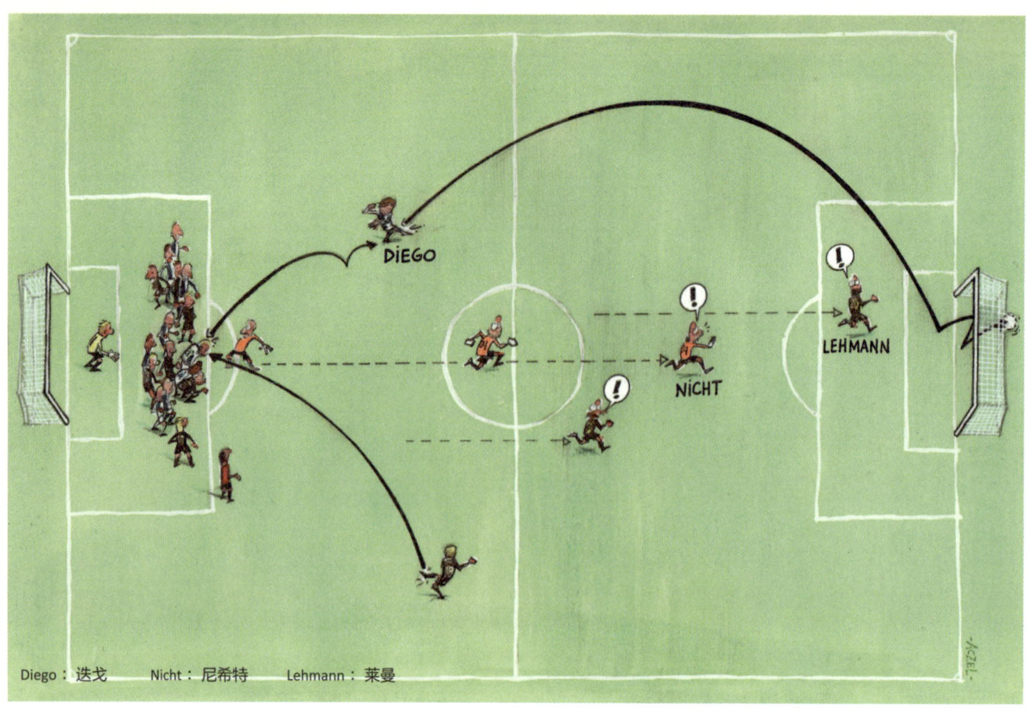

114 **迭戈** | **云达不莱梅** **第90+3分钟（3：1）**

2007年4月20日，威悉球场，不莱梅（德国）
德国足球甲级联赛，第30轮，云达不莱梅3：1亚琛

年度最佳进球

在威悉球场上，客场作战的亚琛在伤停补时阶段第3分钟获得一个任意球，连球队的门将也弃门而出，参与最后一次进攻。不莱梅队解围后，球落在了迭戈脚下。巴西人毫不犹豫地在球门开外63米处起脚吊射，皮球划出一道高高的弧线，飞过回追的对方球员头顶，落入网窝。

115 克劳迪奥·洛佩斯 | 瓦伦西亚 第4分钟（0：1）

1999年9月21日，PSV球场（飞利浦大球场），埃因霍温（荷兰）
欧洲冠军联赛，小组赛F组，埃因霍温1：1瓦伦西亚

转身凌空抽射

洛佩斯肋部前插，接过顶长传球，转身凌空抽射。这脚射门其实风险极高，完全可能浪费机会，但这粒进球最终被选为当赛季欧冠最佳进球。

116 帕皮斯·登巴·西塞 | 纽卡斯尔联 第90+4分钟（0：2）

2012年5月2日，斯坦福桥球场，伦敦（英格兰）
英格兰足球超级联赛，第36轮，切尔西0 ：2纽卡斯尔联

不可阻挡

球的运行轨迹异常奇妙、诡异，最终从一个不可能的角度进入球门，门将确实无法预料。和罗伯托·卡洛斯的那两粒球（见第6页、第16页）类似，物理学定律这时似乎失效了。

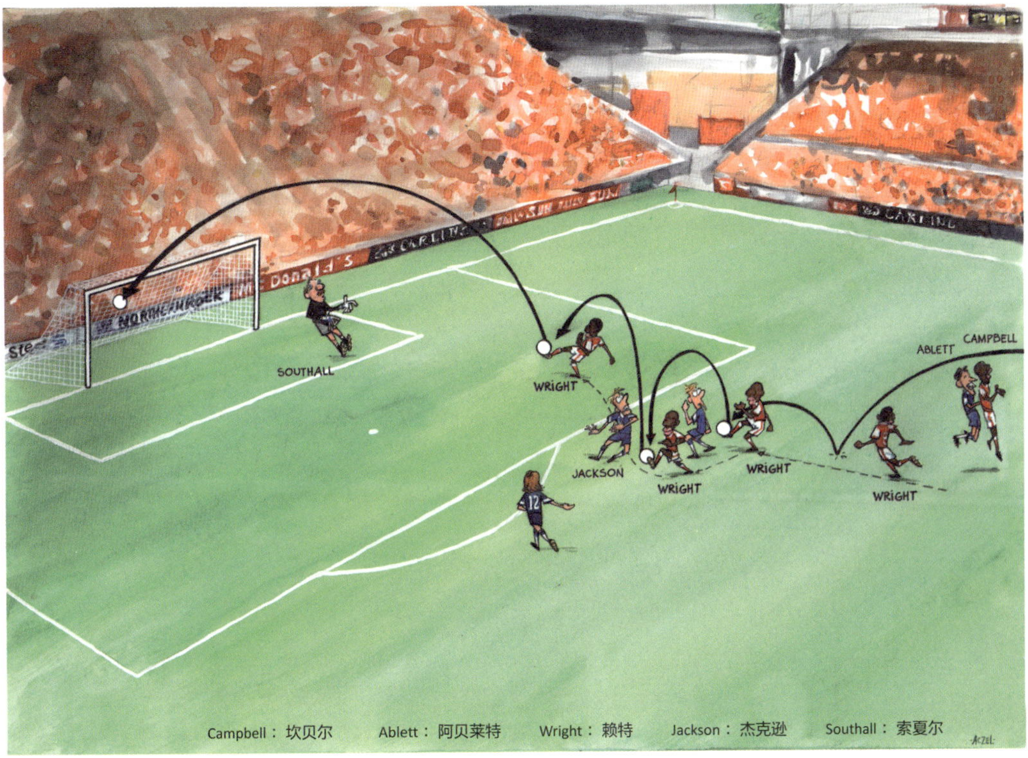
SOUTHALL
WRIGHT
JACKSON
WRIGHT
WRIGHT
WRIGHT
ABLETT
CAMPBELL
Campbell：坎贝尔　Ablett：阿贝莱特　Wright：赖特　Jackson：杰克逊　Southall：索夏尔

117 伊恩·赖特 | 阿森纳

第78分钟（2：0）

1993年8月28日，海布里球场，伦敦（英格兰）
英格兰足球超级联赛，第5轮，阿森纳5：0埃弗顿

“我爱吊射。”

伊恩·赖特可真是太爱吊射了。

WRIGHT

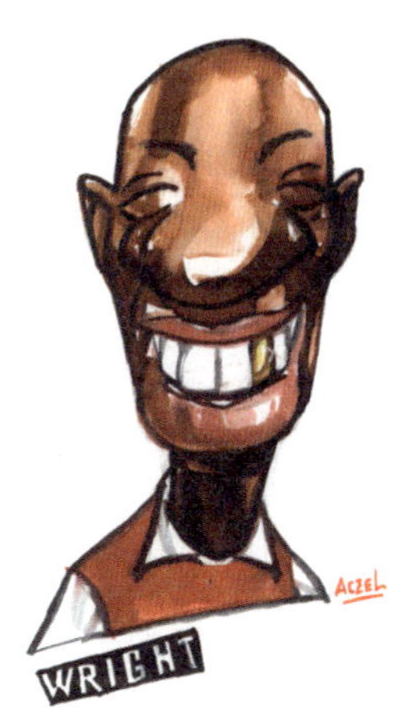

Cantona：坎通纳

118 埃里克·坎通纳 | 曼联

第80分钟（7：4）

1998年8月18日，老特拉福德球场，曼彻斯特（英格兰）
慕尼黑空难纪念赛，曼联8：4世界明星联队

傲慢

面对坎通纳，后卫们似乎是故意倒地的，以此衬托这位“曼联国王”。坎通纳对此颇为享受，仿佛是为了让对方显得滑稽、可笑。

这场比赛是为了纪念1958年在慕尼黑空难中死亡的曼联队友而举行的。

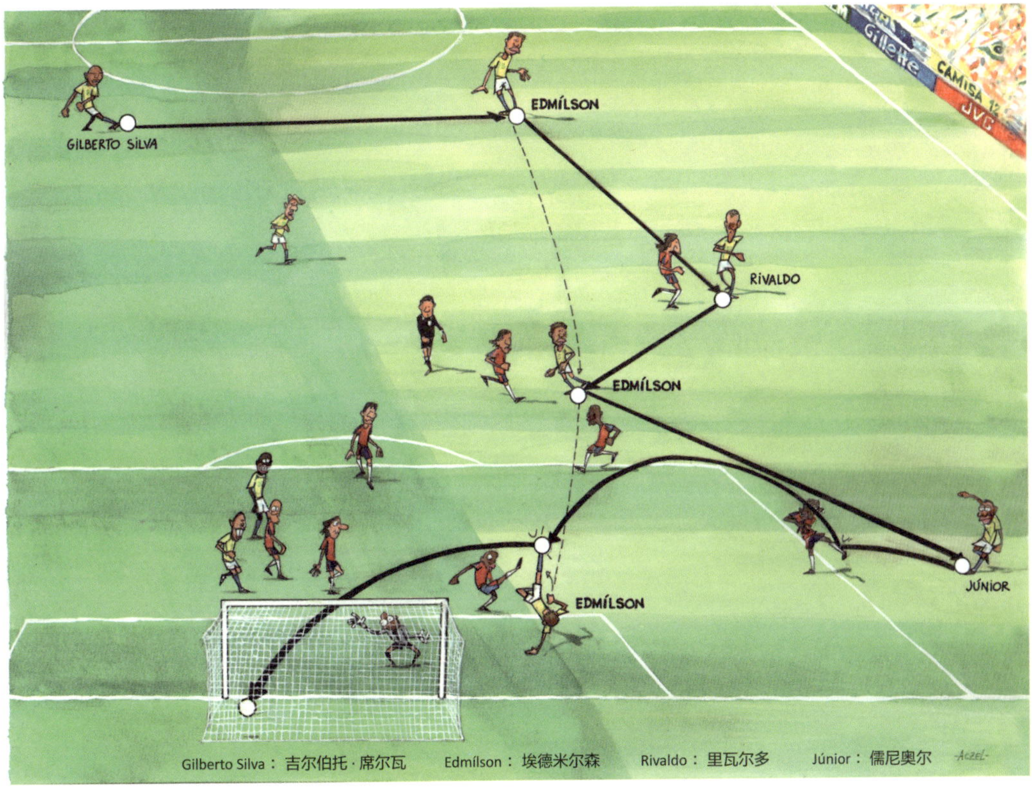

Gilberto Silva：吉尔伯托·席尔瓦　Edmílson：埃德米尔森　Rivaldo：里瓦尔多　Júnior：儒尼奥尔

119　**埃德米尔森·何塞·戈麦斯·德·莫莱斯** | **巴西国家队**　**第38分钟（3：0）**

2002年6月13日，水原世界杯体育场，京畿道水原市（韩国）
世界杯，小组赛C组，巴西5 ： 2哥斯达黎加

争得一席之地

埃德米尔森只为巴西队进过一个球，但那是一个相当漂亮的球。“教练曾在上一场比赛中将我换下，因为我当时踢得不是很好。幸运的是，他又给了我一次机会。这一次，我大展身手，那个杂耍式的倒钩进球帮助我稳居巴西队的主力位置，我们最终成为世界杯冠军。”

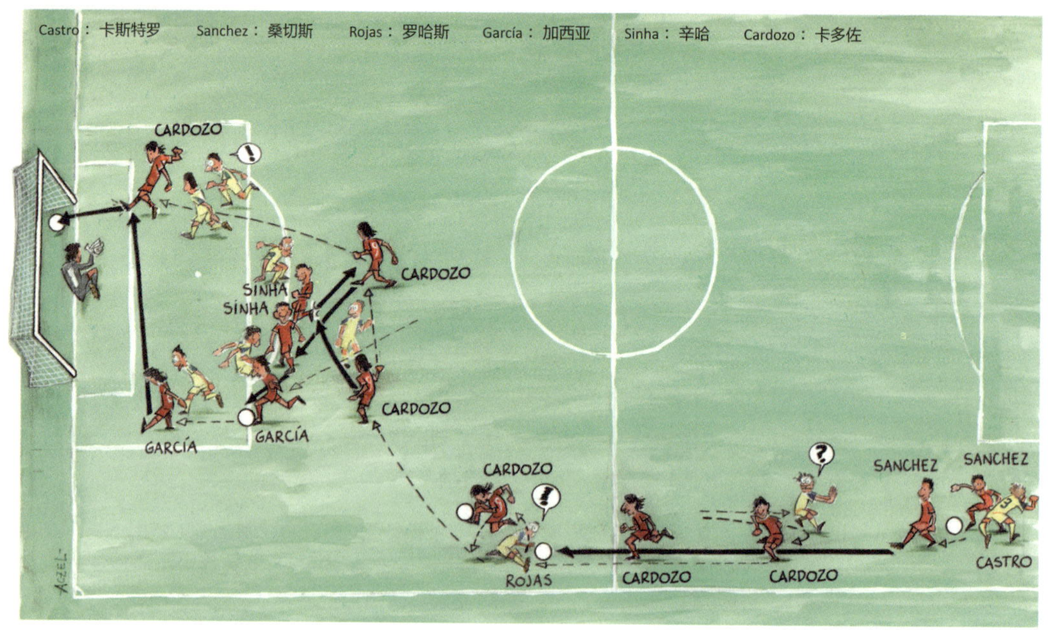

120 何塞·萨特尔尼诺·卡多佐 | 托卢卡

第75分钟（5：0）

2003年11月1日，内梅西奥·迪亚斯球场，托卢卡（墨西哥）
墨西哥足球甲级联赛，第16轮，托卢卡6：0美洲足球俱乐部

近乎癫狂

他是巴拉圭历史上最优秀的球员之一，更凭借这粒在对阵宿敌美洲队时不可思议的进球，留在了托卢卡（墨西哥）球迷的记忆之中。

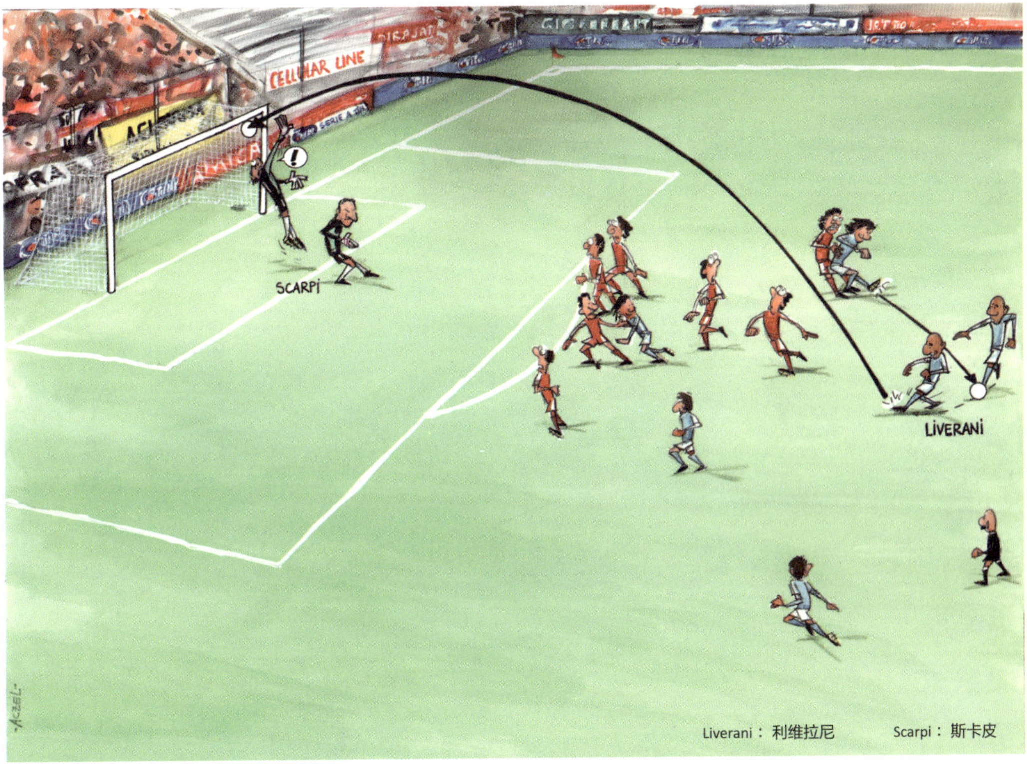
CELLULAR LINE
SCARPI
LIVERANI
Liverani： 利维拉尼
Scarpi： 斯卡皮

121 法比奥·利维拉尼 | 拉齐奥

第75分钟（0：1）

2003年12月14日，德尔·科内罗球场，安科纳（意大利）
意大利足球甲级联赛，第13轮，安科纳0 ：1拉齐奥

轰动一时的远距离吊射

LIVERANI
ACZEL

“绝对无可挑剔。”

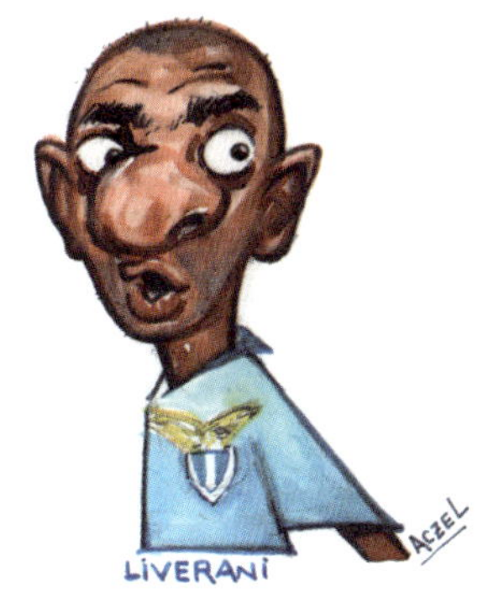

122 **尤尔根·克林斯曼** | **斯图加特** **第18分钟（1：0）**

1987年11月14日，内卡尔体育场，斯图加特（德国）
德国足球甲级联赛，第16轮，斯图加特3：0拜仁慕尼黑

国家队的求职信

尤尔根·克林斯曼是一位出色的射手，打入过无数精妙绝伦的进球。“但这是我职业生涯中最伟大的一粒进球。”他说。这粒进球为他打开了登上国际舞台的大门——一个月后，时任国家队主帅的贝肯鲍尔征召他加入德国国家队。

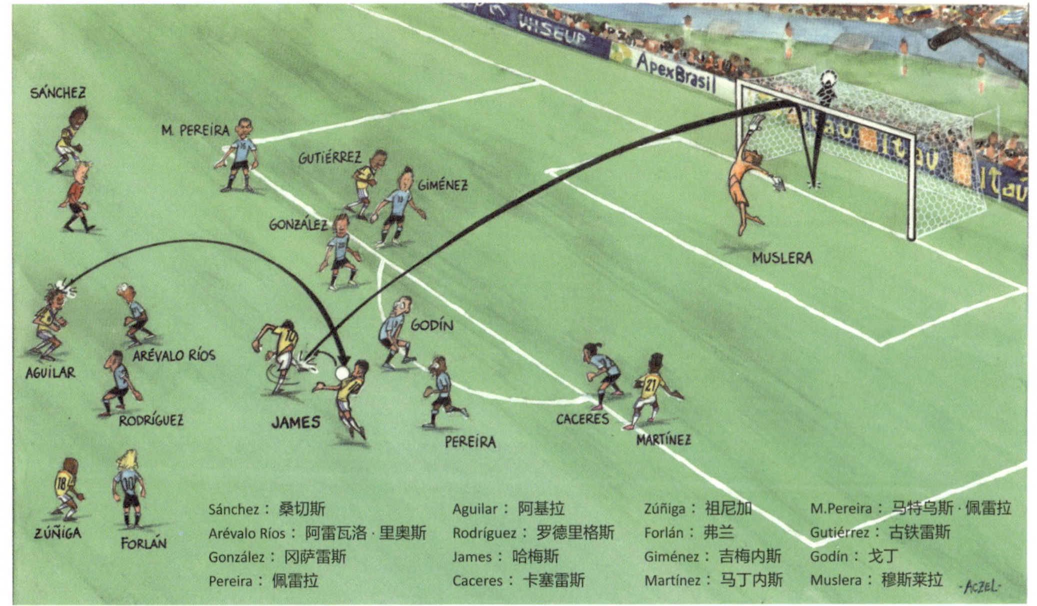

123

哈梅斯 · 罗德里格斯 | **哥伦比亚国家队** **第28分钟（1 : 0）**

2014年6月28日，马拉卡纳体育场，里约热内卢（巴西）
世界杯，1/8决赛，哥伦比亚2 : 0乌拉圭

酷毙了！

这一进球被评为2014年世界杯最美进球和年度最美进球。

1. 国际足联（FIFA）最佳进球奖。——译者注

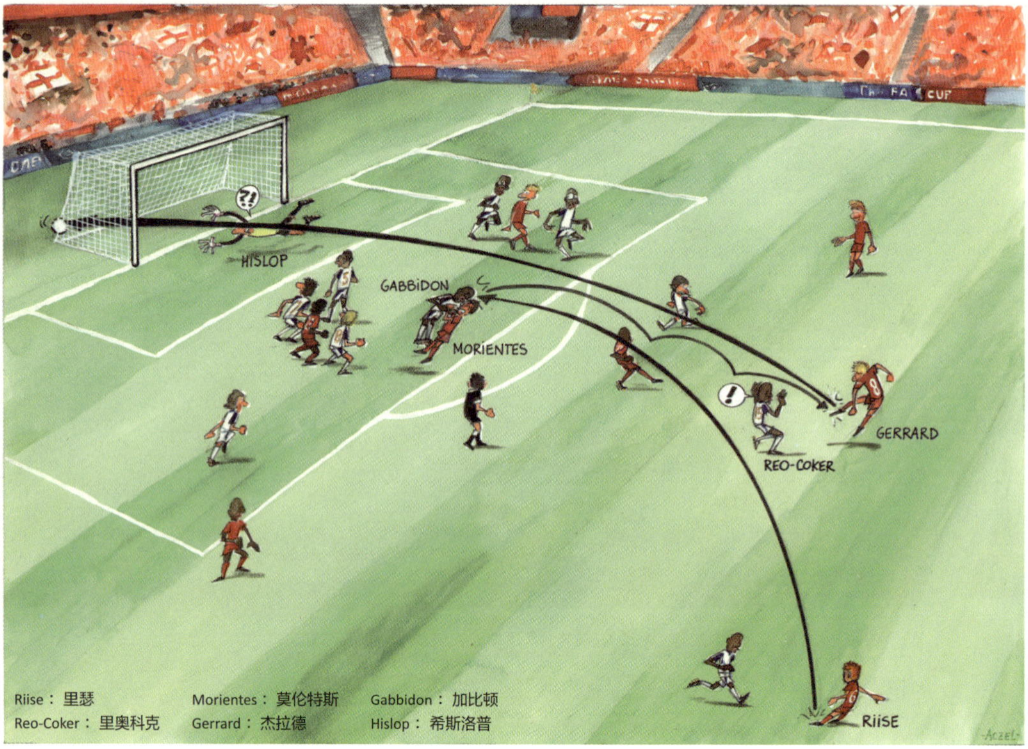
HISLOP
GABBIDON
MORIENTES
GERRARD
REO-COKER
RIISE
Riise： 里瑟
Reo-Coker： 里奥科克
Morientes： 莫伦特斯
Gerrard： 杰拉德
Gabbidon： 加比顿
Hislop： 希斯洛普

124 **史蒂芬 · 杰拉德** | **利物浦** **第90+1分钟（3 ： 3）**

2006年5月13日，千年球场，卡迪夫（威尔士）

英格兰足总杯，决赛，利物浦3 ： 3西汉姆联（加时赛后），点球大战3 ： 1

利物浦当之无愧的领袖

直至伤停补时阶段，失败的阴云依然笼罩在这位传奇队长和他的球员头上。几分钟前，杰拉德曾因为抽筋躺倒在卡迪夫的草皮上。然而，坚强地起身后不久，他用一记精彩的射门将利物浦拖入加时赛，并最终通过点球大战赢得足总杯的冠军。这就是杰队。

GERRARD

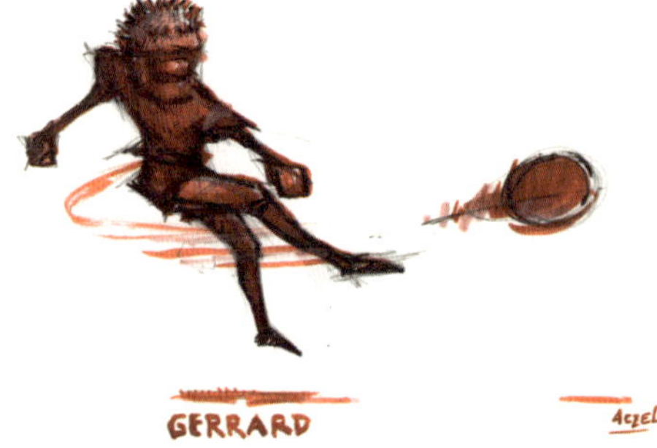

Felipe Melo：菲利佩·梅洛　Maicon：麦孔　Elano：埃拉诺　Ri Myong-Guk：李明国

125 **麦孔** | **巴西国家队** **第55分钟（1：0）**

2010年6月15日，埃利斯公园球场，约翰内斯堡（南非）
世界杯，小组赛G组，巴西2：1朝鲜

不可能的角度

位于底线的麦孔注意到，对方的门将并没有封住球门近角。因此，在所有人笃信他将回传禁区时，他用一脚神来之笔，让足球直直地穿过门将与立柱间的空隙，直奔球门远角，完成了一次不可思议的零角度破门。

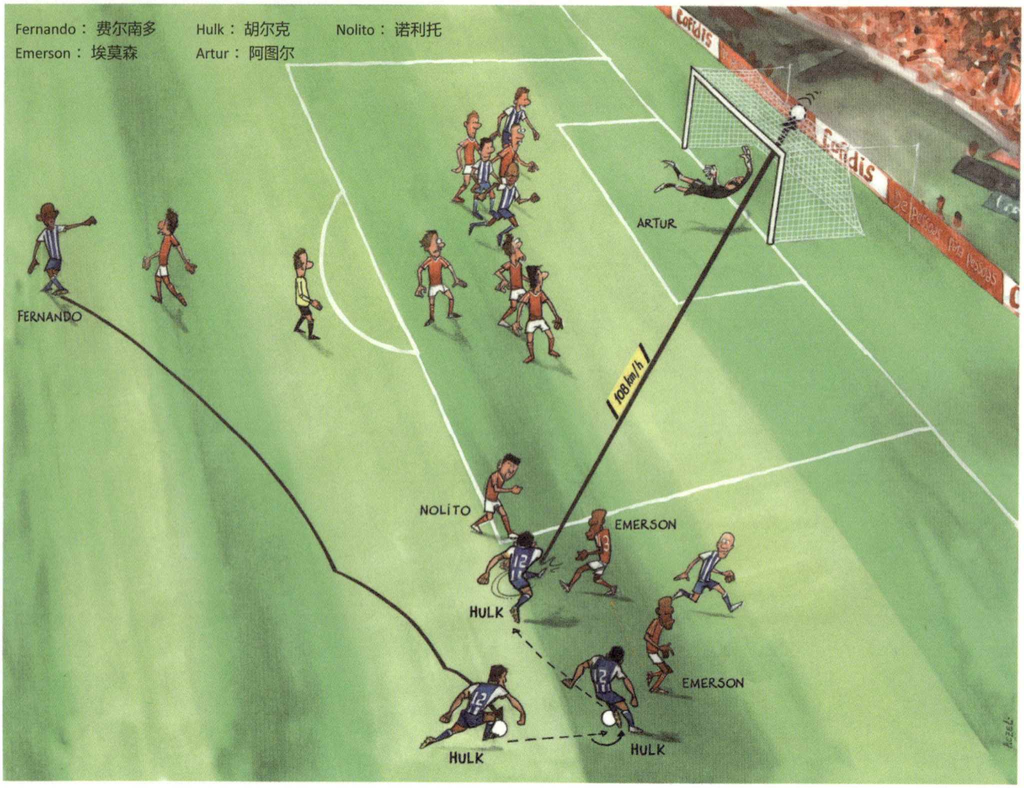
Fernando：费尔南多
Emerson：埃莫森
Hulk：胡尔克
Artur：阿图尔
Nolito：诺利托
ARTUR
FERNANDO
108 km/h
NOLITO
EMERSON
HULK
EMERSON
HULK
HULK

126 胡尔克 | 波尔图

第7分钟（0：1）

2012年3月2日，光明球场，里斯本（葡萄牙）
葡萄牙足球超级联赛，第21轮，本菲卡2：3波尔图

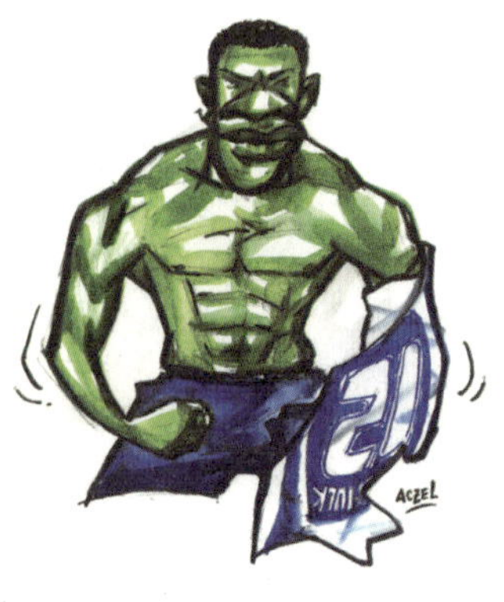

神奇绿巨人

这一脚射门完全出乎守门员的预料，速度更是达到可怕的108千米/小时。这一球帮助波尔图在葡萄牙国家德比战中以3：2战胜本菲卡，为球队在该赛季葡超中夺冠做出巨大贡献。

127 哈米特·阿尔滕托普 | 土耳其 第26分钟（0：2）

2010年9月3日，阿斯塔纳竞技场，努尔苏丹[1]（哈萨克斯坦）
2012年欧洲杯预选赛，哈萨克斯坦0 ：3土耳其

最佳击球点

凭借这粒进球，阿尔滕托普当之无愧地获得了2010年的普斯卡什奖。“有时候，你在足球场上会知道，你刚刚踢准了‘甜点’，也就是最佳击球点。我当时就是这样。要我说，即使再试100次，我也复刻不了这么漂亮的进球。”

1. 当时名为阿斯塔纳，2019年改名为努尔苏丹。——译者注

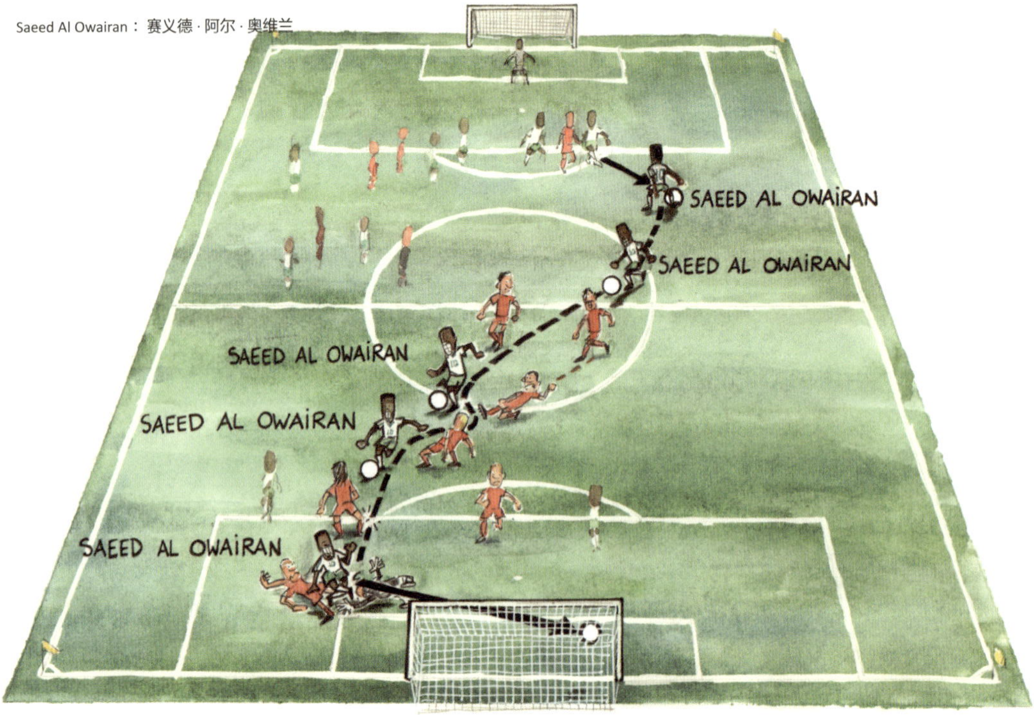

Saeed Al Owairan：赛义德·阿尔·奥维兰

128 **赛义德·阿尔·奥维兰** | **沙特阿拉伯国家队** **第5分钟（0：1）**

1994年6月29日，肯尼迪总统纪念体育场，华盛顿特区（美国）
世界杯，小组赛F组，比利时0：1沙特阿拉伯

沙漠中的马拉多纳

沙漠中的马拉多纳——这是阿尔·奥维兰在打入这粒不可思议的“一条龙”进球后得到的新称呼。这一球与众多足坛传奇的进球共同入选史上最佳进球，是沙特阿拉伯国家队的一项宝贵成就。

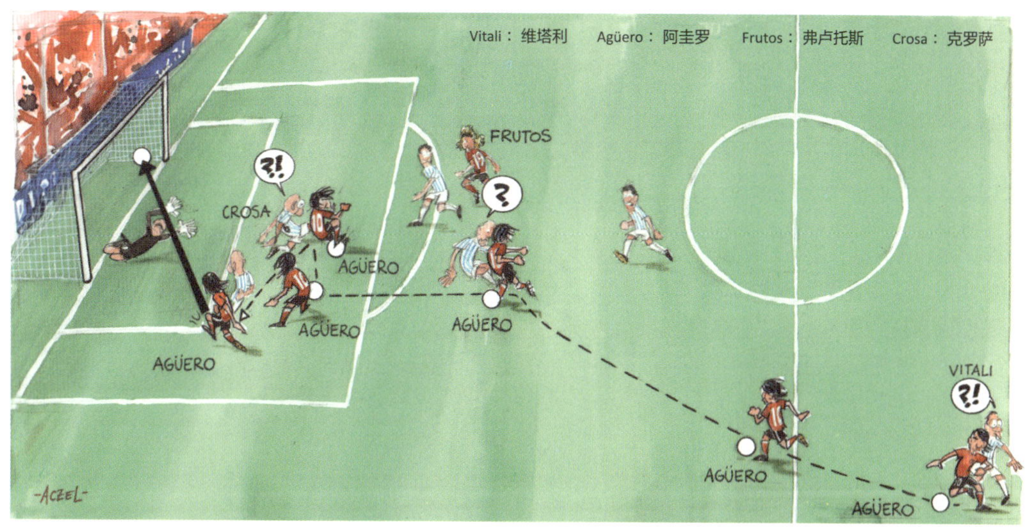

129 塞尔希奥·阿圭罗 | 独立队

第82分钟（4：0）

2005年9月11日，美洲解放者球场，布宜诺斯艾利斯阿韦亚内达（阿根廷）
阿根廷足球甲级联赛，春季联赛，第6轮，独立队4 ： 0竞技队

“这一天我将永生难忘。”

17岁的阿圭罗在对阵竞技队的阿韦亚内达德比战中创造了奇迹。“阿坤”是这场4 ： 0大胜中的关键人物，最后还用一粒梦幻般的进球结束了比赛。这也是独立队队史上的一场传奇比赛。

“后来在电视上看到这一进球时，我简直无法相信自己当时做了什么。完美的进球、经典的战役，那是我对阵竞技队的第一粒进球。我的父亲总是对我说：‘不要总想着用右脚射门。’因此，我从小就开始练习我的左脚。那一天，我证明了他是对的。”

Silas：塞拉斯　Romario：罗马里奥　Bebeto：贝贝托

130

贝贝托 | **巴西**　　**第48分钟（1：0）**

1989年7月14日，马拉卡纳体育场，里约热内卢（巴西）
1989年美洲杯，决赛，巴西2 ：0阿根廷

罗马里奥–贝贝托连线

在这场在里约热内卢马拉卡纳体育场举行的美洲杯比赛中，贝贝托在主场为巴西队打进了一粒传奇的剪刀脚进球。这是后来名垂青史的罗马里奥–贝贝托双锋阵的开始。

Luque：卢克

131

莱奥波尔多·哈辛托·卢克 | 河床 **第18分钟（1：0）**

1979年12月2日，纪念碑球场，努涅斯，布宜诺斯艾利斯（阿根廷）
阿根廷全国联赛，B区，第14轮，河床1：1飓风队

神来之笔

这一粒进球将是集锦常客。卢克的盘带令门将愣在原地，由于背对球门，他干脆用脚后跟捅射破门。“我全凭灵感，就像画家和音乐家一样，这一球连我自己都难以置信，完全是直觉和想象力使然。”

1. “GOOL”意为“进了”，此处为夸张写法。最前面的倒感叹号为西葡语特色。——译者注

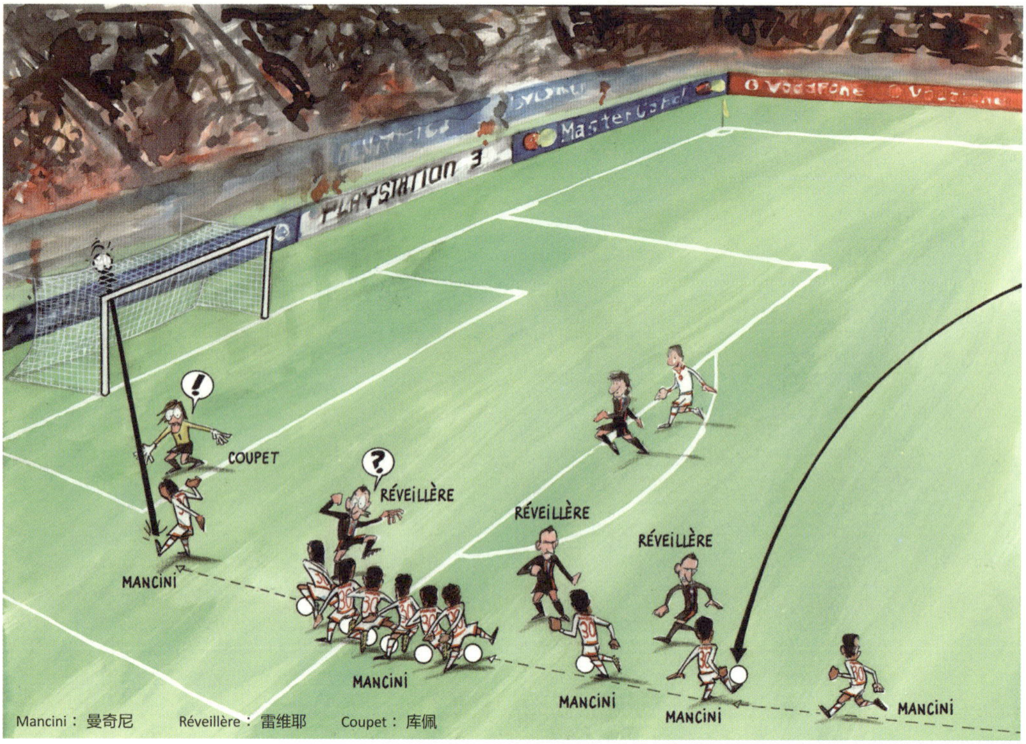
PLAYSTATION 3
COUPET
RÉVEILLÈRE
RÉVEILLÈRE
RÉVEILLÈRE
MANCINI
MANCINI
MANCINI
MANCINI
MANCINI
Mancini：曼奇尼 Réveillère：雷维耶 Coupet：库佩

132

曼奇尼 | **罗马** **第44分钟（0：2）**

2007年3月6日，热尔兰球场，里昂（法国）
欧洲冠军联赛，1/8决赛，次回合，里昂0：2罗马

单车教学

曼奇尼的这粒进球给防守队员上了一堂巴西特色“单车过人”的教学课。这一招在巴西被叫作“pedalada”[1]。

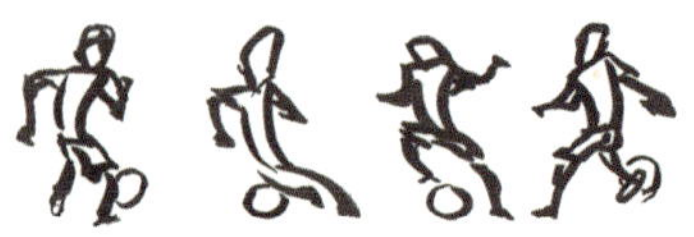

1. 直译为“脚踏车”。——译者注

133 里维利诺 | 巴西国家队

第61分钟（1：0）

1974年6月26日，下萨克森体育场，汉诺威（德国）
世界杯，决赛圈，A组，巴西1：0东德

危险!

这是一粒提前演练过的高风险进球。“我用尽全力射门，球很有可能击伤我的队友。”雅伊尔津霍倒地的时机真是恰到好处，使人墙上出现一个供球飞过的空隙，门将甚至来不及反应。

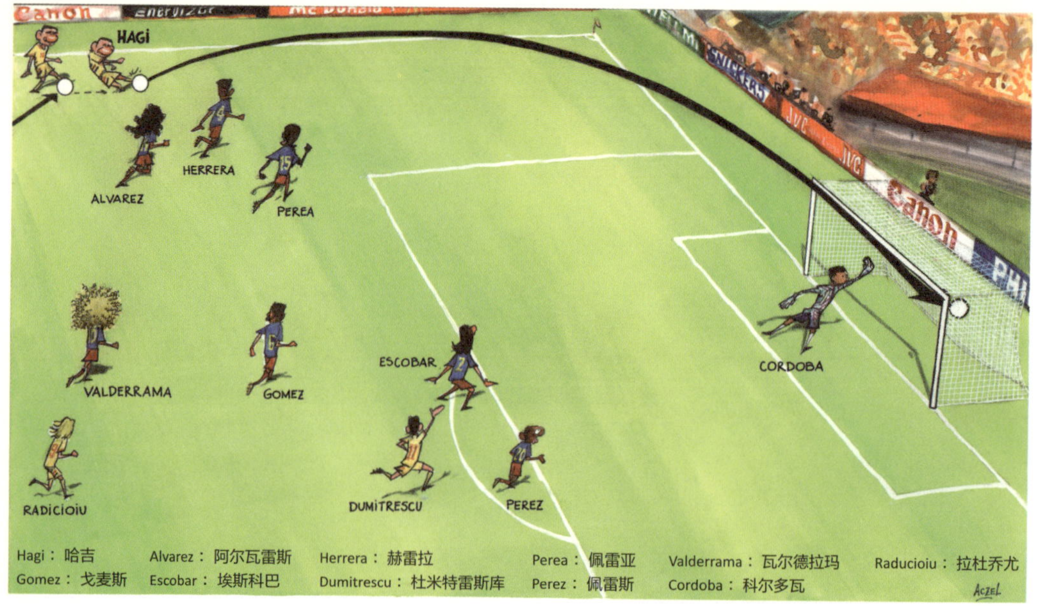

134 格奥尔基·哈吉 | 罗马尼亚国家队

第34分钟（2：0）

1994年6月18日，玫瑰碗球场，洛杉矶，加利福尼亚（美国）
世界杯，小组赛A组，罗马尼亚3：1哥伦比亚

喀尔巴阡山的马拉多纳

哈吉足球生涯中最伟大的时刻，几乎都是身披罗马尼亚国家队战袍时创造的。他在左路一个看似毫无威胁的区域开始带球，见机行事，以一脚精彩绝伦的远射洞穿哥伦比亚门将的“十指关”。射门前，他还刻意抬头观察，让所有人都以为他要传中，然而……

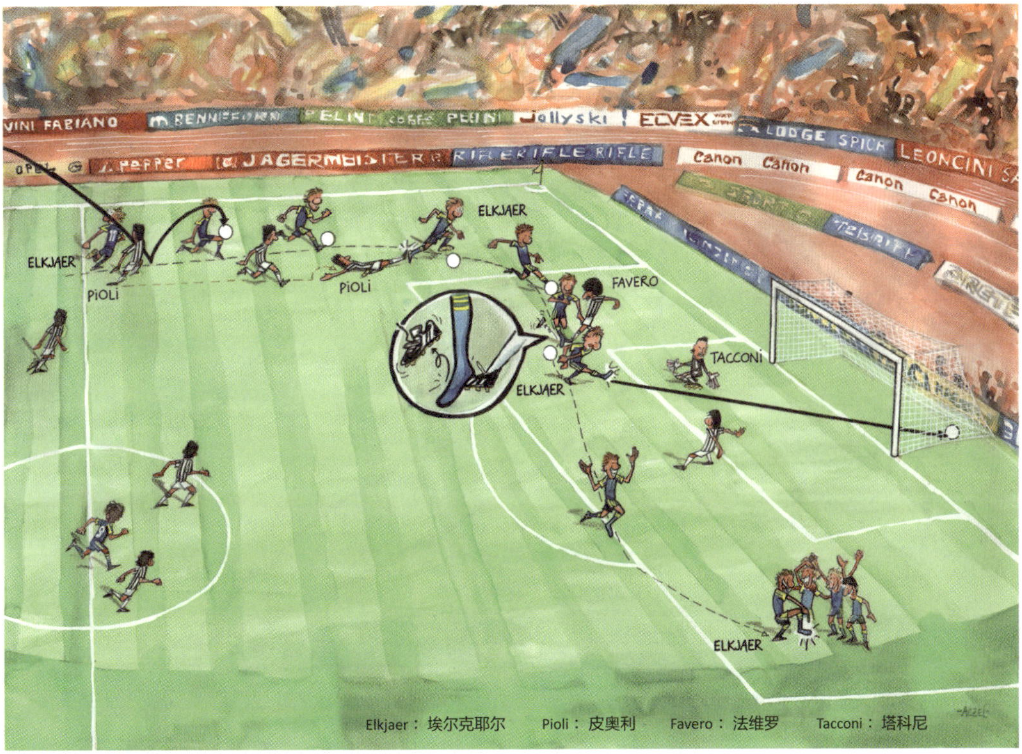
ELKJAER
PIOLI
PIOLI
ELKJAER
FAVERO
TACCONI
ELKJAER
ELKJAER
Elkjaer：埃尔克耶尔
Pioli：皮奥利
Favero：法维罗
Tacconi：塔科尼

135 **普雷本·埃尔克耶尔** | **赫拉斯维罗纳** **第81分钟（2：0）**

1984年10月14日，马尔科·安东尼奥·本特戈蒂球场，维罗纳（意大利）
意大利足球甲级联赛，第5轮，赫拉斯维罗纳2：0尤文图斯

功勋球袜

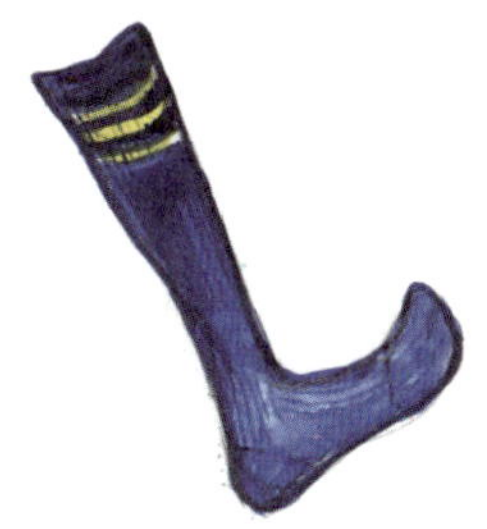

“我设法摆脱了皮奥利，闯入禁区，但他居然要对我犯规，搞得我右脚的球鞋松了。等我过掉法维罗之后，鞋彻底掉了，我只好穿着球袜射门。它确实不同寻常，球迷们到现在还记得。”作为球队的核心之一，埃尔克耶克帮助维罗纳在1984-1985赛季力压拥有马拉多纳的那不勒斯和普拉蒂尼所在的尤文图斯，夺得球队历史上唯一一座意甲冠军奖杯。

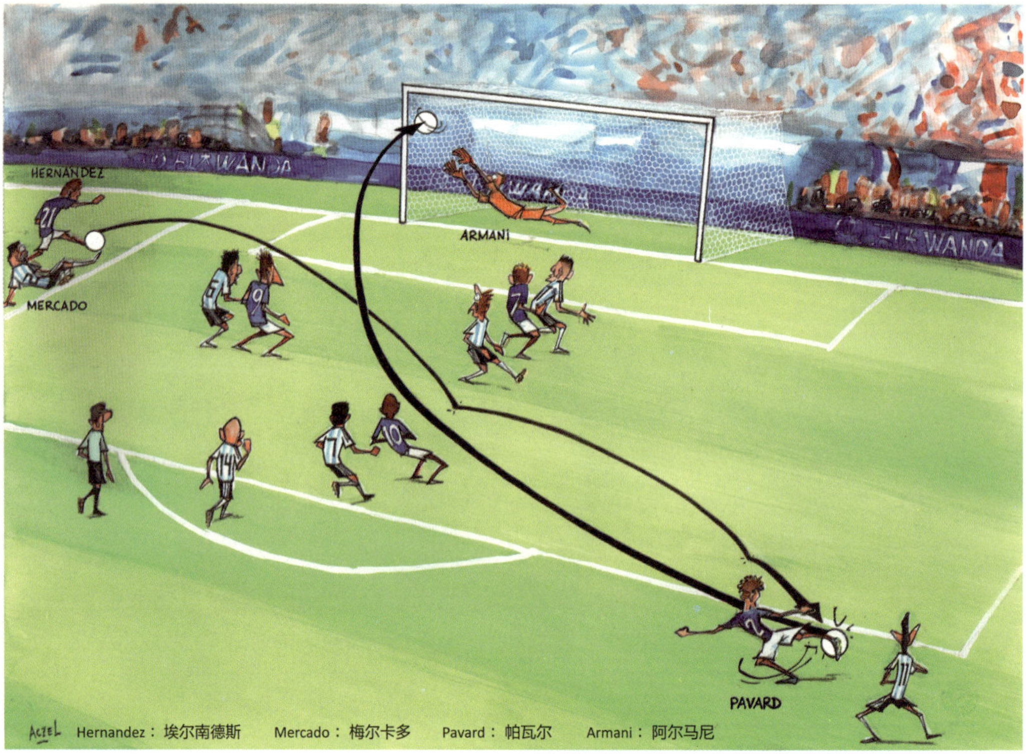
HERNANDEZ
MERCADO
ARMANI
PAVARD
ACZEL
Hernandez：埃尔南德斯　Mercado：梅尔卡多　Pavard：帕瓦尔　Armani：阿尔马尼

136　**邦雅曼·帕瓦尔** | **法国国家队**　**第57分钟（2：2）**

2018年6月30日，喀山竞技场，喀山（俄罗斯）
世界杯，1/8决赛，法国4：3阿根廷

回旋球

卢卡斯·埃尔南德斯将球急速传入禁区，无人接应，球落到了右路的帕瓦尔身前。帕瓦尔在禁区边缘原地凌空抽射，球直挂远角，旋转着落入球门。世界波！

ACZEL

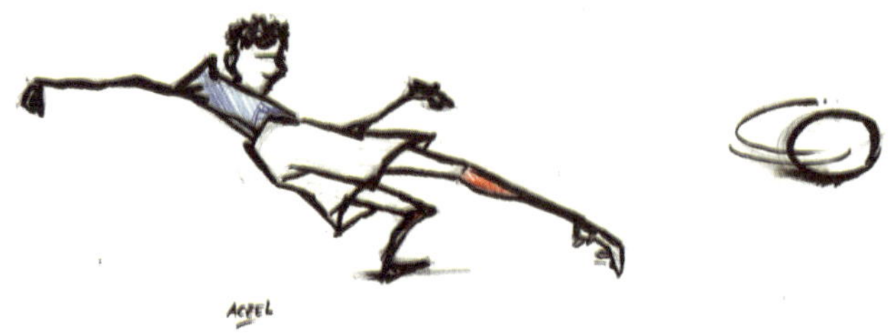

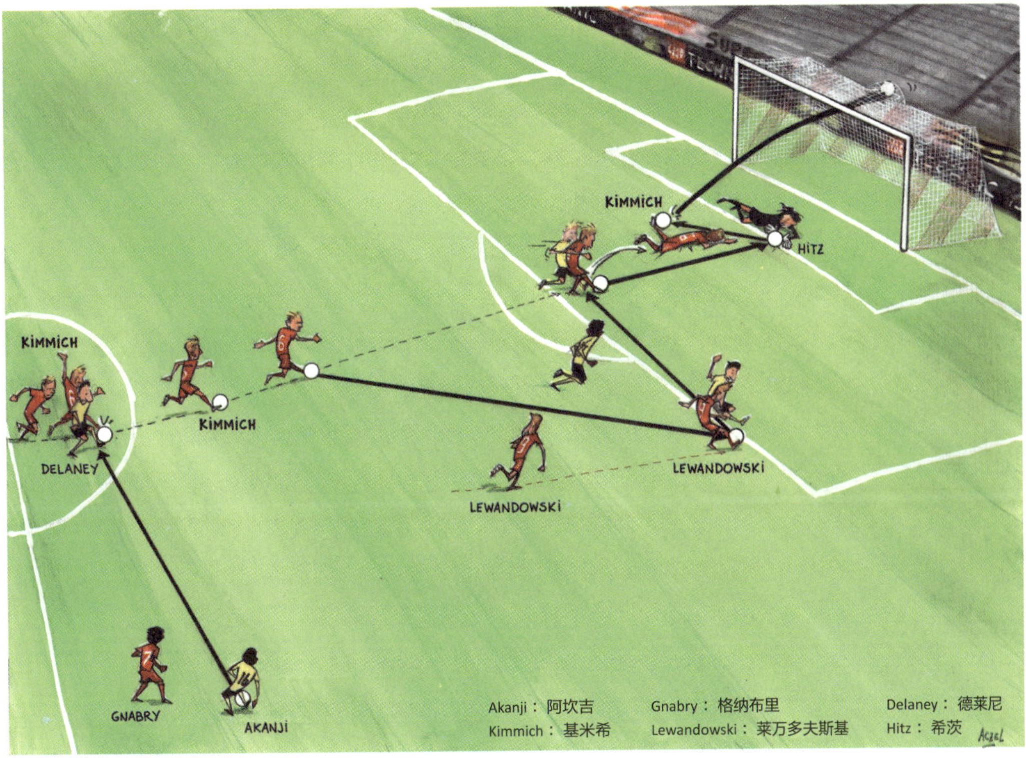
KIMMICH
KIMMICH
KIMMICH
DELANEY
LEWANDOWSKI
LEWANDOWSKI
HITZ
GNABRY
AKANJI
Akanji：阿坎吉
Kimmich：基米希
Gnabry：格纳布里
Lewandowski：莱万多夫斯基
Delaney：德莱尼
Hitz：希茨
ACZEL

137

约书亚·基米希 | **拜仁慕尼黑** **第82分钟（3：2）**

2020年9月30日，安联球场，慕尼黑（德国）
德国超级杯，决赛，拜仁慕尼黑3 ：2多特蒙德

钢铁意志

ACZEL

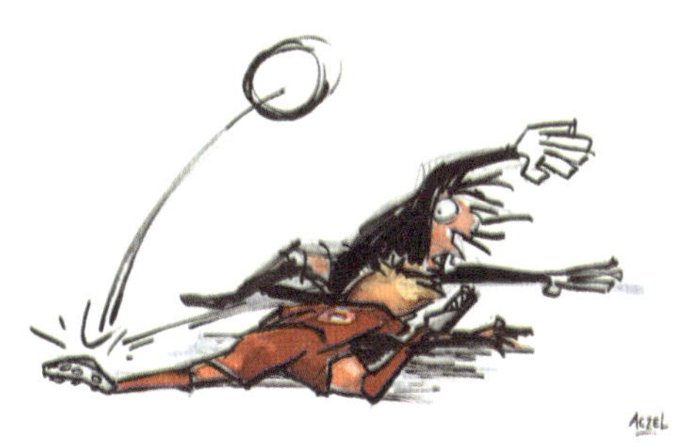

“因为他永不放弃！”教练弗利克对这位荣膺2019–2020赛季欧洲最佳防守球员的爱将赞不绝口。这一次，拜仁慕尼黑击败多特蒙德，实现了五冠王的伟业，而决定比赛胜负的一球正是由体能无限、技术精湛的基米希打进的。基米希说：“当你在拜仁踢球时，你会感觉大家如兄弟一样在共同战斗。”这正是这支不可战胜的球队取得成功的原因。

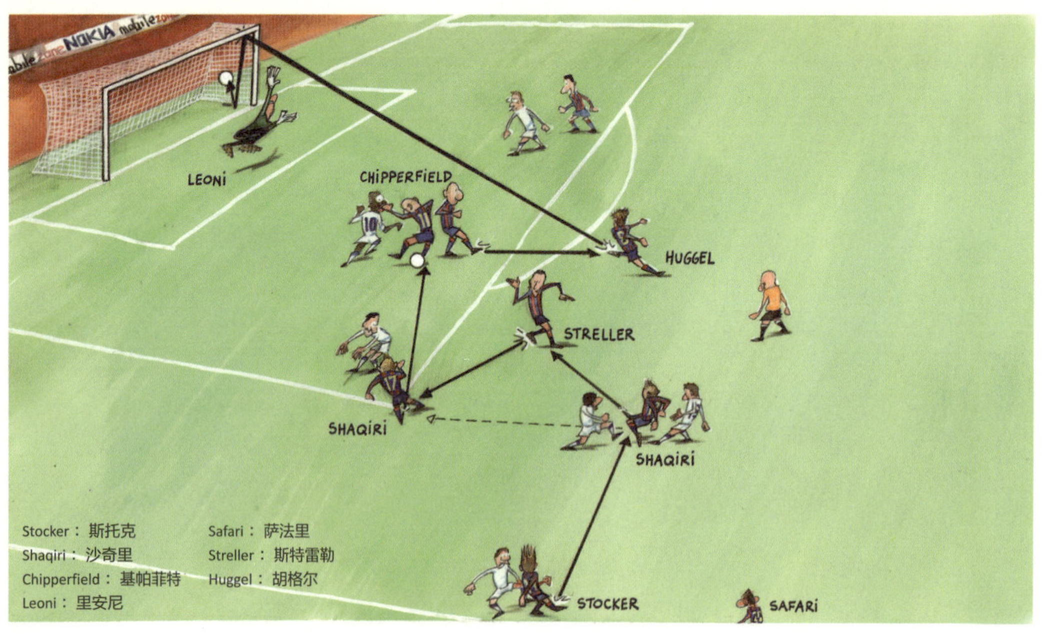

138 本雅明 · 胡格尔 | 巴塞尔

第89分钟（1 ： 1）

2009年8月9日，圣雅各布公园球场，巴塞尔（瑞士）
瑞士足球超级联赛，第5轮，巴塞尔1 ： 1苏黎世

瑞士制造

每一次传球都如瑞士钟表般精准，巴塞尔是该赛季当之无愧的冠军！

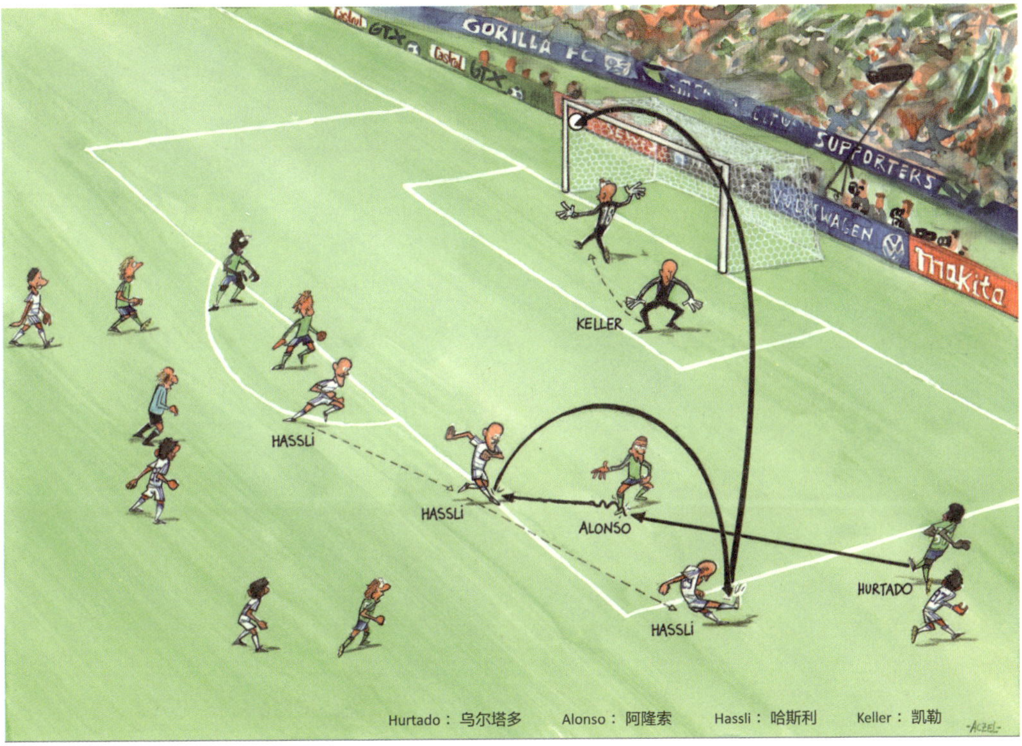

GORILLA FC
SUPPORTERS
VOLKSWAGEN
makita
KELLER
HASSLI
HASSLI
ALONSO
HASSLI
HURTADO
Hurtado：乌尔塔多
Alonso：阿隆索
Hassli：哈斯利
Keller：凯勒

139 **埃里克·哈斯利** | **温哥华白浪** **第85分钟（2：2）**

2011年6月11日，奎斯特体育场，西雅图，华盛顿（美国）
美国职业足球大联盟，第15轮，西雅图海湾人2 ：2温哥华白浪

奇迹凌空

HASSLI

“你需要空间、完美的时机和一点儿运气。”

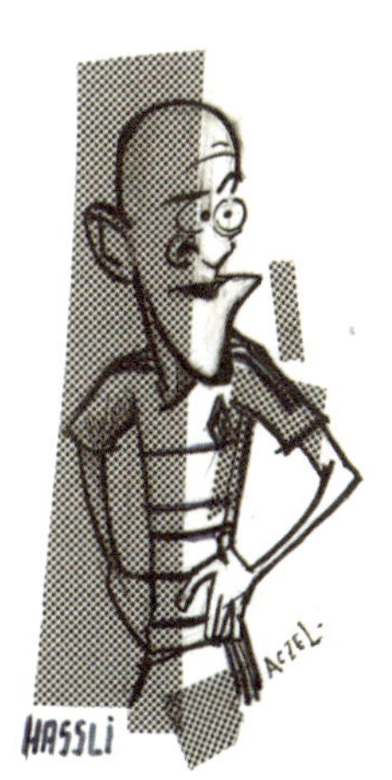

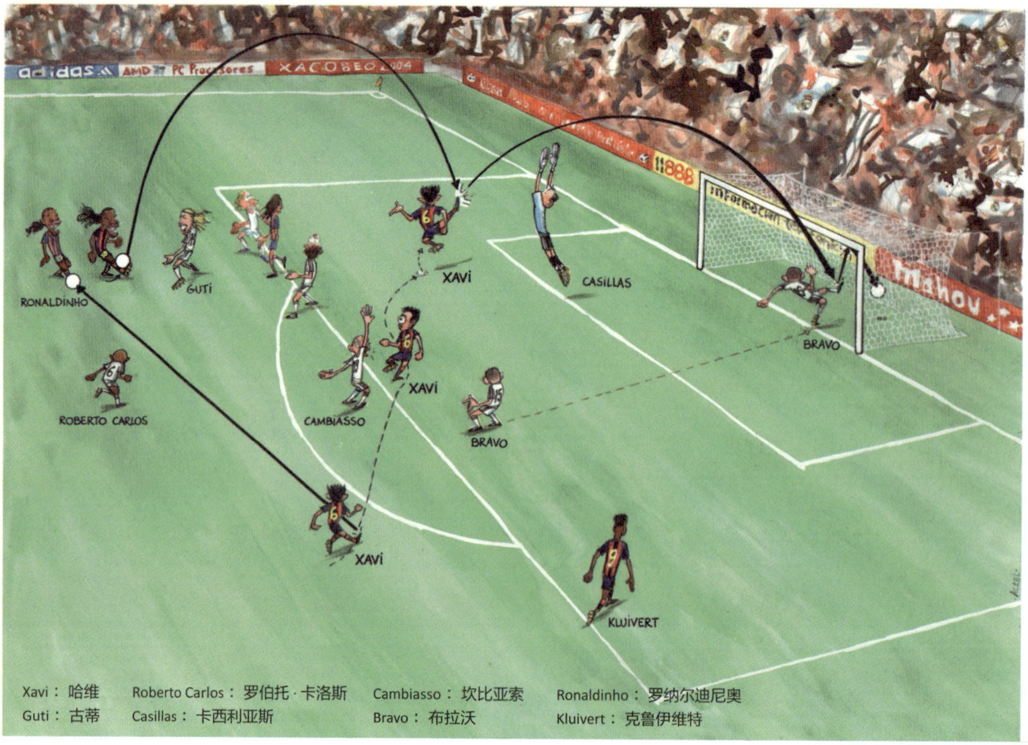

Xavi：哈维　Roberto Carlos：罗伯托·卡洛斯　Cambiasso：坎比亚索　Ronaldinho：罗纳尔迪尼奥
Guti：古蒂　Casillas：卡西利亚斯　Bravo：布拉沃　Kluivert：克鲁伊维特

140　**哈维** | **巴塞罗那**　**第86分钟（1：2）**

2004年4月25日，伯纳乌球场，马德里（西班牙）
西班牙足球甲级联赛，第34轮，皇家马德里1：2巴塞罗那

迟到的德比胜利

这场迟来的德比胜利是哈维的最爱。比赛临近结束时，比分仍旧是1：1。罗纳尔迪尼奥送出一记准确的传中球，哈维几乎看都没看，一记吊射便让球越过卡西利亚斯进入球门。“我有一种感觉，这场德比的胜利给了我们自信，它昭示着巴塞罗那黄金时代的开始。”

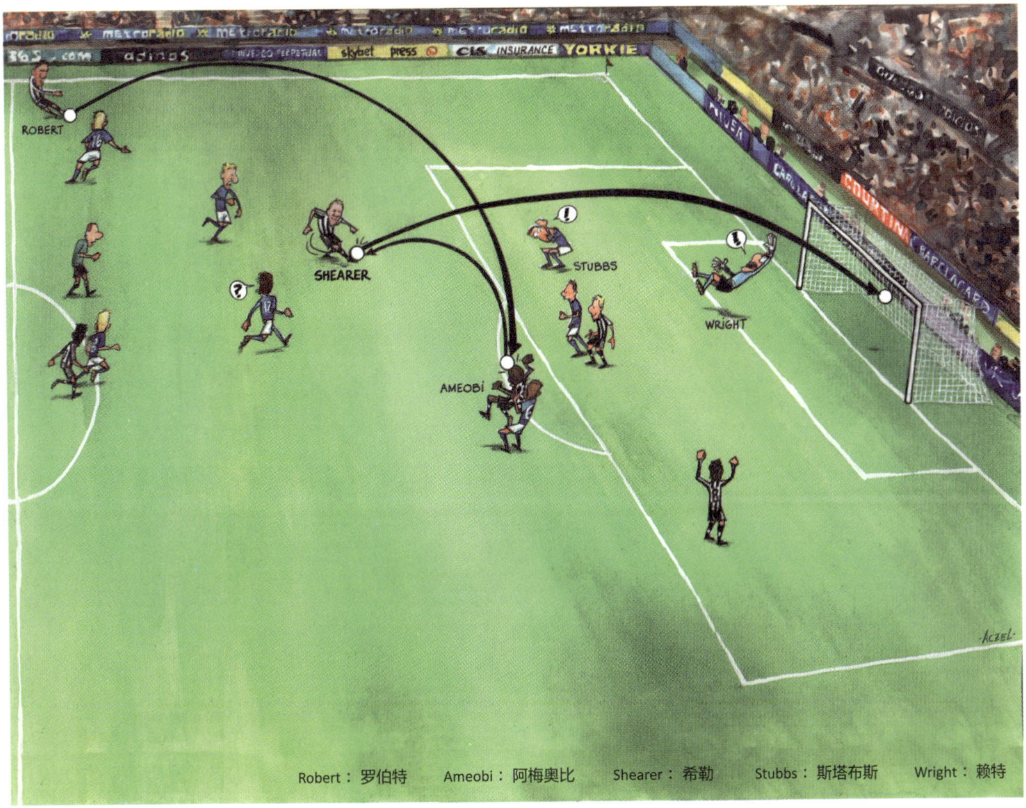

Robert：罗伯特　Ameobi：阿梅奥比　Shearer：希勒　Stubbs：斯塔布斯　Wright：赖特

141

阿兰·希勒 | **纽卡斯尔联**　　**第86分钟（1：1）**

2002年12月1日，圣詹姆斯公园球场，纽卡斯尔（英格兰）
英格兰足球超级联赛，第15轮，纽卡斯尔联2 ：1埃弗顿

“我完美地吃正了部位。”

作为纽卡斯尔联的进球纪录保持者，希勒回忆道：“我完美地吃正了部位。球划出一道弧线入网的景象实在是太美了！”

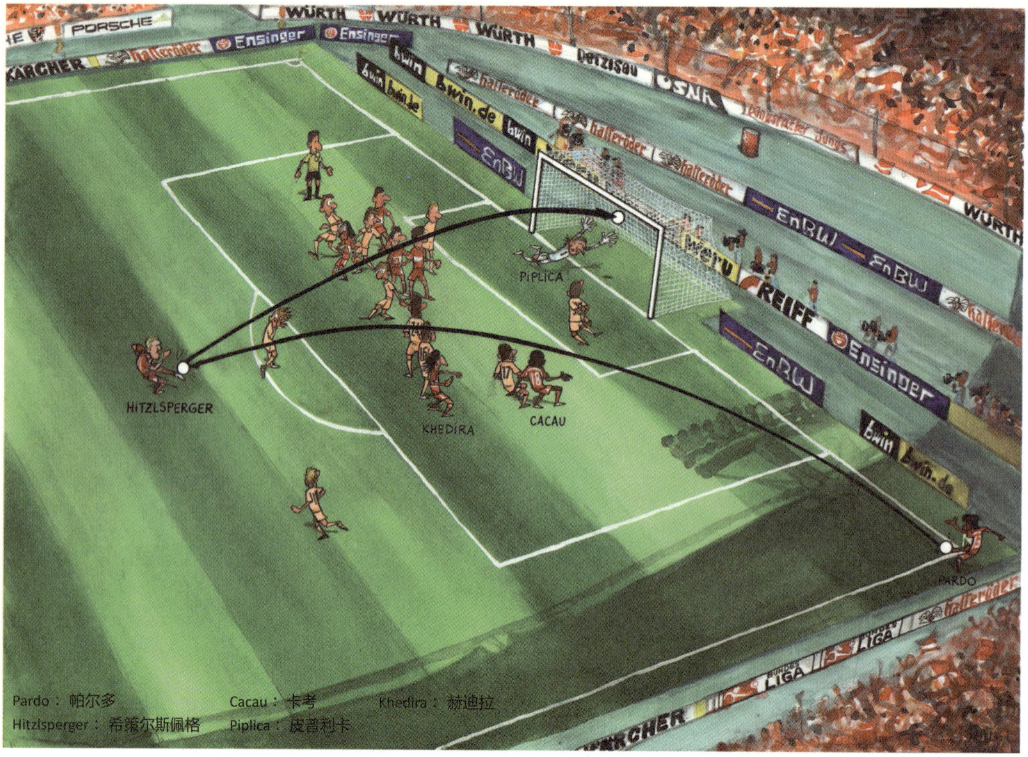

Pardo：帕尔多　Cacau：卡考　Khedira：赫迪拉
Hitzlsperger：希策尔斯佩格　Piplica：皮普利卡

142

托马斯·希策尔斯佩格 | 斯图加特　　第27分钟（1：1）

2007年5月19日，戈特利布·戴姆勒体育场，斯图加特（德国）
德国足球甲级联赛，第34轮，斯图加特2：1科特布斯

一锤定音

角球传中，凌空抽射！斯图加特的球迷永远忘不了这粒进球。这粒荡气回肠的进球不仅观赏性强，还在2006-2007赛季的最后一轮为斯图加特带来了德甲冠军。

143　**德扬·斯坦科维奇**　|　**国际米兰**　　**第45分钟（0：3）**

2009年10月17日，费拉里斯球场，热那亚（意大利）
意大利足球甲级联赛，第8轮，热那亚0：5国际米兰

门将克星

这一定是意甲有史以来最疯狂的进球之一！

德扬·斯坦科维奇就像是制造门将失误的专家：2011年，在欧冠中对阵沙尔克04时，他面对诺伊尔又打进一粒非常类似的球。

144 菲利普·因扎吉 | AC米兰

第67分钟（1：1）

2010年8月25日，诺坎普球场，巴塞罗那（西班牙）
2010年甘伯杯，巴塞罗那1：1 AC米兰，点球大战3：1

超级皮波

有些人认为因扎吉只会进简单的球，而这是对他们最好的反驳——在诺坎普，他上演了一记划破天际的凌空抽射。

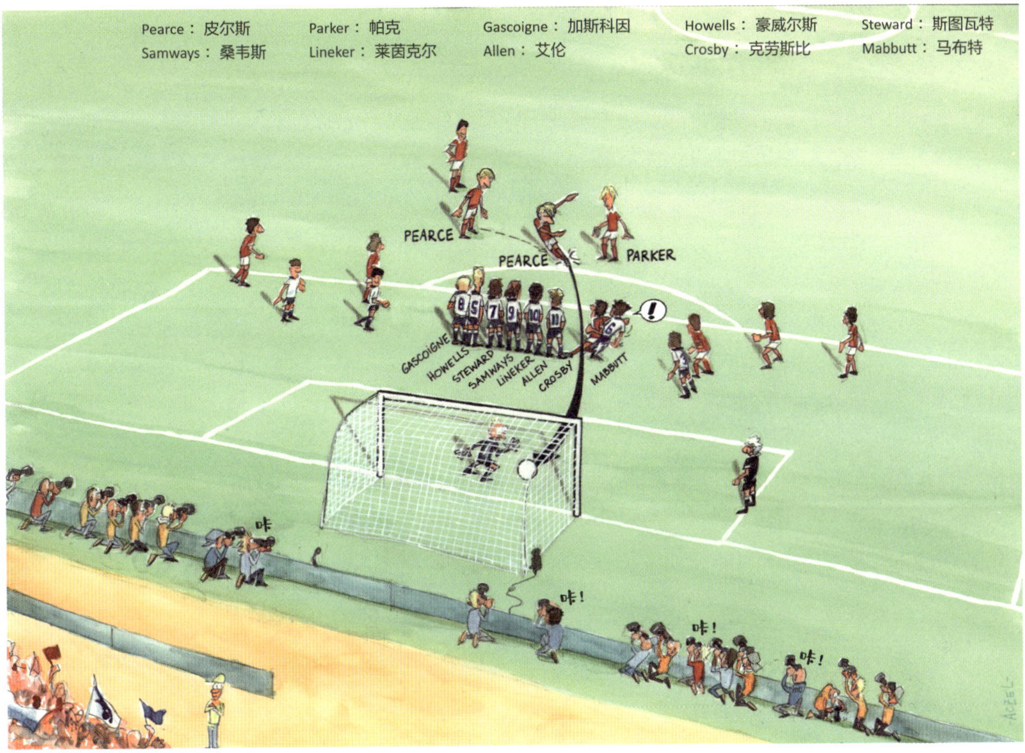

Pearce：皮尔斯　Samways：桑韦斯　Parker：帕克　Lineker：莱茵克尔　Gascoigne：加斯科因　Allen：艾伦　Howells：豪威尔斯　Crosby：克劳斯比　Steward：斯图瓦特　Mabbutt：马布特

145　**斯图尔特 · 皮尔斯** | **诺丁汉森林**　**第16分钟（0 ：1）**

1991年5月18日，温布利球场，伦敦（英格兰）
英格兰足总杯，决赛，托特纳姆热刺2 ：1诺丁汉森林

爆炸球

边锋加里 · 克劳斯比像事先演练的那样，将热刺队长加里 · 马布特引开，为皮尔斯的一脚爆射腾出足够的空间。

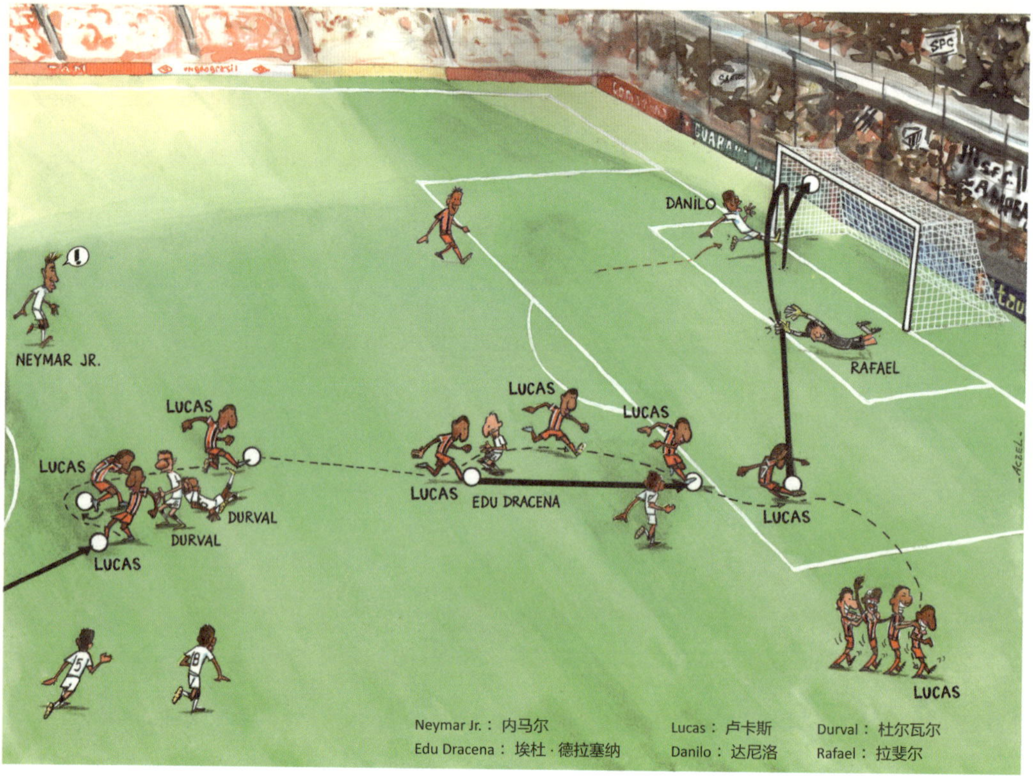

Neymar Jr.：内马尔
Edu Dracena：埃杜·德拉塞纳
Lucas：卢卡斯
Danilo：达尼洛
Durval：杜尔瓦尔
Rafael：拉斐尔

146 **卢卡斯·莫拉** | **圣保罗** **第45分钟（0：1）**

2011年8月28日，维拉贝尔米罗体育场，桑托斯（巴西）
巴西足球甲级联赛，第19轮，桑托斯1：1圣保罗

致敬传奇

当着内马尔的面，卢卡斯·莫拉先是一个转身致敬马拉多纳，接着又复刻了贝利的绝活儿，最后轻松破门得分。

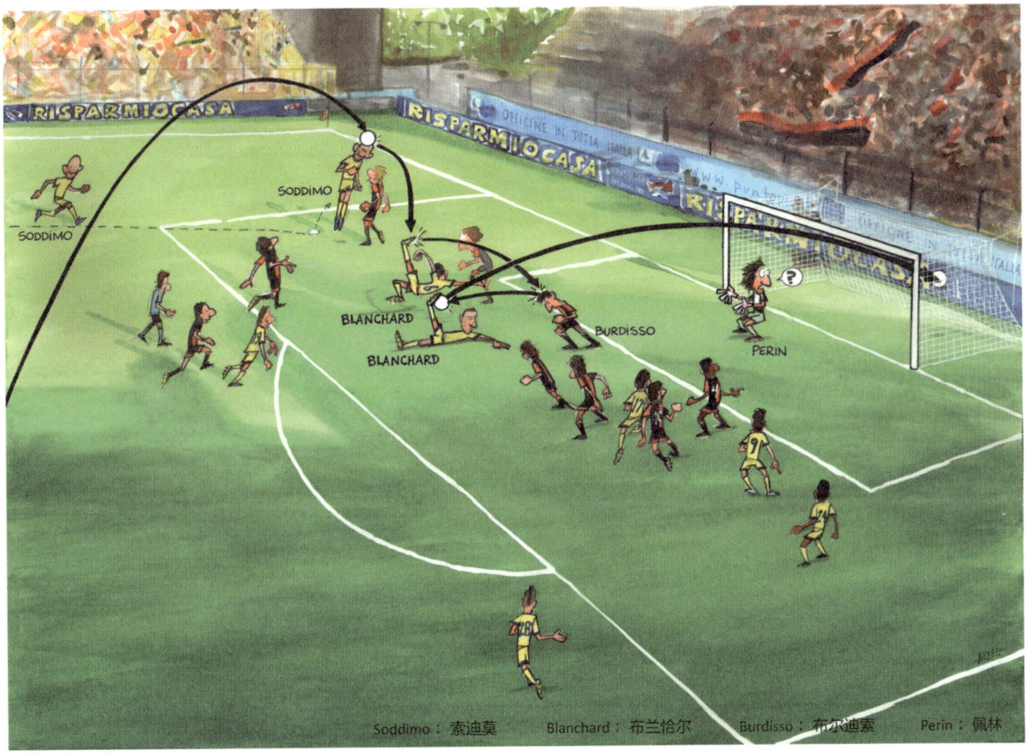
RISPARMIOCASA
SODDIMO
SODDIMO
BLANCHARD
BLANCHARD
BURDISSO
PERIN
Soddimo：索迪莫
Blanchard：布兰恰尔
Burdisso：布尔迪索
Perin：佩林

147 **莱昂纳多·布兰恰尔** | **弗罗西诺内** **第31分钟（1：1）**

2015年11月8日，马图萨体育场，弗罗西诺内，拉齐奥（意大利）
意大利足球甲级联赛，第12轮，弗罗西诺内2：2热那亚

二次尝试

“我尝试了一次倒钩，不仅失败了，还尴尬地跌倒在地。然而，布尔迪索试图解围，球又飞到了我身前。出于本能和直觉，我又尝试了一次倒钩。这次我躺在地上，用的是非惯用脚，但球进了，直挂死角！若再给我一次机会，我不一定能成功。”

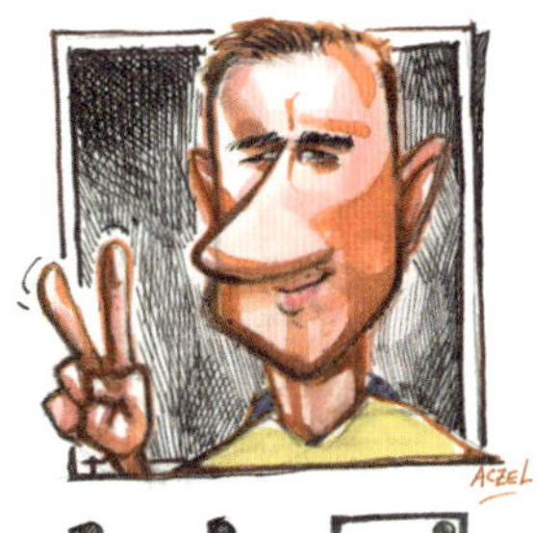

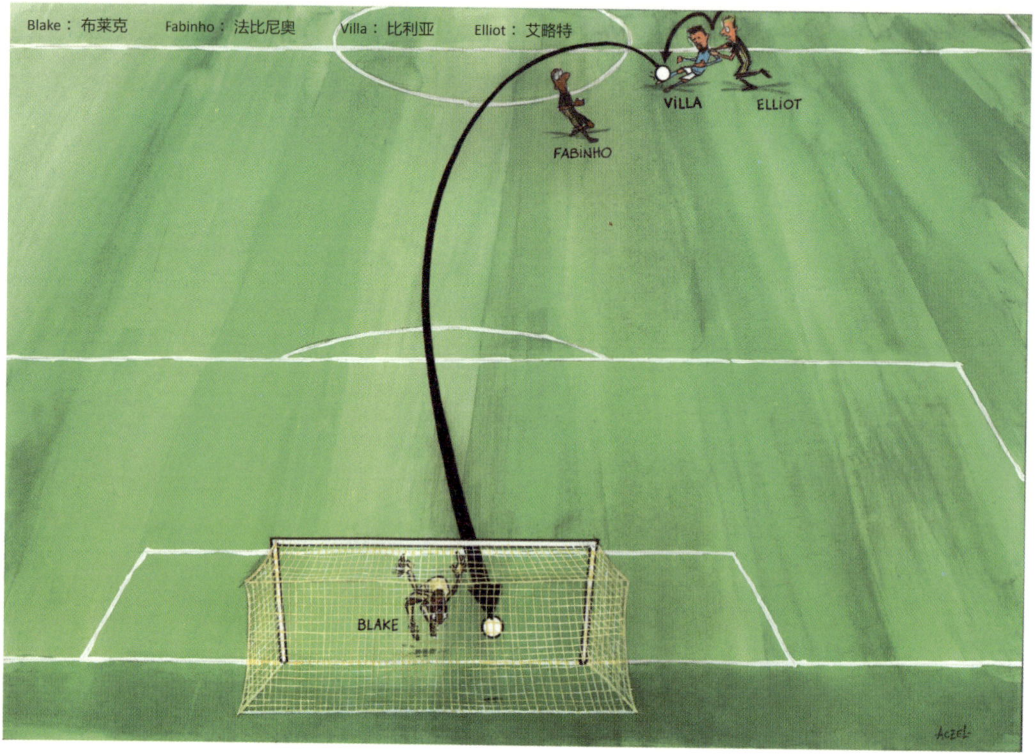
Blake：布莱克
Fabinho：法比尼奥
Villa：比利亚
Elliot：艾略特
VILLA
ELLIOT
FABINHO
BLAKE
ACZEL

148 大卫·比利亚 | 纽约城

第90分钟（0：2）

2017年4月14日，泰伦能源体育场，切斯特，宾夕法尼亚（美国）
美国职业足球大联盟，第6轮，费城联0：2纽约城

ACZEL

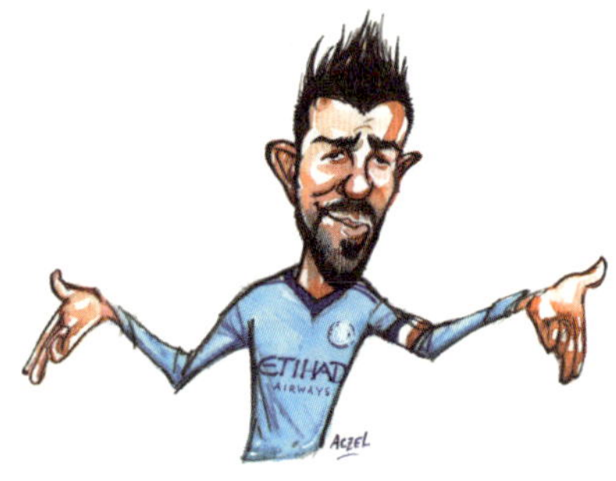

彩虹球

大卫·比利亚在巴塞罗那和西班牙赢得了一切。然而，他最精彩的进球发生于效力美职联的纽约城时期。他后来私下表示，仅仅是因为他当时太累了，跑不动了，才打出这一脚匪夷所思的远射。

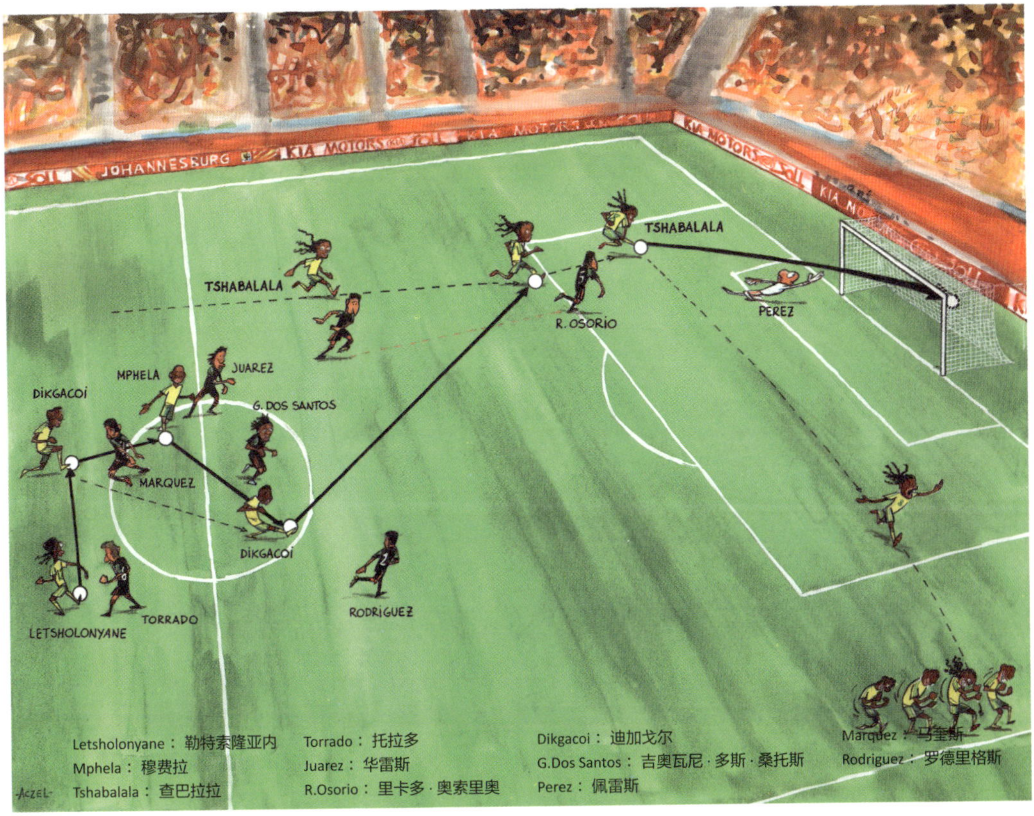
JOHANNESBURG
KIA MOTORS
TSHABALALA
TSHABALALA
PEREZ
R.OSORIO
MPHELA
JUAREZ
DIKGACOI
G.DOS SANTOS
MARQUEZ
DIKGACOI
LETSHOLONYANE
TORRADO
RODRIGUEZ
Letsholonyane：勒特索隆亚内
Mphela：穆费拉
Tshabalala：查巴拉拉
Torrado：托拉多
Juarez：华雷斯
R.Osorio：里卡多·奥索里奥
Dikgacoi：迪加戈尔
G.Dos Santos：吉奥瓦尼·多斯·桑托斯
Perez：佩雷斯
Marquez：马奎斯
Rodriguez：罗德里格斯
ACZEL

149 **劳伦斯·西菲韦·查巴拉拉** | **南非国家队** **第55分钟（1：0）**

2010年6月11日，足球城体育场，约翰内斯堡（南非）
世界杯，A组，南非1：1墨西哥

献给非洲的进球

随着这个在非洲大地上打进的第一粒世界杯进球，整个非洲都开始疯狂庆祝，乌乌祖拉喇叭的声音回荡在这片土地上。

ACZEL

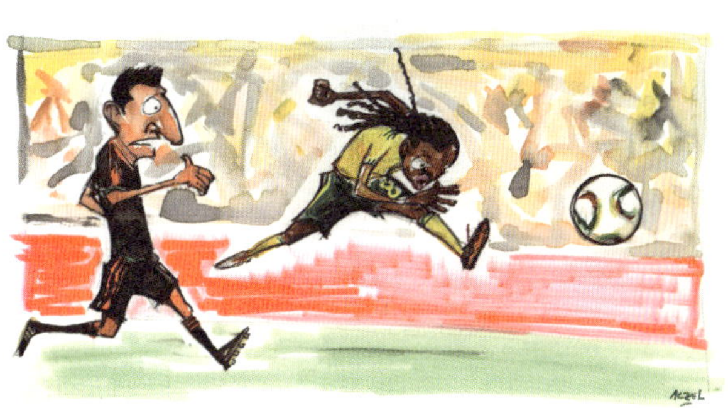

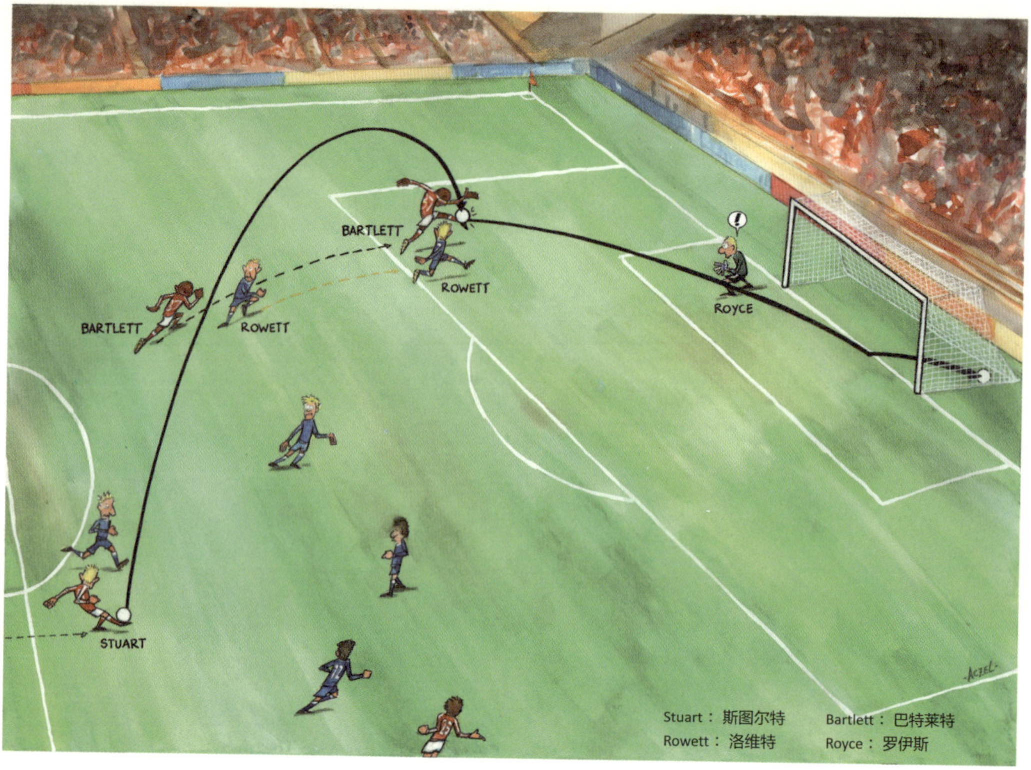
BARTLETT
ROWETT
ROYCE
BARTLETT
ROWETT
STUART
Stuart：斯图尔特
Rowett：洛维特
Bartlett：巴特莱特
Royce：罗伊斯

150 **肖恩·巴特莱特** | **查尔顿竞技** **第82分钟（2：0）**

2001年4月1日，山谷球场，查尔顿，伦敦（英格兰）
英格兰足球超级联赛，第31轮，查尔顿竞技2：0莱斯特城

加农炮

Shaun Bartlett

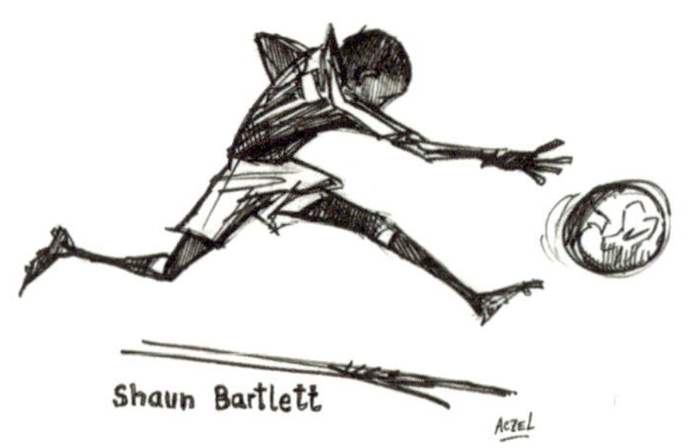

这一球正是被蒂埃利·亨利选中的赛季最佳进球。“场上没人预料到我会选择直接打门。当我看到球根本没有旋转，笔直地向球门飞去时，我就知道它将化身一枚加农炮弹，轰开球门。”巴特莱特说道。

151

兹比格涅夫·博涅克 | **波兰国家队** **第3分钟（1：0）**

1982年6月28日，诺坎普球场，巴塞罗那（西班牙）
世界杯，决赛圈，A组，波兰3：0比利时

波兰足球史上最佳

这次细腻的配合、摆脱和打门是波兰足球黄金时代的缩影，这批球员也成为波兰的民族英雄。波兰在1974年和1982年都获得了世界杯季军。对于那段时间风光无限的波兰足球，直到今天，人们依旧津津乐道。

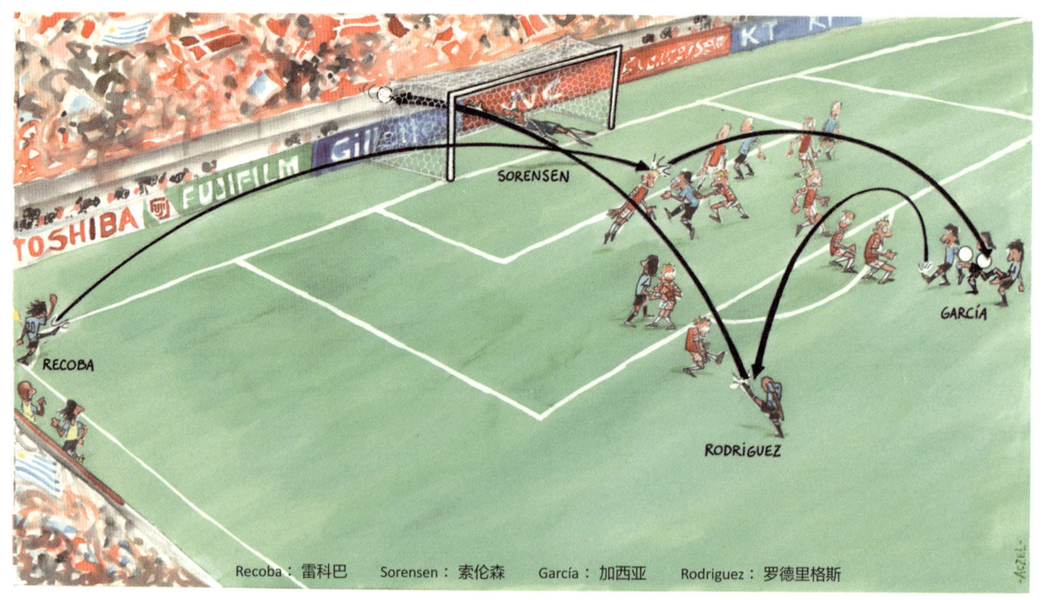

152 达里奥·罗德里格斯 | 乌拉圭　　第46分钟（1：1）

2002年6月1日，蔚山文殊足球竞技场，蔚山（韩国）
世界杯，A组，乌拉圭1：2丹麦

乌拉圭的骄傲

所有人都爱看远距离凌空抽射。如果这粒球是一位后卫在一场重要的世界杯比赛中打进的，并且是在接到队友的大范围转移球时直接起脚射进的，那它就是一记非同寻常的射门。“小时候我梦想成为一名前锋，但我成了一名后卫。我非常自豪，现在我的进球可以说是世界杯最佳进球之一，能与世界上最伟大的前锋们的进球相提并论。”因此，罗德里格斯至少短暂地实现了他儿时的梦想，作为一个伟大的“前锋”名留青史。

153 **利努斯·哈勒纽斯** | **哈马尔比** **第66分钟（0：2）**

2010年6月20日，南泰利耶足球场，南泰利耶（瑞典）
瑞典足球甲级联赛，第12轮，西里安斯卡0 ：2哈马尔比

还不错

这粒进球在2010年国际足联的普斯卡什奖评选中高居次席，仅落后于哈米特·阿尔滕托普的进球（见第129页）。尽管如此，对于一个年仅21岁且只在瑞典乙级联赛中踢球的年轻球员来说，能在评选中力压梅西、纳西和内马尔，已经是了不起的成就了。

154 **卡洛斯·鲁伊斯** | **费城联** **第75分钟（2：1）**

2011年5月22日，泰伦能源体育场，切斯特，宾夕法尼亚（美国）
美国职业足球大联盟，第3轮，费城联2 ：1芝加哥火焰

第二次机会

鲁伊斯向人们展示了如何弥补一次不太成功的任意球。

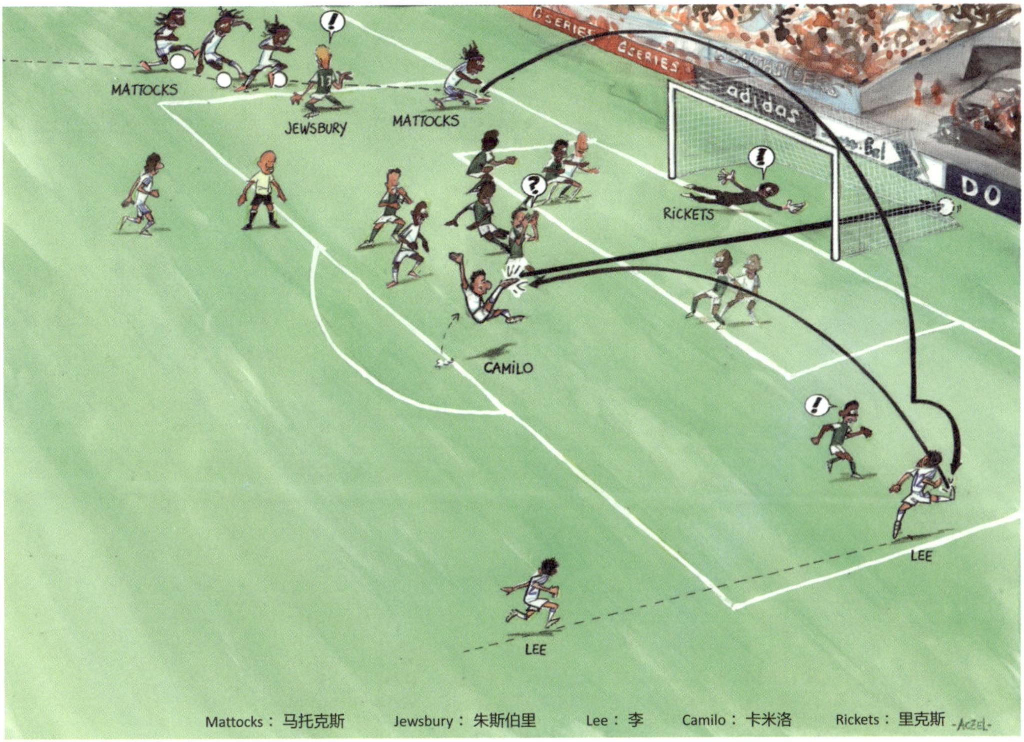
MATTOCKS
JEWSBURY
MATTOCKS
RICKETS
CAMILO
LEE
LEE
Mattocks：马托克斯　Jewsbury：朱斯伯里　Lee：李　Camilo：卡米洛　Rickets：里克斯
ACZEL

155　**卡米洛·桑维佐** | **温哥华白浪**　**第78分钟（2：2）**

2013年10月6日，卑诗体育馆，温哥华（加拿大）
美国职业足球大联盟，第31轮，温哥华白浪2：2波特兰伐木者

美职联年度最佳进球

"在这种比赛中，一切皆有可能，而你无所不能。"

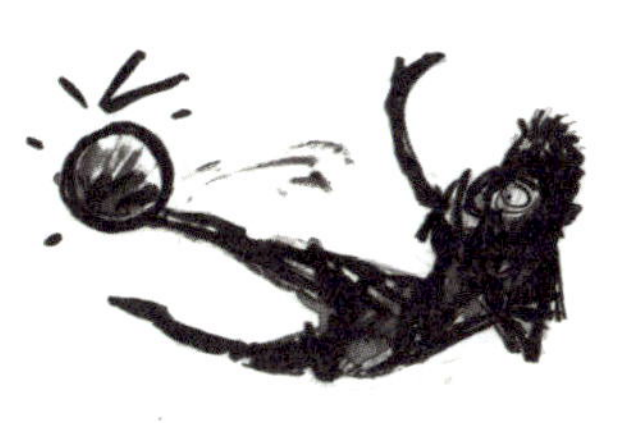

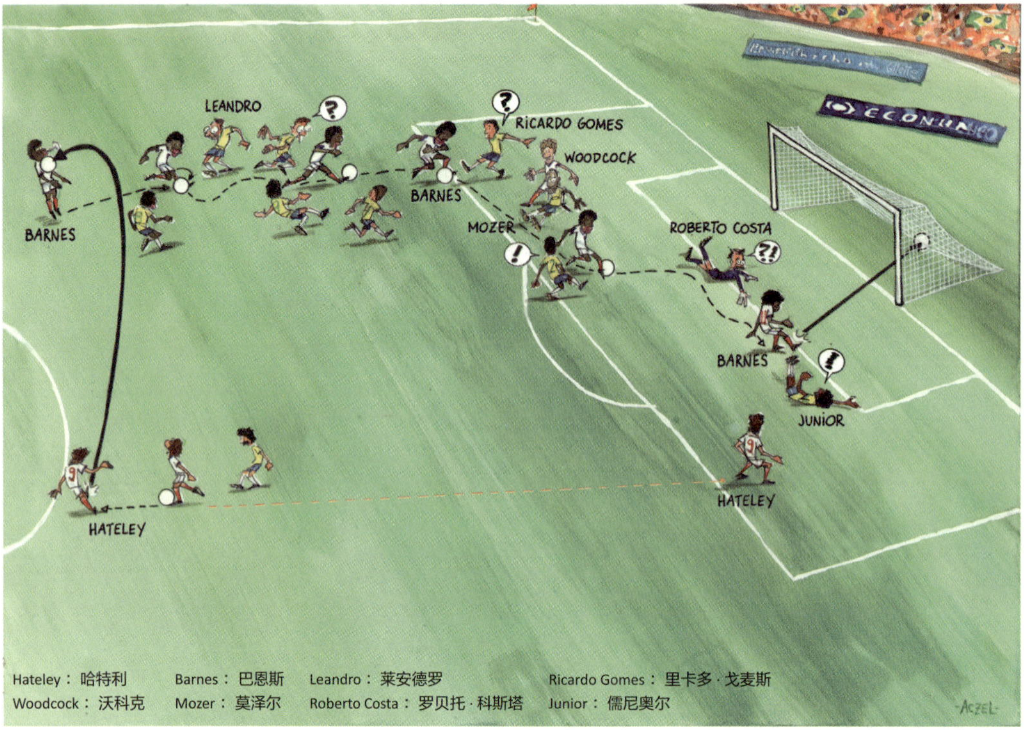
LEANDRO
RICARDO GOMES
WOODCOCK
BARNES
BARNES
MOZER
ROBERTO COSTA
BARNES
JUNIOR
HATELEY
HATELEY
Hateley：哈特利　Barnes：巴恩斯　Leandro：莱安德罗　Ricardo Gomes：里卡多·戈麦斯
Woodcock：沃科克　Mozer：莫泽尔　Roberto Costa：罗贝托·科斯塔　Junior：儒尼奥尔
-ACZEL-

156　约翰·巴恩斯 | 英格兰　第44分钟（0：1）

1984年6月10日，马拉卡纳体育场，里约热内卢（巴西）
国家队友谊赛，巴西0 ：2英格兰

ACZEL

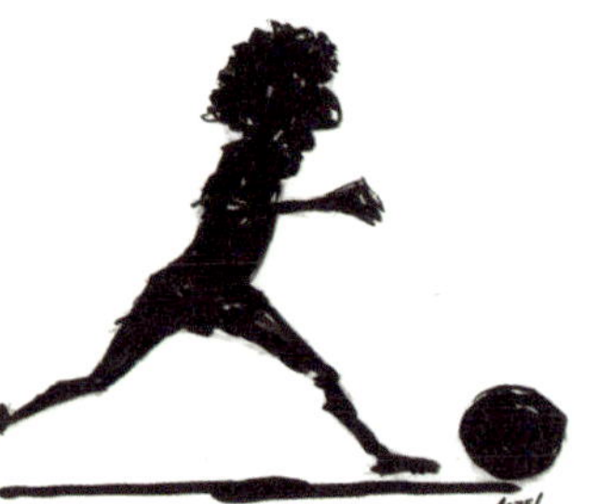

马拉卡纳“友尽”赛

就在马拉卡纳体育场，巴恩斯的进球打穿了巴西的整条防线。这位英格兰人对这种“一条龙”进球情有独钟，巴西球迷却不愿再回想。他们说：“什么？这是多么有英国特色的进球！你确定这是在里约吗？这不可能！”

157 **马塞洛·巴尔博亚** | **科罗拉多急流** **第55分钟（1：2）**

2000年4月22日，哥伦布机员球场，哥伦布，俄亥俄州（美国）
美国职业足球大联盟，第6轮，哥伦布机员2 ：3科罗拉多急流

美国之子

巴尔博亚司职后卫，是美国国家队杰出的队长。1994年世界杯，他凭借一脚差点儿进球的倒钩打门引起了国际足坛的关注。最后，在职业生涯接近尾声时，他终于为他的俱乐部打进一粒精彩的倒钩球。这粒进球被认为是美职联史上最精彩的进球之一。

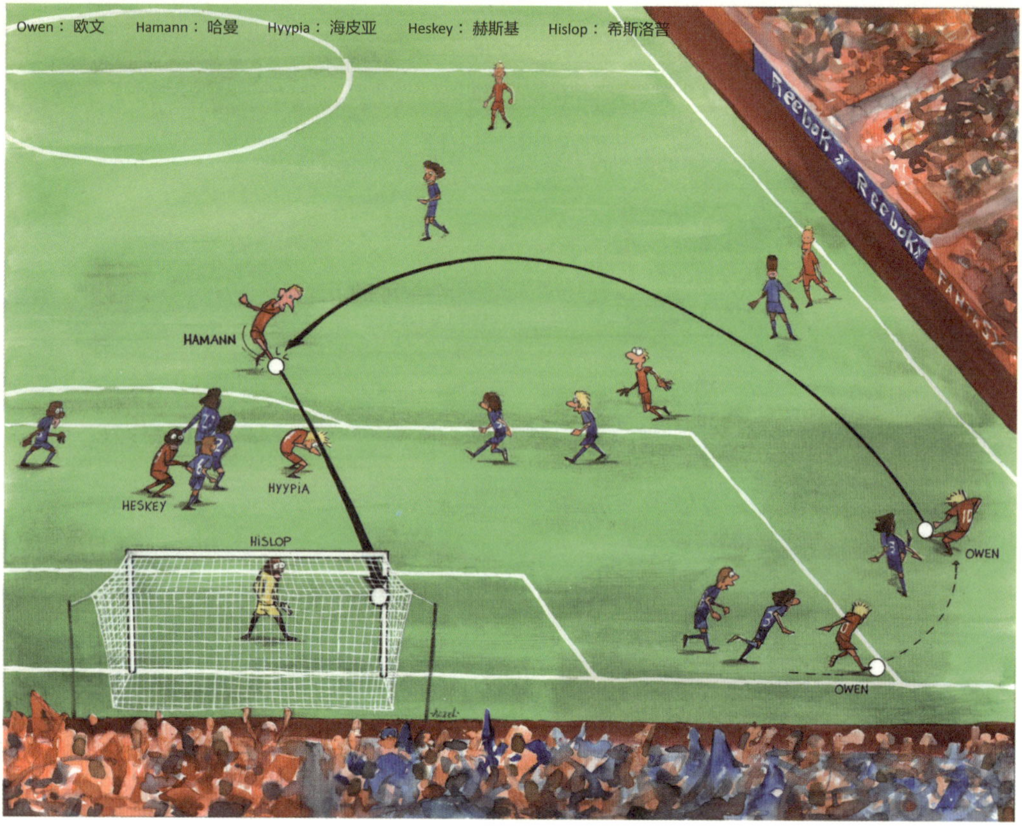
Owen：欧文
Hamann：哈曼
Hyypia：海皮亚
Heskey：赫斯基
Hislop：希斯洛普
HAMANN
HYYPiA
HESKEY
HiSLOP
OWEN
OWEN

158 迪特马尔·哈曼 | 利物浦 第6分钟（1：0）

2004年3月17日，安菲尔德球场，利物浦（英格兰）
英格兰足球超级联赛，第26轮补赛，利物浦3：0朴茨茅斯

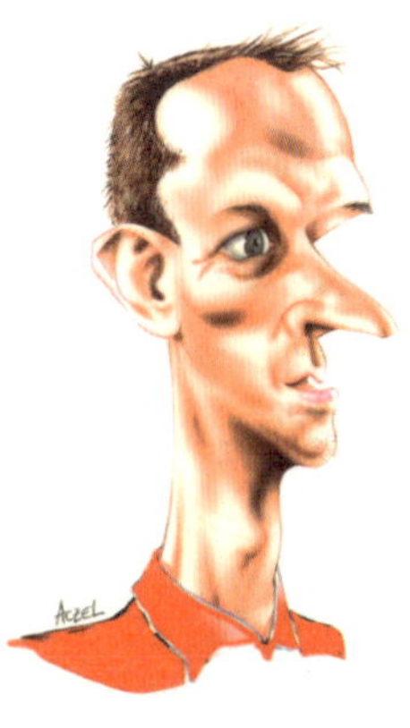

“我只是踢正了而已。”

欧文在角球点附近拿回球权，往回带球时，他看到了前插的哈曼，用一记精准的长传将球送到后者脚下。哈曼承认：“我只是直接用尽全力打门而已。就算再让我踢一千次，也肯定不会再打出那么有力量的射门。”这粒进球不仅是赛季最佳，更帮助利物浦进入欧冠联赛，并最终拿下欧冠冠军。

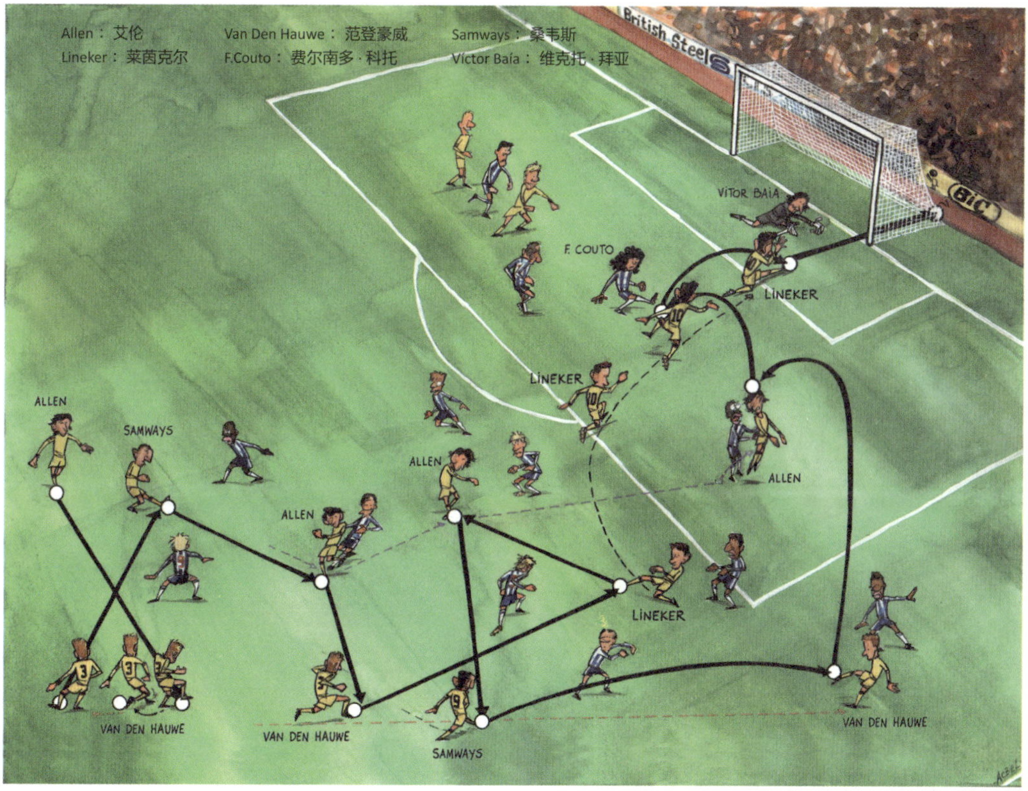
Allen：艾伦
Lineker：莱茵克尔
Van Den Hauwe：范登豪威
F.Couto：费尔南多·科托
Samways：桑韦斯
Victor Baía：维克托·拜亚
British Steel
BIC
VITOR BAIA
F. COUTO
LINEKER
LINEKER
ALLEN
ALLEN
SAMWAYS
ALLEN
ALLEN
LINEKER
VAN DEN HAUWE
VAN DEN HAUWE
SAMWAYS
VAN DEN HAUWE

159 **加里·莱因克尔** | **托特纳姆热刺** **第14分钟（1：0）**

1991年10月23日，白鹿巷球场，托特纳姆，伦敦（英格兰）
欧洲优胜者杯，第2轮，首回合，托特纳姆热刺3：1波尔图

英格兰射手

“我从来没有进过太精彩的球，但这一球算得上叹为观止。它是我印象中依靠团队配合进的最漂亮的一粒球。”这位可爱的英格兰球员兴奋地说道。顺带一提，他在16年的职业生涯中从未吃过一张黄牌或红牌。

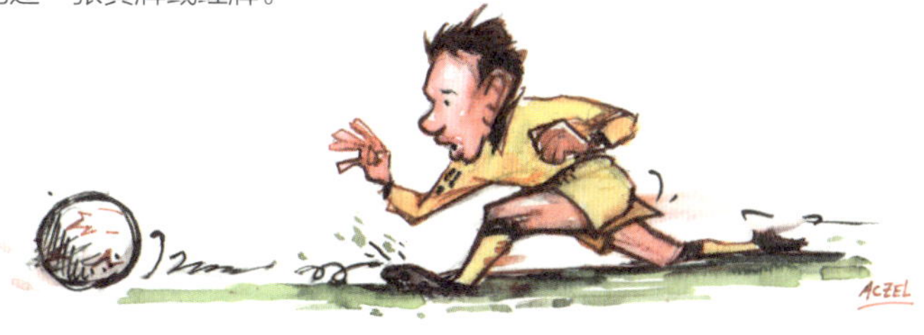

160 **盖兹卡 · 门迭塔** | **巴伦西亚** **第80分钟（2∶3）**

1999年2月17日，诺坎普球场，巴塞罗那（西班牙）
西班牙国王杯，1/4决赛，首回合，巴塞罗那2∶3巴伦西亚

即兴角球

“有趣的是，我们从来没练过这种配合。我站在那儿无人盯防，于是我举起手，伊利耶把球完美地传到我的脚下，而我漂亮地把它射了进去。”这是队长门迭塔带领的巴伦西亚的黄金时期，他们一路击败巴塞罗那和皇家马德里，并在决赛战胜马德里竞技，最终赢得国王杯。

Aronica：阿罗尼卡　Maggio：马乔　Denis：丹尼斯　De Lucia：德·卢西亚　Hamsik：哈姆西克

161

克里斯蒂安·马乔 | **那不勒斯**　　　　**第45+1分钟（0：1）**

2010年1月24日，阿曼多·皮基球场，利沃诺，托斯卡纳（意大利）
意大利足球甲级联赛，第21轮，利沃诺0 ：2那不勒斯

范巴斯滕之道

这粒进球颇有范巴斯滕1988年欧洲杯那粒进球（见第10页）的神韵，只不过打门的角度更好。虽然两场比赛的重要程度不一样，但完美程度如出一辙。

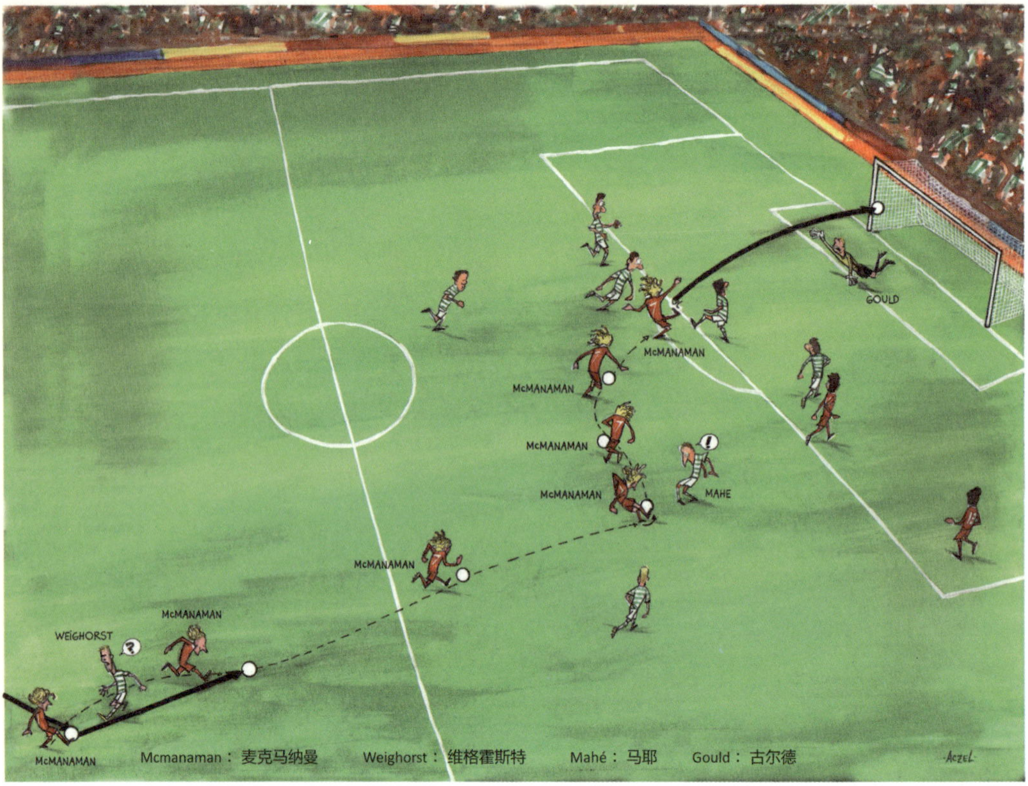
GOULD
McMANAMAN
McMANAMAN
McMANAMAN
MAHE
McMANAMAN
McMANAMAN
WEIGHORST
McMANAMAN
McMANAMAN
Mcmanaman：麦克马纳曼　Weighorst：维格霍斯特　Mahé：马耶　Gould：古尔德
Aczel

162 史蒂夫·麦克马纳曼 | 利物浦 第89分钟（2：2）

1997年9月16日，凯尔特公园球场，格拉斯哥（苏格兰）
欧洲联盟杯，第1轮，首回合，格拉斯哥凯尔特人2 ：2利物浦

Aczel

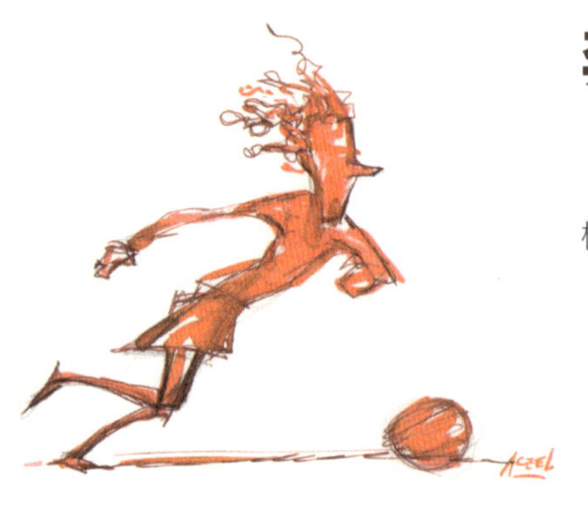

奔袭

“当我拿到球开始跑的时候，我离球门很远，以至于我根本没想到自己居然能射门。”

163 **奥斯卡** | **切尔西** **第33分钟（2：0）**

2012年9月19日，斯坦福桥球场，富勒姆，伦敦（英格兰）
欧洲冠军联赛，小组赛E组，切尔西2：2尤文图斯

面对最强的防守

奥斯卡刚从巴西国际转会到切尔西，就在欧冠对阵拥有有史以来最强防守的尤文图斯，上演了他的处子秀。在博努奇身前拿到球后，奥斯卡表演了一次自转一圈的博格坎普式过人，然后将球射入死角。盯着他，皮尔洛仿佛想说："这小伙子，行。"

之后，他以仅仅25岁的年龄转会到中国，大大提高了足球在中国的受欢迎程度。

Oscar

164 **达林顿·纳比** | **波特兰伐木者** **第45分钟（1：2）**

2011年7月2日，普罗维登斯公园球场，波特兰，奥勒冈州（美国）
美国职业足球大联盟，第16轮，波特兰伐木者1 ：2堪萨斯城竞技

杂耍

纳比突然玩起了颠球，然后把球抽入球门死角，就像跟朋友在公园里踢野球一样轻松。

这粒进球被评为2011年美职联最佳进球。

165 **阿里·汉** | **荷兰国家队** **第75分钟（2：1）**

1978年6月21日，纪念碑体育场，布宜诺斯艾利斯（阿根廷）
世界杯，第二圈A组，荷兰2 ：1意大利

为什么不……

……直接起脚爆射呢？阿里·汉是20世纪70年代荷兰国家队的核心中场球员，随队获得了1974年和1978年的世界杯亚军。他那些超远距离的破门令人难忘。这一次，他用自己最漂亮的进球攻破了世界顶级门将迪诺·佐夫的“十指关”，并为他的球队最终挺进决赛做出了决定性的贡献。

1. 阿根廷。——译者注

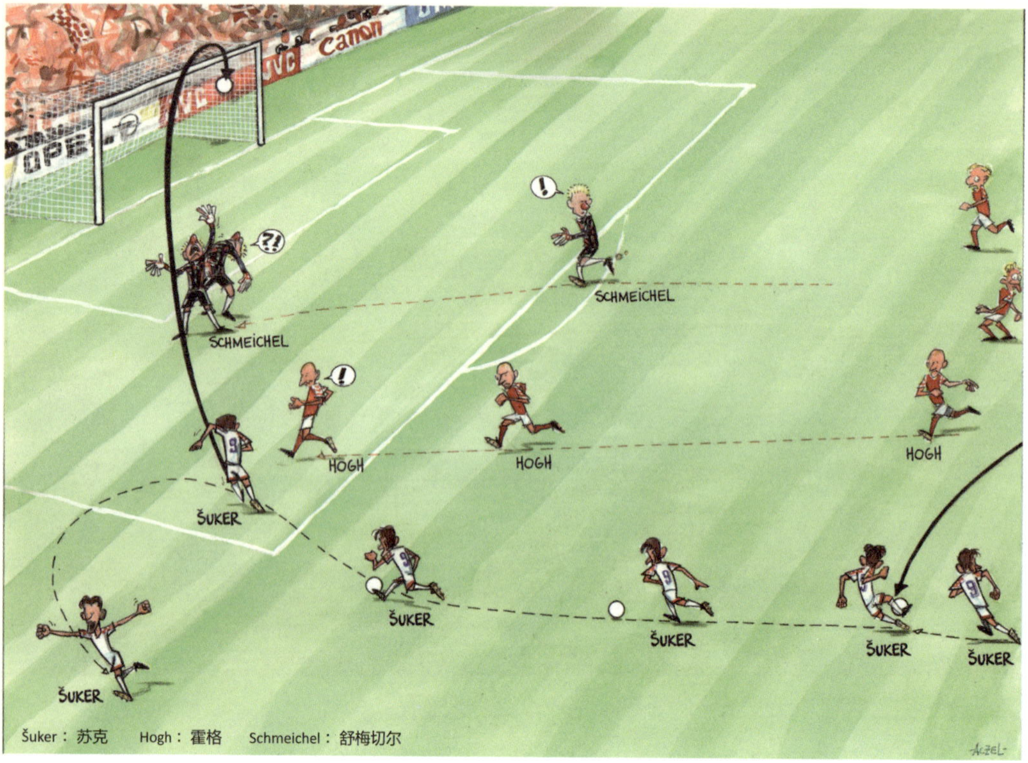

Canon
JVC
OPEL
SCHMEICHEL
SCHMEICHEL
HOGH
HOGH
HOGH
ŠUKER
ŠUKER
ŠUKER
ŠUKER
ŠUKER
ŠUKER
Šuker：苏克　Hogh：霍格　Schmeichel：舒梅切尔
ACZEL

166 **达沃·苏克** | **克罗地亚** **第90分钟（3：0）**

1996年6月16日，希尔斯堡球场，谢菲尔德，约克郡和亨伯（英格兰）
欧洲杯，克罗地亚3：0丹麦

ACZEL

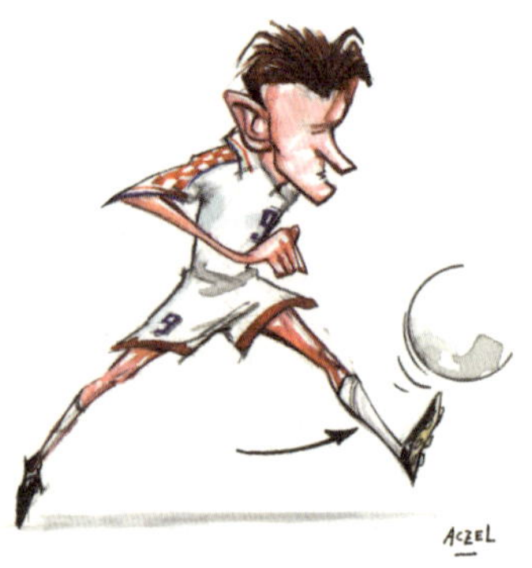

第一印象很不错

克罗地亚队在欧洲杯小组赛阶段的首秀就遭遇了卫冕冠军丹麦队。成为独立国家的头几年里，克罗地亚人想向世界展示他们能踢好足球。

“关键是要在开始时掌控好，剩下的便可以即兴发挥。不过，我已在训练中练过很多次这种射门。显然，这粒进球更有价值，因为它攻破的是当时世界第一门将、欧洲杯卫冕冠军舒梅切尔把守的大门，而且还是在我们的欧洲杯首秀上。这对我们的国家意义重大。”

167 **马科斯·塞纳** | **比利亚雷亚尔** **第15分钟（0：1）**

2008年4月27日，贝尼托·比利亚马林球场，安达卢西亚，塞维利亚（西班牙）
西班牙足球甲级联赛，第34轮，皇家贝蒂斯0 ：1比利亚雷亚尔

惊喜

难以置信，因为它不仅是一粒梦幻进球，更是致胜进球。这粒进球帮助球队向赛季夺冠的目标迈进了坚实的一步。这是比利亚雷亚尔队史上的巅峰，而塞纳则当选赛季最佳球员。

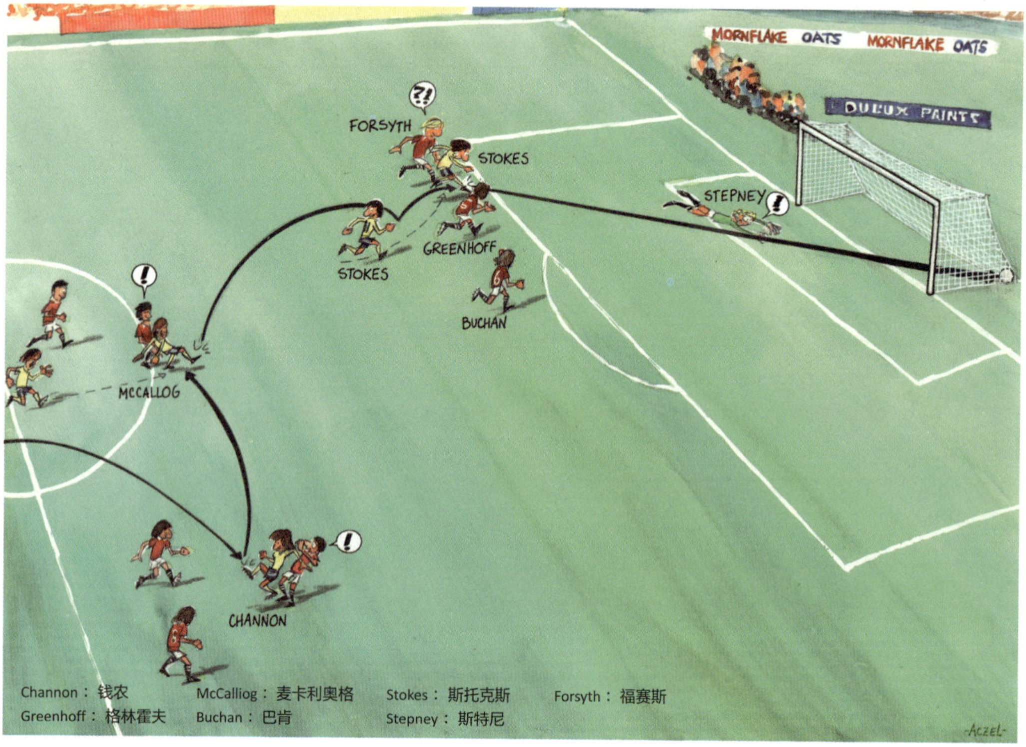

Channon：钱农　McCalliog：麦卡利奥格　Stokes：斯托克斯　Forsyth：福赛斯
Greenhoff：格林霍夫　Buchan：巴肯　Stepney：斯特尼

168 **博比·斯托克斯** | **南安普顿** **第83分钟（0：1）**

1976年5月1日，温布利球场，伦敦（英格兰）
英格兰足总杯，决赛，曼联0：1南安普顿

南安普顿队史上最著名的进球

这是足总杯决赛史上的一大爆冷，黑马一黑到底，出乎所有人的意料。斯托克斯凭这粒进球赢得了一辆汽车，而他恰好在几周前开始学车。

169　**尼尔马**　|　**巴西国际**　　**第9分钟（0：1）**

2009年5月10日，帕卡恩布体育场，圣保罗（巴西）
巴西足球甲级联赛，第1轮，科林蒂安0：1巴西国际

多看几次回放

一位巴西电视评论员如此描述这粒决胜进球：“这不只是一粒进球，这是一幅名画。”

关于这粒进球，没什么可多说的，请鼓掌喝彩，再看一次回放吧。

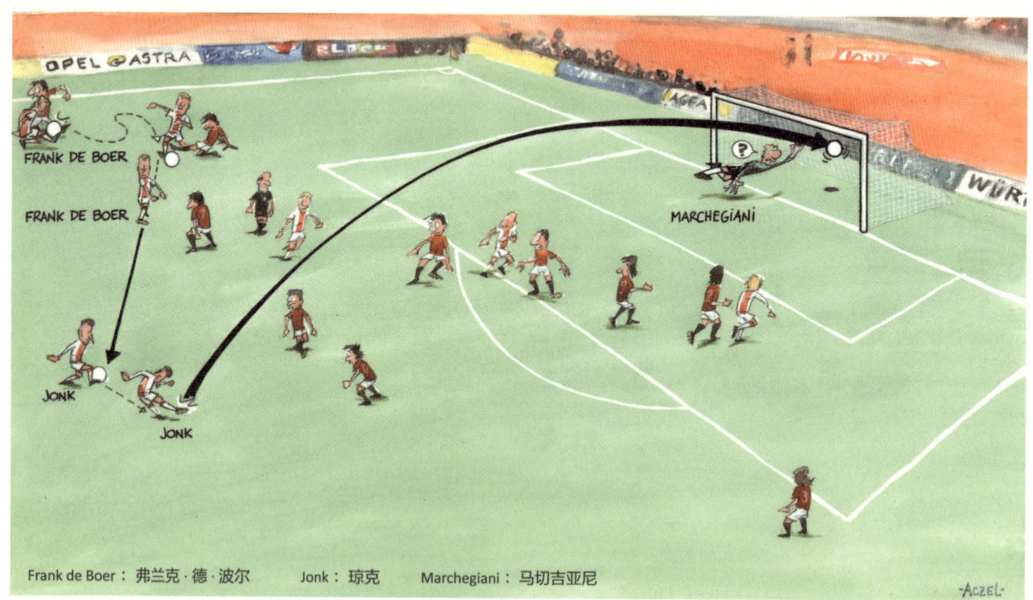

Frank de Boer：弗兰克·德·波尔　Jonk：琼克　Marchegiani：马切吉亚尼

170 维姆·琼克 | 阿贾克斯　第17分钟（0：1）

1992年4月29日，德尔·阿尔卑球场，都灵（意大利）
欧洲联盟杯，决赛，首回合，都灵2：2阿贾克斯

远射

1992年，欧洲联盟杯决赛还是两回合赛制。阿贾克斯队最终夺冠，不仅要归功于客场进球规则，还得感谢维姆·琼克这粒超远距离进球。这位阿贾克斯防守悍将的进球出乎所有人的意料，成为决定比赛的关键。凭借这场胜利，阿贾克斯成为第二支获得欧足联三大杯赛大满贯的球队。

171　**卡雷尔·波博斯基**　|　**捷克**　**第54分钟（1：0）**

1996年6月23日，维拉公园球场，伯明翰，西米德兰兹郡（英格兰）
欧洲杯，1/4决赛，捷克1：0葡萄牙

那个头发乱糟糟的家伙

这届锦标赛充满了精彩的进球，它们将长久地留在球迷的记忆里，而其中最漂亮的一球莫过于波博斯基的破门。捷克队肯定也这样觉得，因为这一球帮助捷克队战胜了葡萄牙队，晋级决赛。可惜的是，整届欧洲杯最重要的进球还是比埃尔霍夫打入的史上首粒“金球”，正是这粒制胜“金球”将德国队送上了冠军宝座。

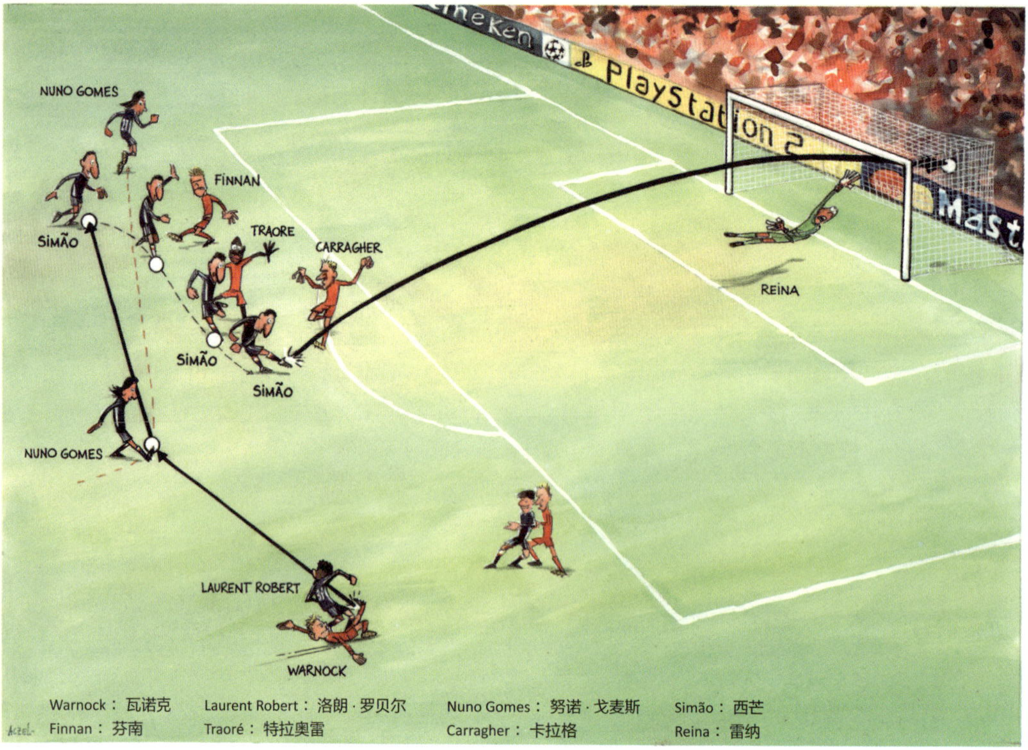
NUNO GOMES
FINNAN
SIMÃO
TRAORE
CARRAGHER
REINA
SIMÃO
SIMÃO
NUNO GOMES
LAURENT ROBERT
WARNOCK
PlayStation 2
Warnock：瓦诺克
Finnan：芬南
Laurent Robert：洛朗·罗贝尔
Traoré：特拉奥雷
Nuno Gomes：努诺·戈麦斯
Carragher：卡拉格
Simão：西芒
Reina：雷纳

172

西芒 | **本菲卡** **第36分钟（0：1）**

2006年3月8日，安菲尔德球场，利物浦（英格兰）
欧洲冠军联赛，1/8决赛，次回合，利物浦0：2本菲卡

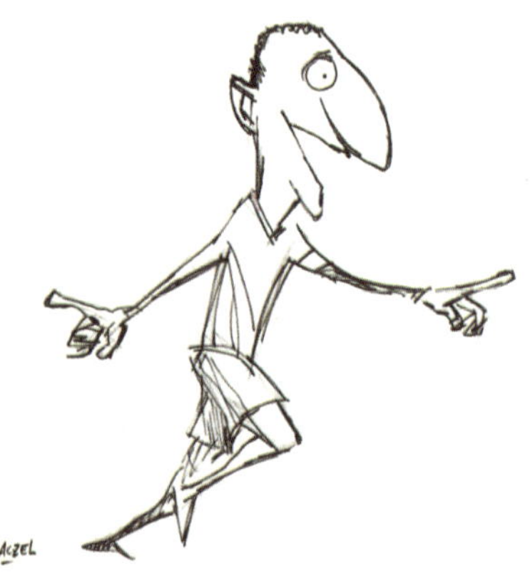

不可能的任务

“之前没人认为我们能在安菲尔德取胜，但努诺·戈麦斯在我身后制造了空间，让我得以起脚打门。虽然那个门将（他认识我）告诉我，他知道我要往哪儿射，但这粒球是他接不住的。本菲卡的球迷们爱死我了。我一直清楚地记得这粒进球，就好像比赛是昨天举行的一样。”

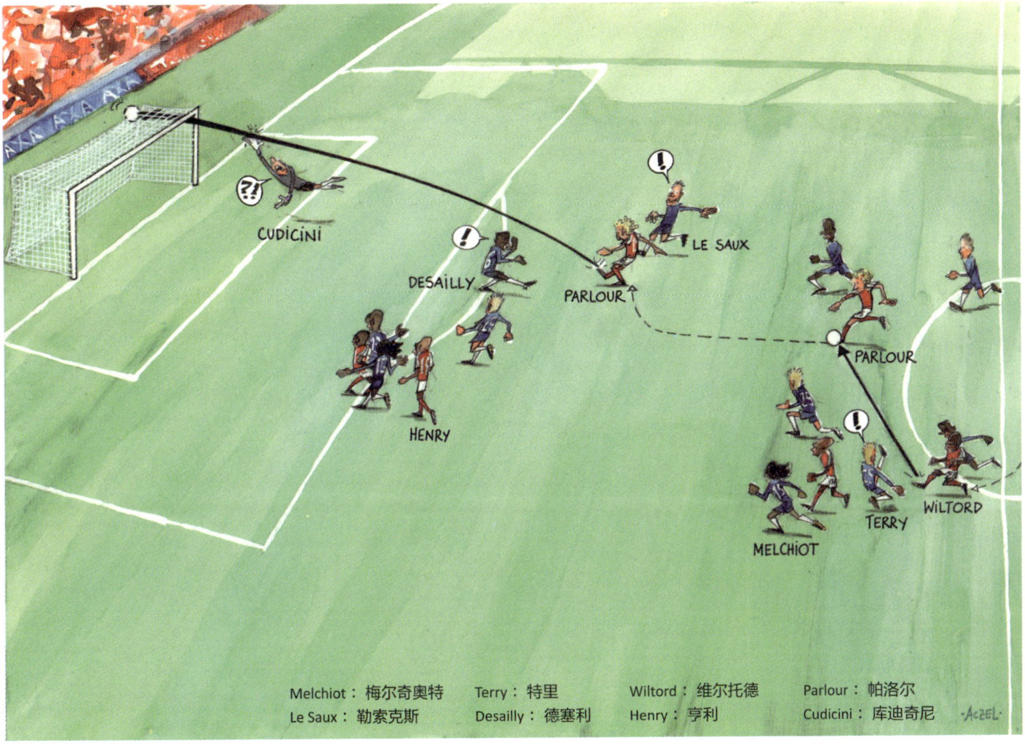
CUDICINI
LE SAUX
DESAILLY
PARLOUR
PARLOUR
HENRY
MELCHIOT
TERRY
WILTORD
Melchiot：梅尔奇奥特
Le Saux：勒索克斯
Terry：特里
Desailly：德塞利
Wiltord：维尔托德
Henry：亨利
Parlour：帕洛尔
Cudicini：库迪奇尼
ACZEL

173 雷 · 帕洛尔 | 阿森纳 第70分钟（1：0）

2002年5月4日，千禧球场，加的夫（威尔士）
英格兰足总杯，决赛，阿森纳2 ：0切尔西

“不过是雷 · 帕洛尔而已。”

这句话是切尔西的一位解说员在帕洛尔拿到球的时候说的，因为帕洛尔通常不会进球。不过，帕洛尔很快就用这粒进球反击了这位解说员。这是本场比赛的第一粒进球。最后，阿森纳赢得了这届足总杯的冠军。

砰！
ACZEL

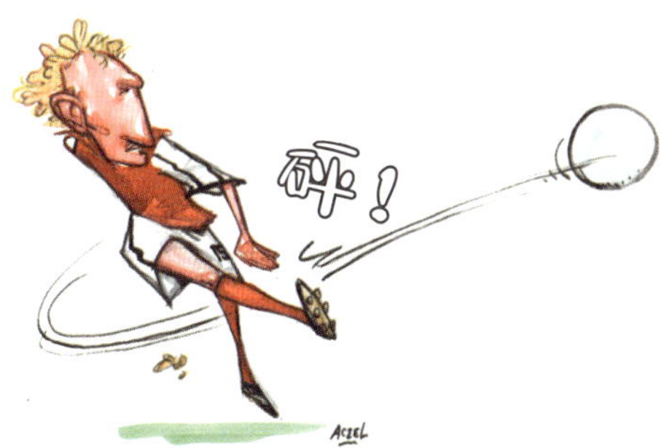

这一天百分之百属于阿森纳和帕洛尔。

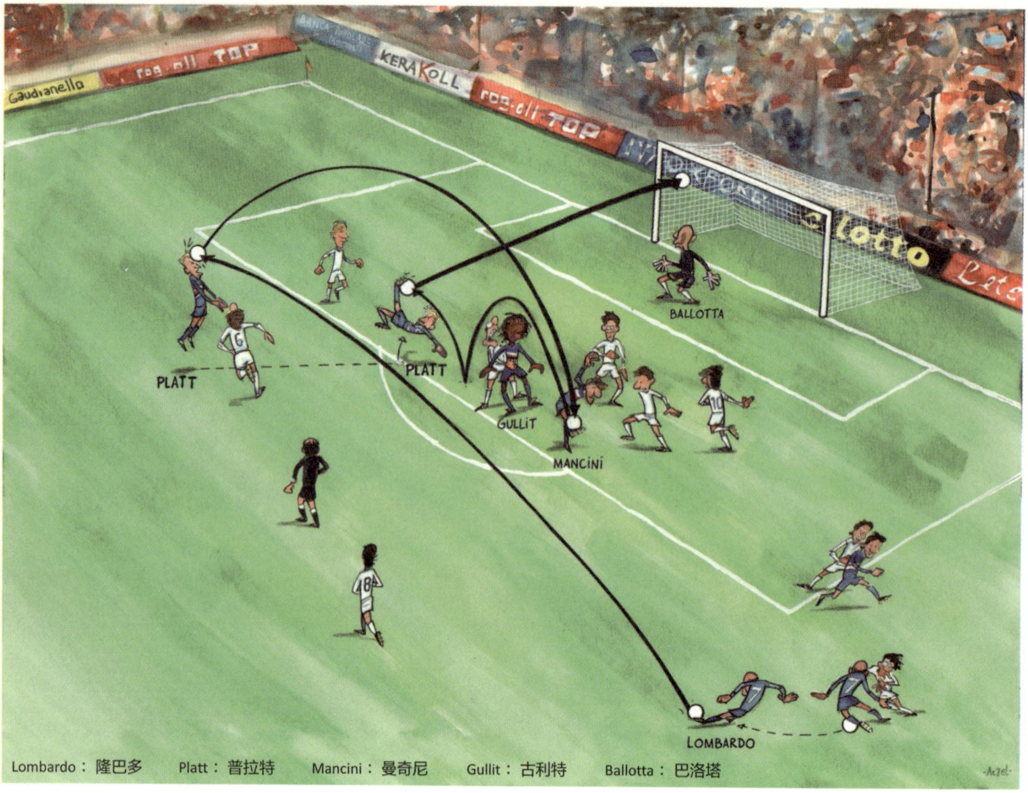
PLATT
PLATT
GULLIT
MANCINI
BALLOTTA
LOMBARDO
Lombardo：隆巴多　Platt：普拉特　Mancini：曼奇尼　Gullit：古利特　Ballotta：巴洛塔

174　大卫·普拉特 | 桑普多利亚　第56分钟（2：1）

1994年2月8日，路易吉·费拉里斯球场，利古里亚，热那亚（意大利）
意大利杯，半决赛，桑普多利亚2：1帕尔马

PLATT

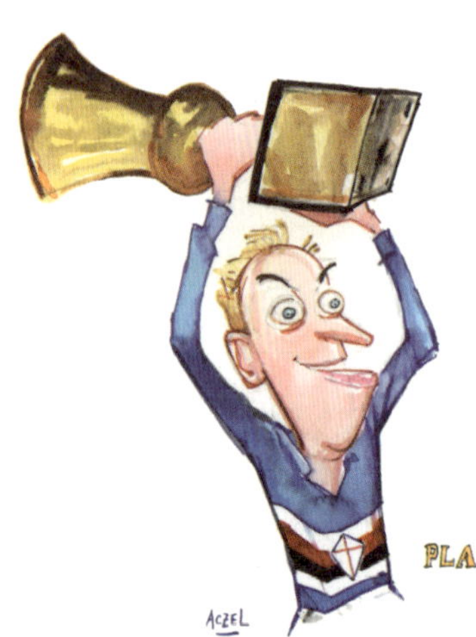

在桑普多利亚的快活日子

“在半决赛打进这粒球就像夺冠了一样，因为在决赛中我们对阵的是来自乙级联赛的安科纳。当然，没有对安科纳不敬的意思。”

最终，桑普多利亚队确实举起了冠军奖杯，那是它迄今为止最后一座冠军奖杯。

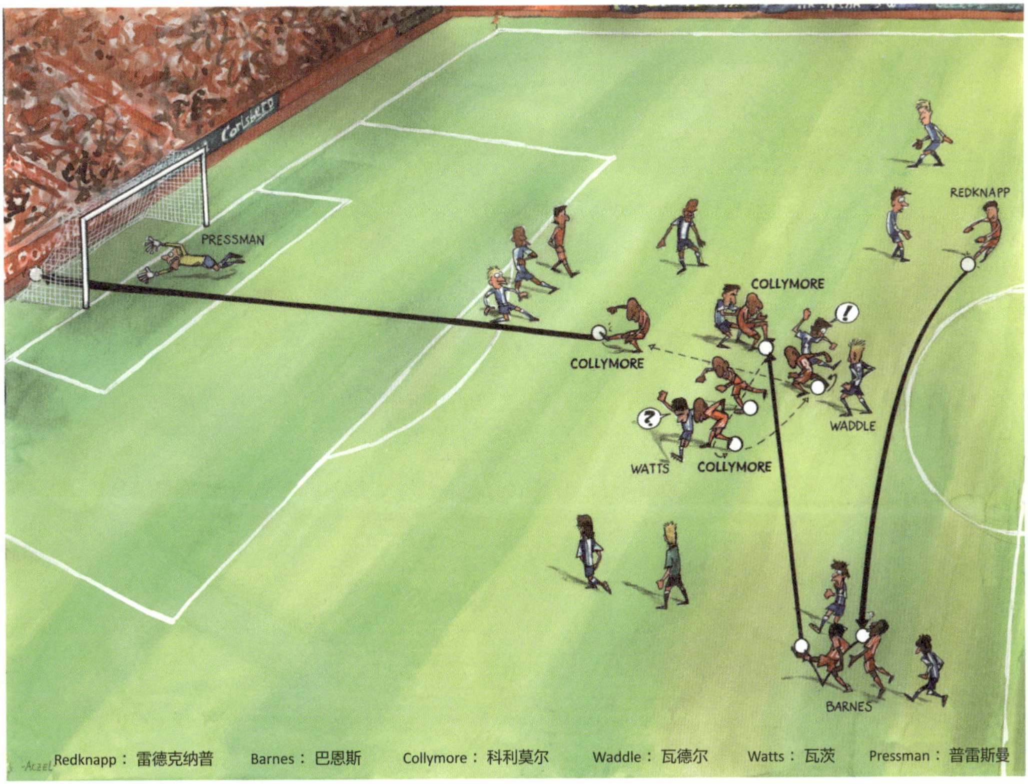
PRESSMAN
COLLYMORE
REDKNAPP
COLLYMORE
WADDLE
WATTS
COLLYMORE
BARNES
Redknapp：雷德克纳普
Barnes：巴恩斯
Collymore：科利莫尔
Waddle：瓦德尔
Watts：瓦茨
Pressman：普雷斯曼

175 **斯坦·科利莫尔** | **利物浦** **第61分钟（1：0）**

1995年8月19日，安菲尔德球场，利物浦（英格兰）
英格兰足球超级联赛，第1轮，利物浦1：0谢菲尔德星期三

安菲尔德首秀

在利物浦，人们无比期待进攻大师科利莫尔的首秀。当时英国足球联赛转会费的最高纪录就是被他打破的。“我当时很焦虑，比赛前一天晚上睡不着觉。不过，在首秀中打入这样一粒球，确实像梦一样美妙。”

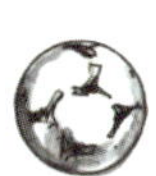

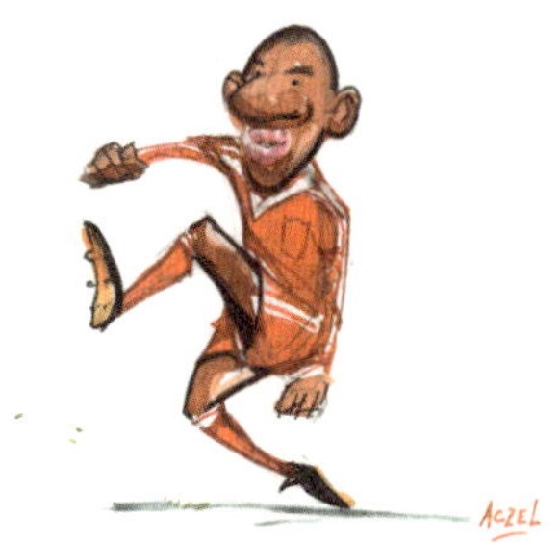

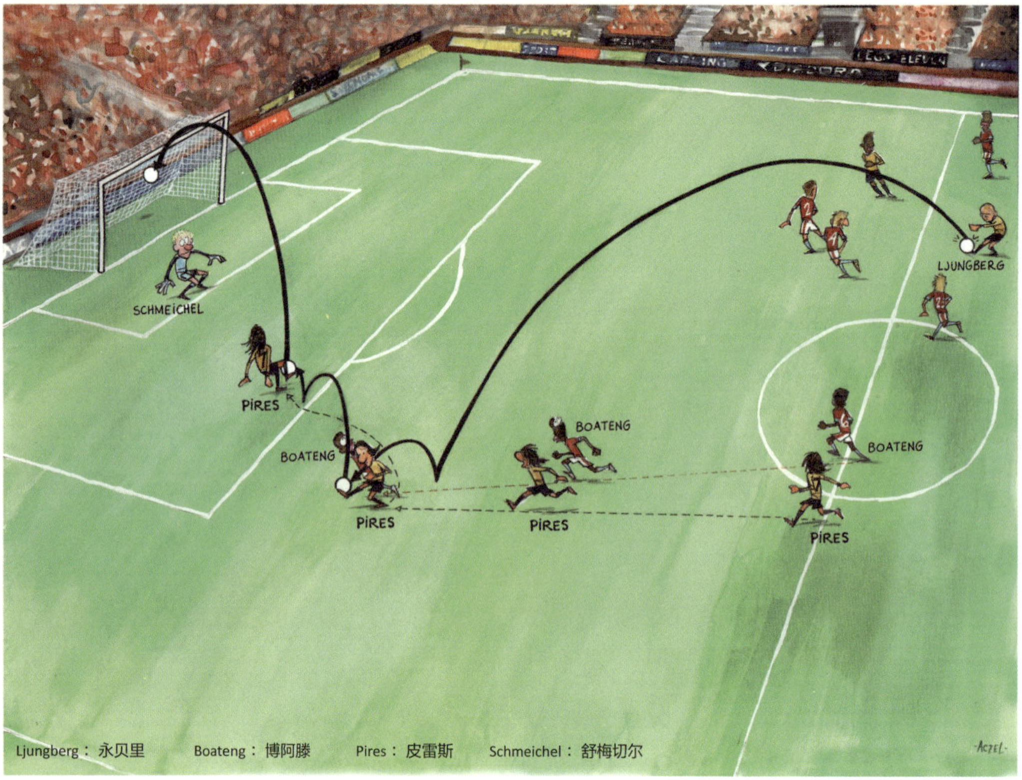

Ljungberg：永贝里　Boateng：博阿滕　Pires：皮雷斯　Schmeichel：舒梅切尔

176　罗贝尔·埃马纽埃尔·皮雷斯 | 阿森纳　第60分钟（1：2）

2002年3月17日，维拉公园球场，阿斯顿，伯明翰（英格兰）
英格兰足球超级联赛，第30轮，阿斯顿维拉1：2阿森纳

“我无所不能！”

“2001-2002赛季是我职业生涯中最棒的赛季。我的教练（阿尔塞纳·温格）说，我就是发动机里的汽油。这一年我踢出了我的最高水平，我感觉自己无所不能。在职业生涯中，我打进过不少漂亮的球，但这一粒在技术上是最好的。”

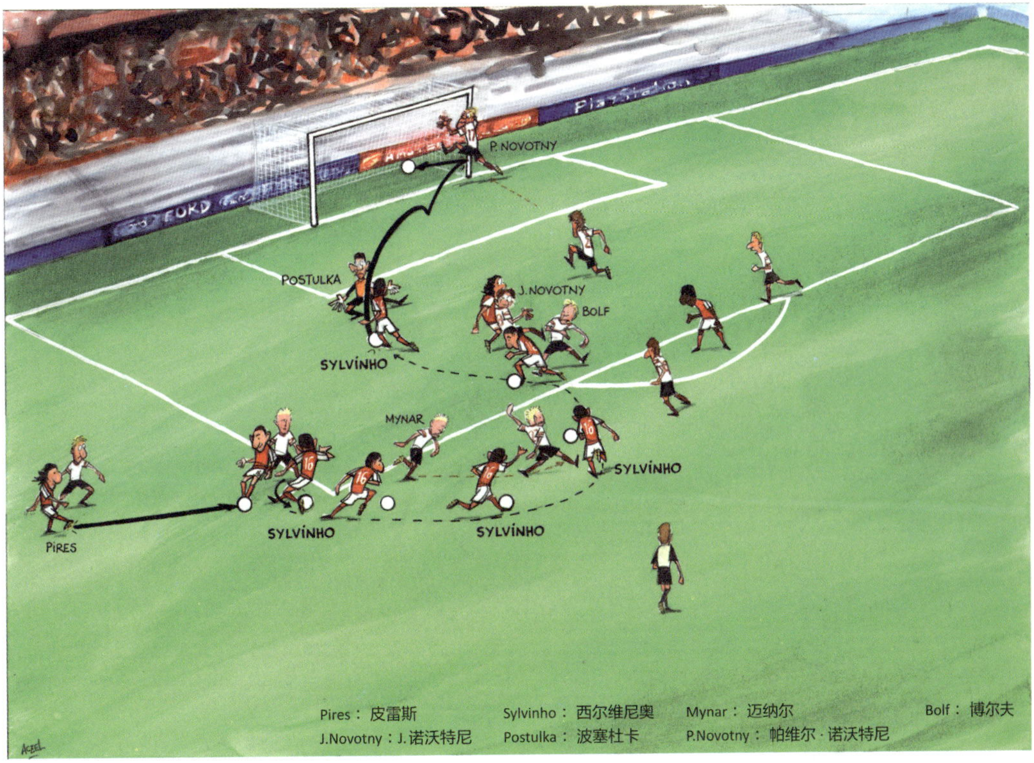
P. NOVOTNY
POSTULKA
J.NOVOTNY
BOLF
SYLVINHO
MYNAR
SYLVINHO
PIRES
SYLVINHO
SYLVINHO
Pires： 皮雷斯
J.Novotny：J.诺沃特尼
Sylvinho： 西尔维尼奥
Postulka： 波塞杜卡
Mynar： 迈纳尔
P.Novotny： 帕维尔·诺沃特尼
Bolf： 博尔夫

177 西尔维尼奥[1] | 阿森纳

第33分钟（0：1）

2000年9月12日，勒特纳球场，布拉格（捷克）
欧洲冠军联赛，小组赛B组，布拉格斯巴达0 ：1阿森纳

“我别无选择。”

“我找不到没被盯防的队友，所以只能自己想办法搞定这个问题。”这位阿森纳队史上第一个巴西球员有着超强的进攻能力，作为攻击手无疑能力超群。

Sylvinho

1．此处为别名，全名为西尔维尼奥·门德斯·坎波斯·儒尼奥尔。——译者注

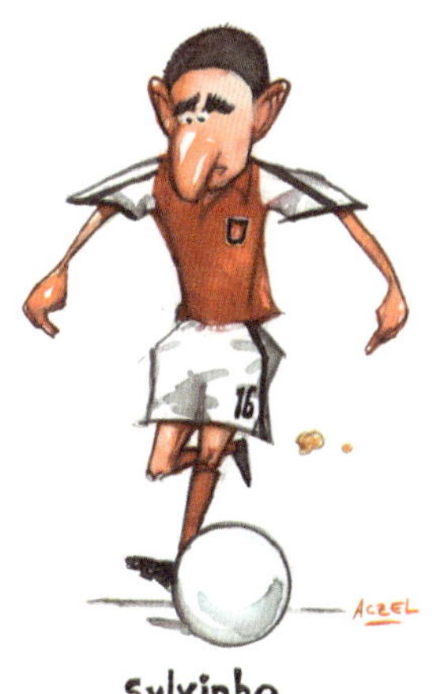

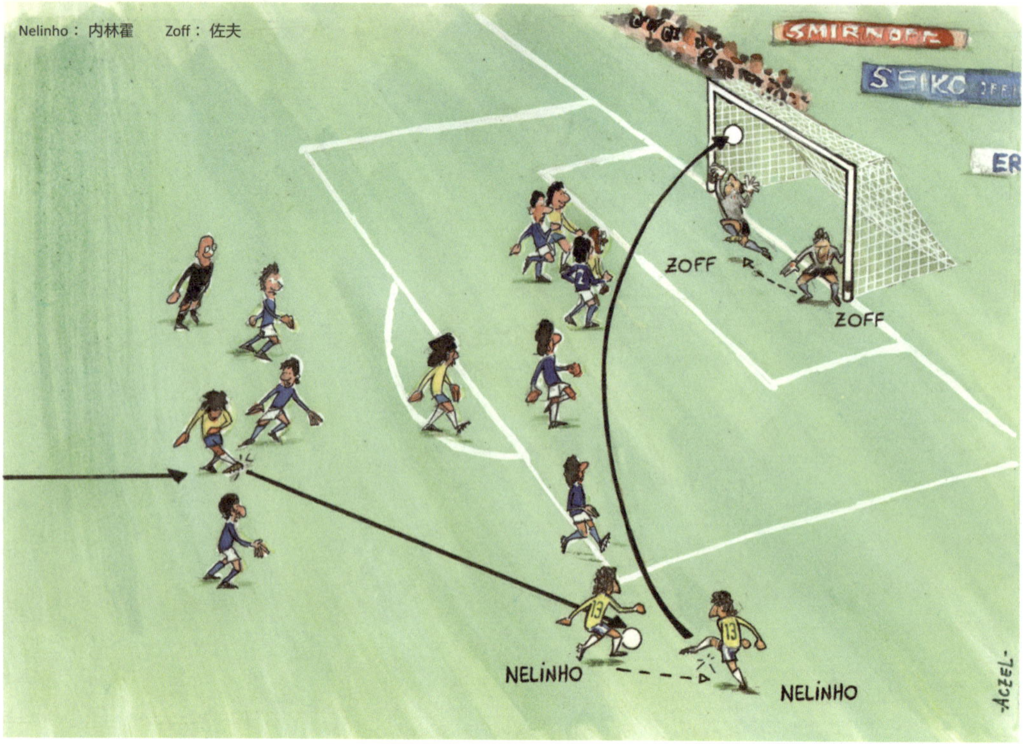
Nelinho： 内林霍
Zoff： 佐夫
SMIRNOFF
SEIKO
ZOFF
ZOFF
NELINHO
NELINHO
ACZEL

178 **内林霍** | **巴西国家队** **第64分钟（1：1）**

1978年6月24日，纪念碑体育场，布宜诺斯艾利斯（阿根廷）
世界杯，三四名决赛，巴西2 ：1意大利

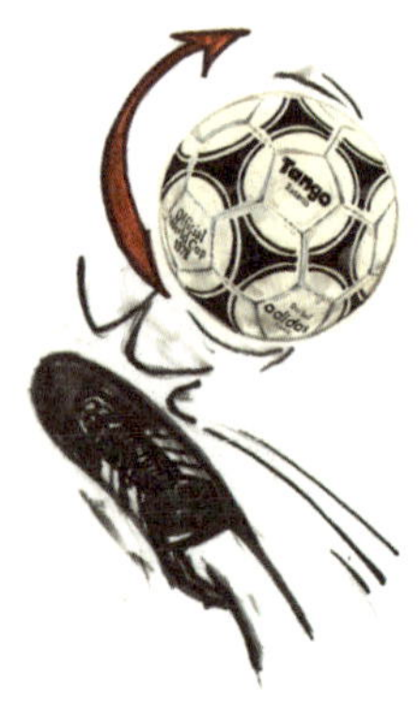

是的，这脚射门很“巴西”！

这一点毋庸置疑：论外脚背功夫，巴西人排第一。

这样的射门多漂亮啊！就是凭借这记外脚背射门，内林霍进了一粒绝妙的球。这是1978年世界杯赛场上最值得铭记的进球之一。

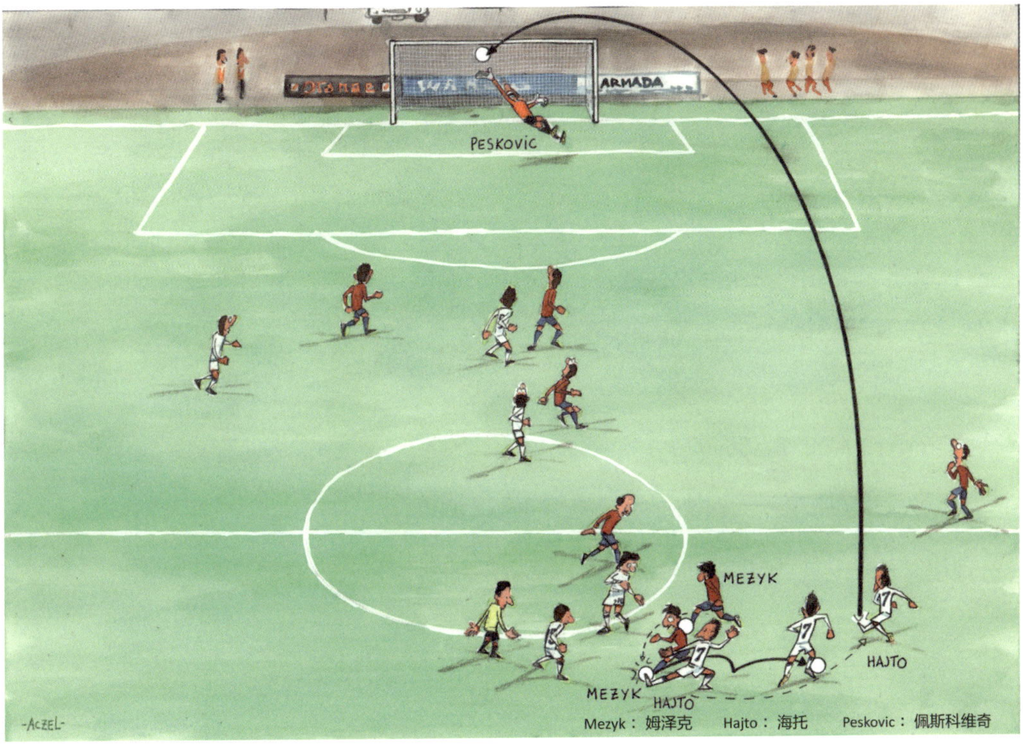
ARMADA
PESKOVIC
MEZYK
HAJTO
MEZYK
HAJTO
-ACZEL-
Mezyk：姆泽克　Hajto：海托　Peskovic：佩斯科维奇

179

托马斯·海托 | **戈尔尼克扎布热**　　**第81分钟（0：1）**

2008年3月22日，爱德华·西姆科维克体育场，比托姆（波兰）
波兰足球甲级联赛，第22轮，比托姆波兰人0 ：1戈尔尼克扎布热

“为了我的记忆。”

ACZEL
HAJTO

“在这场波兰‘国家德比’中，我打入了自己职业生涯中的巅峰之球，却恰恰是在空场的情况下（球迷被禁止入场）。吊诡的是，2001年我在沙尔克04踢球的时候，这个球场被挤得满满的。当时，在巨大的屏幕下，我们一起眼睁睁地看着拜仁慕尼黑在最后关头从我们手中抢走了冠军。那真是太可怕了。但无所谓了，至少我会把这粒进球永远铭刻在我的足球记忆里。”

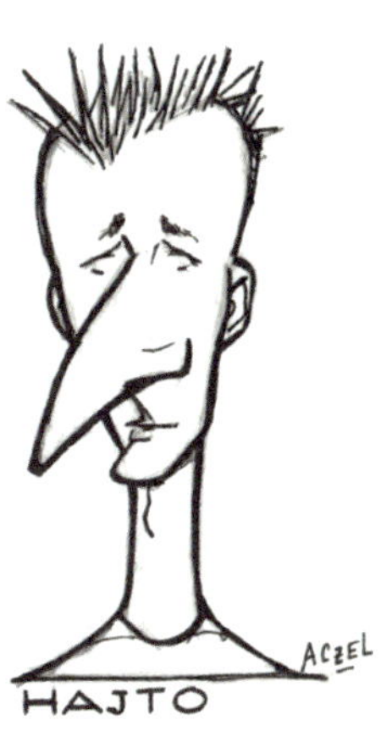

180　**阿尔瓦罗·雷科巴** | **国际米兰**　　**第85分钟（2：1）**

1997年8月31日，朱塞佩·梅阿查球场，圣西罗，米兰（意大利）
意大利足球甲级联赛，第1轮，国际米兰2：1布雷西亚

深藏不露

雷科巴在他的处子秀上奉献了两粒进球，帮助国米在意甲这个赛季的首轮比赛中取胜。这场比赛也是罗纳尔多（巴西）在国米的首秀。

“那一刻之前，我一直是那个和罗纳尔多一起转会来的陌生人，但这场比赛结束时观众在齐声高喊我的名字。那是一种我永远不会忘怀的情感。”

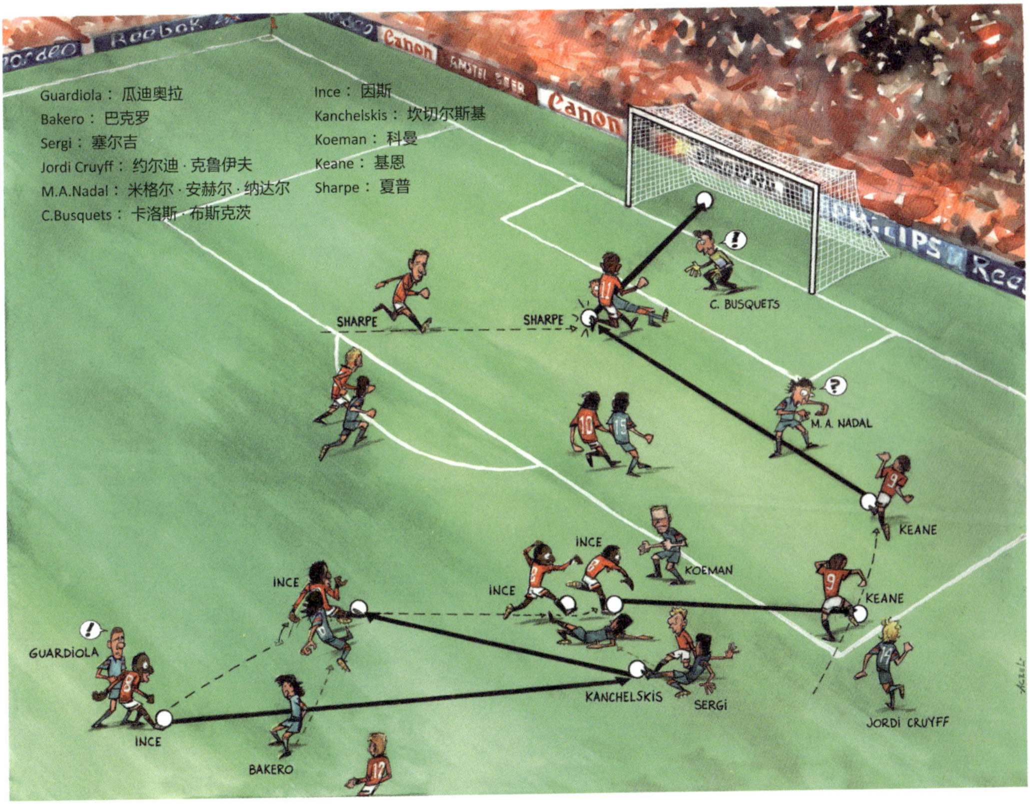
Guardiola：瓜迪奥拉
Bakero：巴克罗
Sergi：塞尔吉
Jordi Cruyff：约尔迪·克鲁伊夫
M.A.Nadal：米格尔·安赫尔·纳达尔
C.Busquets：卡洛斯·布斯克茨
Ince：因斯
Kanchelskis：坎切尔斯基
Koeman：科曼
Keane：基恩
Sharpe：夏普
SHARPE
SHARPE
C. BUSQUETS
M. A. NADAL
KEANE
KOEMAN
INCE
INCE
KEANE
INCE
GUARDIOLA
KANCHELSKIS
SERGI
JORDI CRUYFF
INCE
BAKERO

181

李·夏普 | **曼联** **第80分钟（2：2）**

1994年10月19日，老特拉福德球场，曼彻斯特（英格兰）
欧洲冠军联赛，小组赛A组，曼联2：2巴塞罗那

这才是足球

肯定有很多进球是以这种方式结束的，但这粒无疑是其中最特别的：进球之前的配合无比精妙，而且它击败的是强大的巴萨和巴萨的传奇教头约翰·克鲁伊夫。

ACZEL
SHARPE

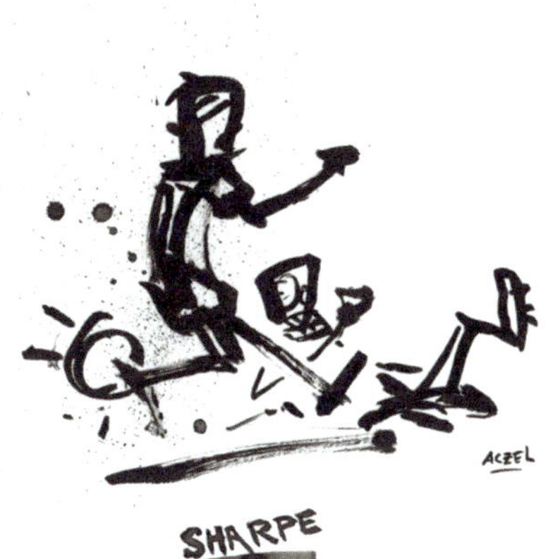

182 本 · 格里芬 | 昆士兰狮吼　　第40分钟（1 ：1）

2006年12月16日，中央海岸球场，戈斯福德（澳大利亚）
澳大利亚足球超级联赛，第17轮，中央海岸水手2 ：3昆士兰狮吼

本能

“作为防守球员，我很少跑中线。但这一天我遵从本能，像个疯子一样冲向禁区，接到一记高空传中球。时机很完美，我几乎感觉不到球在脚上停留过，我的双腿简直像装了涡轮。要是踢呲了，我可能就掉海里了（球场就在海边）。”

这是本 · 格里芬职业生涯中的第一粒也是唯一一粒进球。

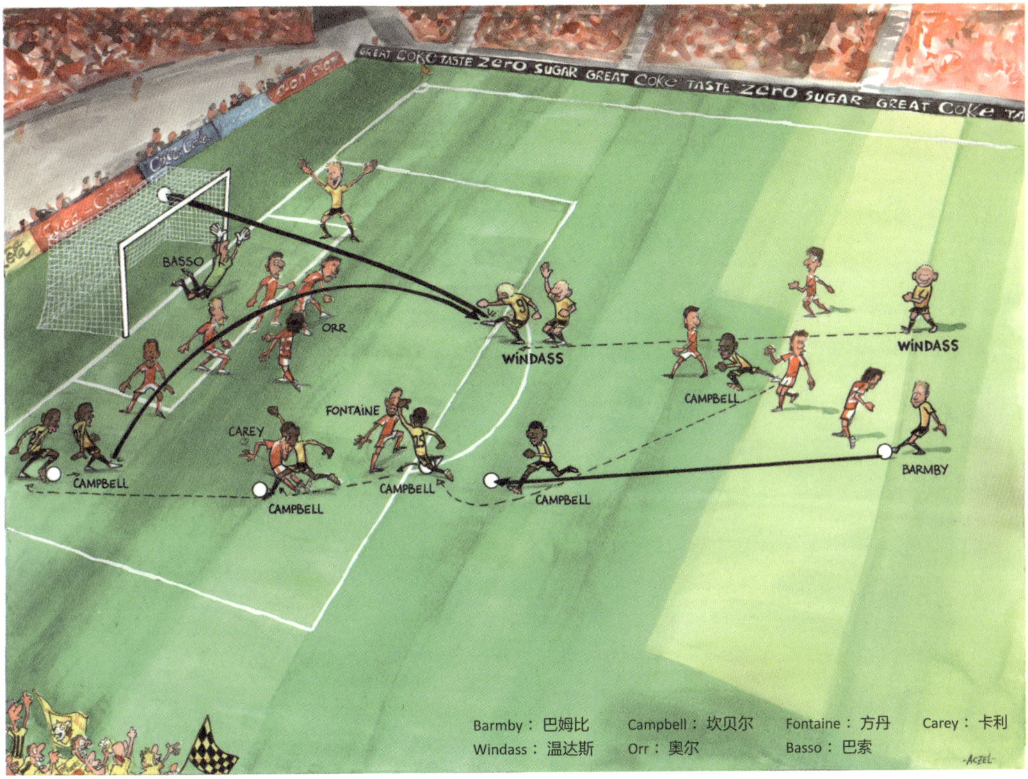
GREAT COKE TASTE ZERO SUGAR GREAT COKE TASTE ZERO SUGAR GREAT COKE
BASSO
ORR
WINDASS
WINDASS
CAMPBELL
FONTAINE
CAREY
CAMPBELL
CAMPBELL
CAMPBELL
CAMPBELL
BARMBY
Barmby：巴姆比
Windass：温达斯
Campbell：坎贝尔
Orr：奥尔
Fontaine：方丹
Basso：巴索
Carey：卡利
ACZEL

183 迪恩·温达斯 | 赫尔城 第38分钟（0：1）

2008年5月24日，温布利球场，温布利，伦敦（英格兰）
英格兰足球冠军联赛，决赛附加赛，布里斯托尔城0 ：1赫尔城

就如电影剧本一样

当赫尔城队还混迹于较低水平的联赛时，温达斯就开始为之效力了。靠着这粒梦幻进球，这位俱乐部传奇将“老虎”（赫尔城队）第一次带进了英超联赛。

“以39岁的年龄，在座无虚席的球场里，为我自己所在街区的球队进球，实现自己一直梦想的目标——这一切就像是电影里的剧情。我不觉得还有什么附加赛能像这场比赛一样值得永远铭记。”

ACZEL

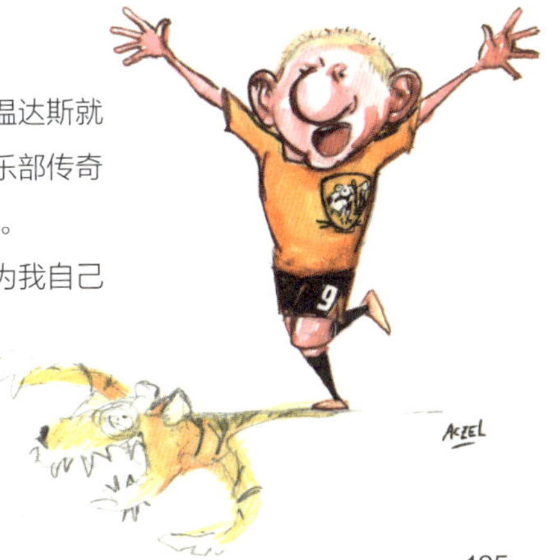

TOP TORWART-TORE
最佳守门员进球

Hansen：汉森

1

马丁·汉森 | **海牙** **第90+5分钟（2：2）**

2015年8月8日，海牙体育场，海牙（荷兰）
荷兰足球甲级联赛，第1轮，海牙2 ：2埃因霍温

飞翔的脚后跟

汉森这记“飞翔的脚后跟”就是传奇。

Masuluke：马苏鲁克

2　**奥斯卡里尼·马苏鲁克** | **巴洛卡**　**第90+5分钟（1：1）**

2016年11月30日，彼得·莫卡巴球场，波罗瓜尼（南非）
南非足球超级联赛，第11轮，巴洛卡1：1奥兰多海盗

派对时间

这是第一粒获普斯卡什奖提名的门将进球，它在最终评选中获得第二名，仅次于吉鲁的“蝎子摆尾”（见第11页）。马苏鲁克进球后疯狂的庆祝方式也值得颁个奖。

3 **何塞·路易斯·奇拉维特** | **萨斯菲尔德** **第66分钟（2：1）**

1996年3月22日，何塞·阿马尔菲塔尼球场，布宜诺斯艾利斯（阿根廷）
阿根廷足球甲级联赛，第3轮，萨斯菲尔德3：2河床

裁判，让开！

奇拉维特在职业生涯中共打进62粒球，这一粒是从60米开外打进的任意球。

“我看到对方门将走神了，他显然在看天上的鸟，于是我开始助跑。因为裁判挡在路线上，我便大喊：‘让开！’幸运的是，他反应很快，立即蹲了下去，否则这球很可能把他击倒。当布尔戈斯试图扑救的时候，已经太晚了。

“我父亲当时刚接受了一次心脏手术，正在恢复期，所以我把这粒进球献给他。我把我的球衣送给了裁判，因为这是他执法的最后一场比赛。鉴于他敏锐的反射神经，这件球衣是他应得的。”

裁判
马斯特兰杰洛

Rogério Ceni：罗热里奥·塞尼

罗热里奥·塞尼 | **圣保罗** **第53分钟（2：0）**

2011年3月27日，巴鲁埃里球场，圣保罗（巴西）
圣保罗州锦标赛，第16轮，圣保罗2：1科林蒂安

进球数：100

塞尼是圣保罗的传奇门将，曾取得过不可思议的成就：3个南美解放者杯冠军、2个世界杯冠军、2个世界俱乐部锦标赛冠军、职业生涯中共打进131粒球。

我们在这里看到的是他的第100粒进球，而他则是第一个打入百球的门将。而且，这粒球是他在对阵死敌科林蒂安的比赛中打进的。球迷们当时都沸腾了！

5 **雷内·伊基塔** | **麦德林国民竞技** **第52分钟（1：0）**

1995年8月9日，阿塔纳西奥·吉拉尔球场，麦德林（哥伦比亚）
南美解放者杯，半决赛，首回合，麦德林国民竞技1：0河床

他还会别的

伊基塔的成名招式是那记传奇的“蝎子摆尾”扑救。同时，他也是南美解放者杯历史上第一位通过任意球破门的门将。

TOP TORWART-FEHLER
守门员失误集锦

1 **萨米·恩乔克** | **明尼苏达联** **第26分钟（0：2）**

2016年7月21日，国家体育中心，明尼苏达（美国）
友谊赛，明尼苏达联0 ：4伯恩茅斯

强行解释

门将恩乔克给“乌龙球”下了一个全新的定义：他把球直接扔进了自家球门。不过，他并没有因此一蹶不振，而是将这个尴尬瞬间变成了他的“高光时刻”。他处理得很幽默，还和队友一起拍了个视频，记录他们赛前在更衣室里与教练讨论的场景：当所有人都在认真倾听时，恩乔克把厚厚的果酱涂在面包上，吃得津津有味。当队友离开更衣室时，恩乔克发现自己的门将手套上沾满了果酱，但他没时间洗了。于是，他就这样跟着大家上了球场。他强行解释了自己的“乌龙”，对吧？

Roche：罗什

2

米卡埃尔·罗什 | **特法纳** **第62分钟（1：4）**

2016年4月8日，查尔斯王子公园体育场，楠迪（斐济）
大洋洲冠军联赛，C组，楠迪1：6特法纳（塔希提）

传进球门

超级低级的巨大失误。球场里并未坐满人，你可以清晰地听到骂声——所幸没有多少人懂他们的语言。

Piplica： 皮普利卡

3 **托米斯拉夫 · 皮普利卡** | **科特布斯** **第85分钟（3 ： 3）**

2002年4月6日，友谊体育场，科特布斯（德国）
德国足球甲级联赛，第30轮，科特布斯3 ： 3门兴格拉德巴赫

天外来客

如果搜索“守门员出过的最大洋相”，页面上立刻会跳出皮普利卡的名字。这粒进球绝对是德甲史上最富传奇色彩的门将“乌龙”。

打在防守队员身上后，球经折射破门，成了全场聚光灯的焦点。球似乎在向外太空飞去，但当它落下时，皮普利卡显然估计错了位置。他仰头看着从天而降的皮球，以半蹲的姿势慢慢向后退，没有做出任何扑救。他后来说：“是我的错。我以为球会击中横梁。”终场哨响后，他只有一个目标：快逃！

TOP ELFMETER
最佳点球

1

安东尼·帕年卡 | **捷克斯洛伐克国家队** **点球大战**

1976年，红星球场，贝尔格莱德（塞尔维亚）
欧洲杯，决赛，捷克斯洛伐克2 ：2联邦德国（加时赛后），点球大战5 ：3

原创

这样前无古人的射点球方式，不会诞生在更好的时机——这可是1976年欧洲杯决赛的制胜进球。正因如此，这类点球现在都被叫作“帕年卡点球（勺子点球）”。

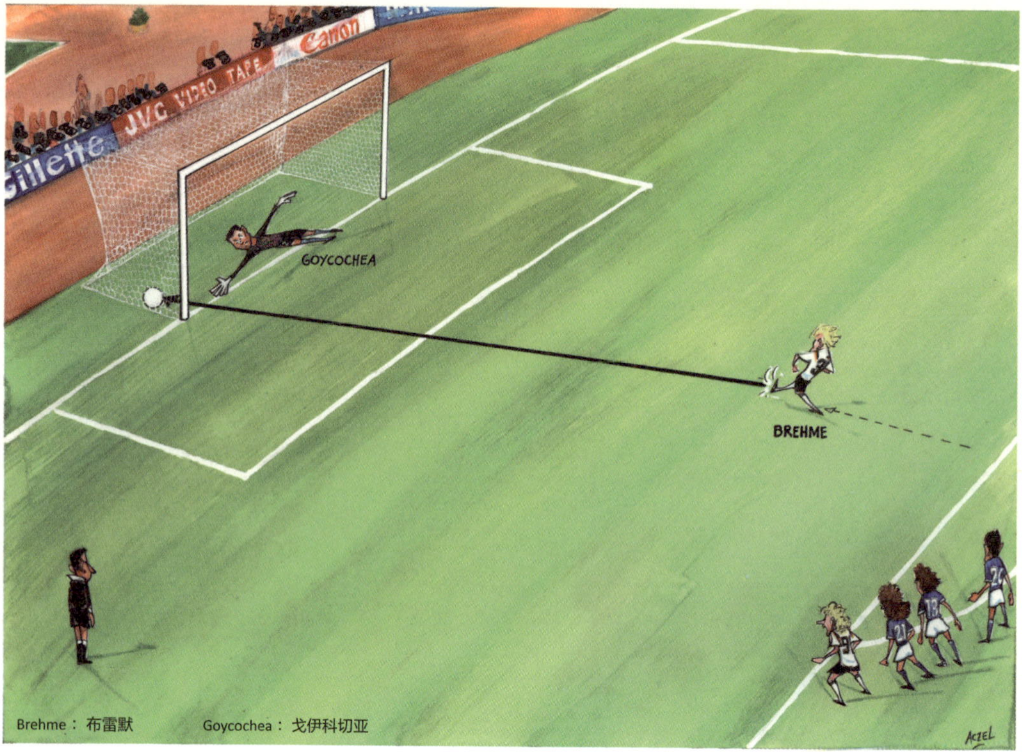
Gillette
JVC VIDEO TAPE
Canon
GOYCOCHEA
BREHME
Brehme：布雷默
Goycochea：戈伊科切亚
ACZEL

2

安德烈亚斯·布雷默 | **联邦德国国家队** **第85分钟（0：1）**

1990年7月8日，罗马奥林匹克球场，罗马（意大利）
世界杯，决赛，阿根廷0：1联邦德国

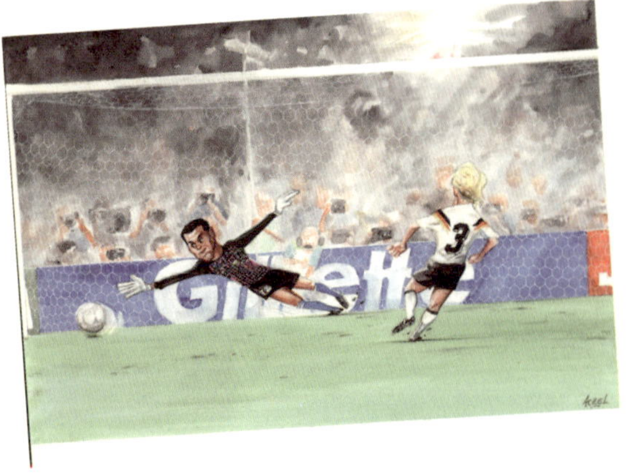

左侧底角平推入网

“马特乌斯向我示意，让我去罚点球。本来应该是他踢的，但他好像不太有把握，因为他鞋上的鞋钉断了（这双鞋曾经借给马拉多纳穿过，从那时开始，他就把它当作圣物）。”布雷默的打门角度刁钻，以至于连“点球杀手”戈伊科切亚都没能碰到球。

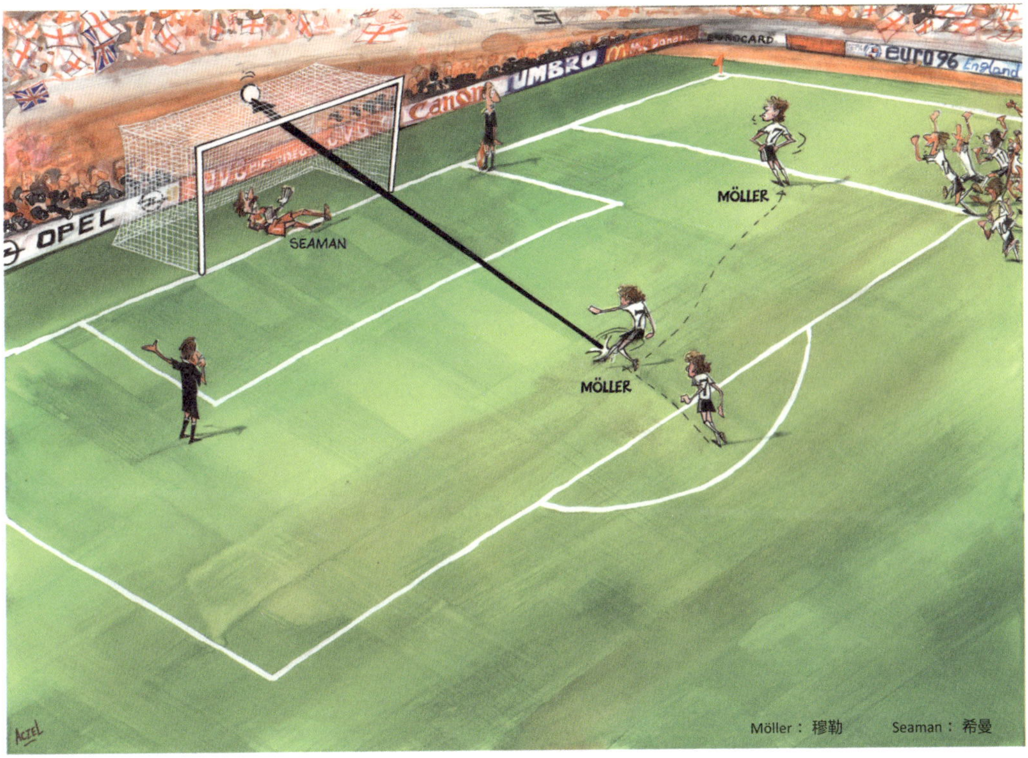

Möller：穆勒　Seaman：希曼

3

安德雷斯·穆勒 | **德国国家队**　　**点球大战**

1996年6月26日，温布利球场，伦敦（英格兰）
欧洲杯，英格兰1 ∶ 1德国（加时赛后），点球大战5 ∶ 6

有点儿挑衅意味

不只这粒进球本身很有名气，穆勒进球后的庆祝动作也颇为出名：他模仿了英格兰名宿保罗·加斯科因的挑衅式庆祝动作。“这完全是突发奇想，我并没有事先设计过。我觉得这是一种力量的表达。我们德国队在英格兰温布利球场把主队淘汰出局了。看，我们做到了！”这将成为永恒的一幕。

Avdalyan：阿维达林

4

诺里克·阿维达林 | **喀山红宝石U21** **第55分钟（1：1）**

2018年10月6日，扎帕斯诺红宝石球场，喀山（俄罗斯）
俄罗斯青年足球联赛，第10轮，喀山红宝石U21 1：1乌拉尔U21

后空翻

这是一次非比寻常的杂技表演：先来一个后空翻，然后踢进点球。

Theyab Awana： 迪亚布 · 阿瓦纳

5

迪亚布 · 阿瓦纳 | **阿联酋国家队** **第78分钟（5 ：2）**

2011年7月17日，哈扎 · 本 · 扎耶德球场，阿莱因，阿布扎比（阿联酋）
国际友谊赛，阿联酋6 ：2黎巴嫩

脚后跟罚点

在这个有些“随性”的点球后，主教练怒发冲冠，把这位新星换下了场。然而，记录这个脚后跟进球的视频收获了数百万次的播放量，阿瓦纳因此全球闻名。2个月后，年仅21岁的阿瓦纳在车祸中去世。根据警方的报告，他当时一边开着车，一边在使用手机。

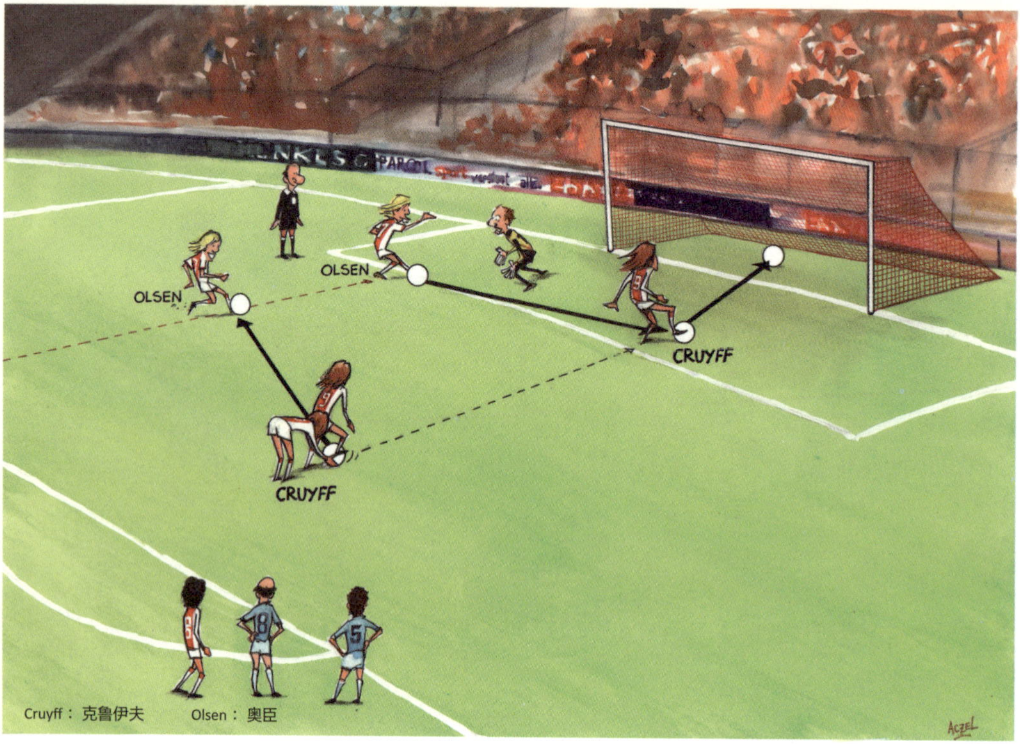
OLSEN
OLSEN
CRUYFF
CRUYFF
Cruyff：克鲁伊夫
Olsen：奥臣
ACZEL

6　**约翰·克鲁伊夫及杰斯佩·奥臣**　|　**阿贾克斯**　　**第21分钟（2：0）**

1982年12月5日，迪美亚球场，阿姆斯特丹（荷兰）
荷兰足球甲级联赛，第16轮，阿贾克斯5：0赫尔蒙德体育

Johan Cruyff
ACZEL

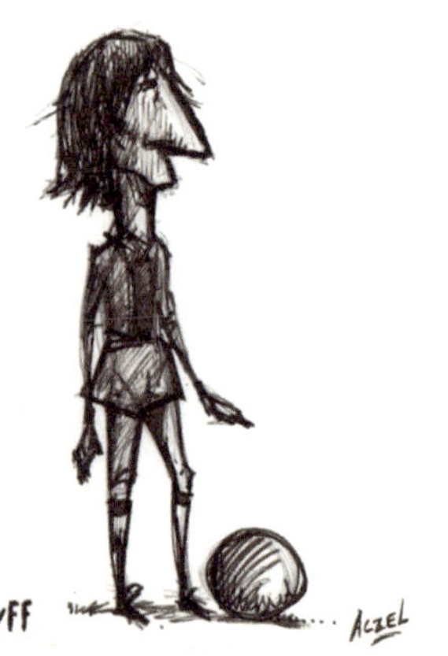

轰动的克鲁伊夫点球

这是克鲁伊夫打进的撞墙配合点球。

这次的进球方式不太寻常。克鲁伊夫没有选择直接射门，而是将球拨给了一侧的奥臣，然后奥臣将球回敲，克鲁伊夫只轻轻地一伸脚，就把球推进了网窝。

2016年，受克鲁伊夫启发，梅西提前和内马尔进行了排练，尝试复刻这粒点球，以表达对前辈的敬意。然而，当梅西把球传向一侧时，一无所知的苏亚雷斯迅速冲上前来，自己打进了一粒漂亮的进球。

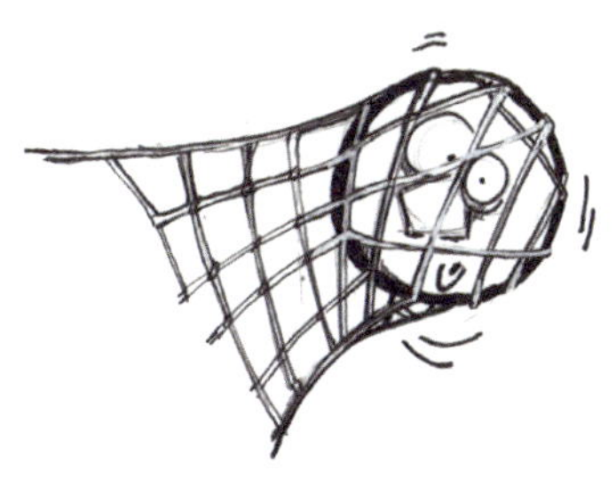

7 吉布里尔·西塞 | 雅典帕纳辛纳科斯

印象深刻

这一球势不可挡。西塞的射门不仅角度刁钻，而且力大无穷，以至于球在网中挂了好几秒。

TOP VERSC-HOSSENE ELFMETER

最糟糕的点球失误

Amir Sayoud：阿米尔·萨尤德

1

阿米尔·萨尤德 | **阿尔阿赫利** **第82分钟**

2011年9月5日，开罗国际体育场，开罗（埃及）
埃及杯，第1轮，阿尔阿赫利4 ∶ 0克玛阿斯旺

好家伙，这也太不协调了！

萨尤德想做个轻巧的假动作，在射门前来了次“刹车”，没想到一个踉跄直接摔了个狗啃泥。球被他轻轻地碰了一下，像开了慢速一样，直直地滚进守门员手里。这也太不像样了，十有八九是世界上最糟糕的点球。此外，萨尤德还吃了一张黄牌。实际上，裁判给这张黄牌正是由于他那下“刹车”——说不定是因为他的不协调连裁判都看不下去了？

2

戴安娜·罗斯 | **美国国家队**

1994年6月17日，军人球场，芝加哥，伊利诺伊州（美国）
世界杯开幕式

比巴乔还惨（巴乔就在下一页）

论起人们记忆里的世界杯开幕式名场面，戴安娜·罗斯的离谱射偏必是其中之一。这次射门仿佛一个完美的隐喻：北美洲和美丽足球可谓毫不相关。

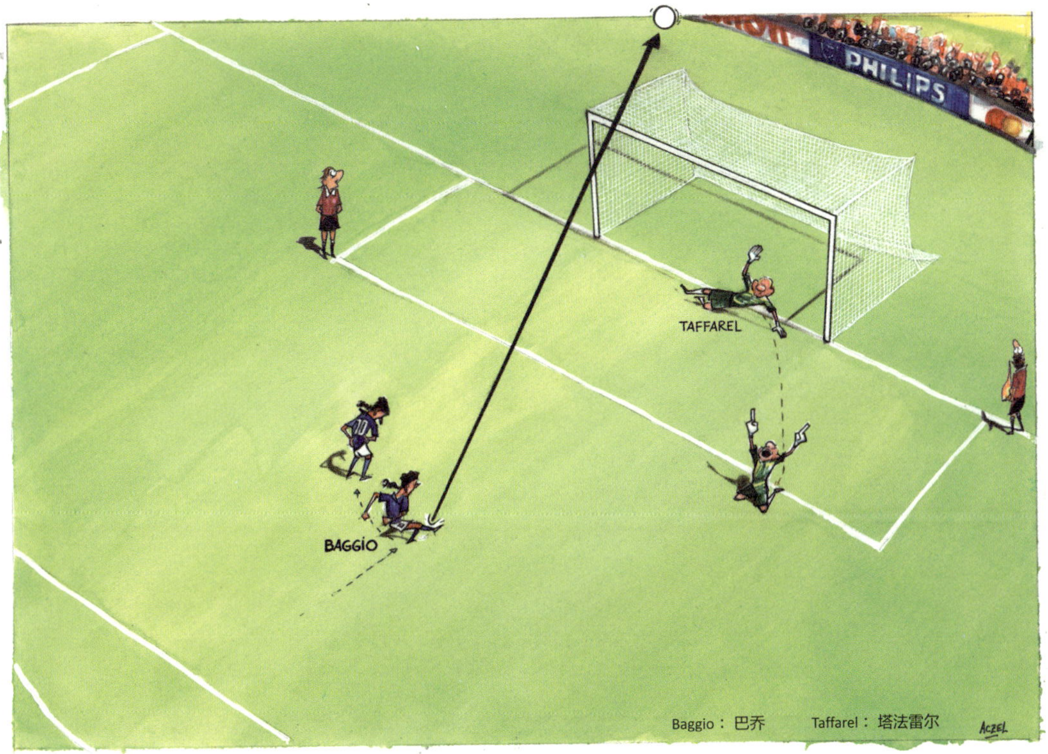
PHILIPS
TAFFAREL
BAGGIO
Baggio：巴乔
Taffarel：塔法雷尔
ACZEL

3

罗伯托·巴乔 | **意大利国家队**

点球大战

1994年7月17日，玫瑰碗球场，洛杉矶，加利福尼亚州（美国）
世界杯，决赛，巴西0 ： 0意大利（加时赛后），点球大战3 ： 2

永远无法愈合的伤

这是世界杯决赛上的决胜点球。在这之前，巴乔一直是意大利的英雄。他在这届世界杯上的表现堪称梦幻，最后却如噩梦般收场。他后来在自传中承认，他永远无法跨越这一命运般的浩劫，甚至到了需要看心理医生的程度。这对他而言是一道永远无法愈合的伤疤。

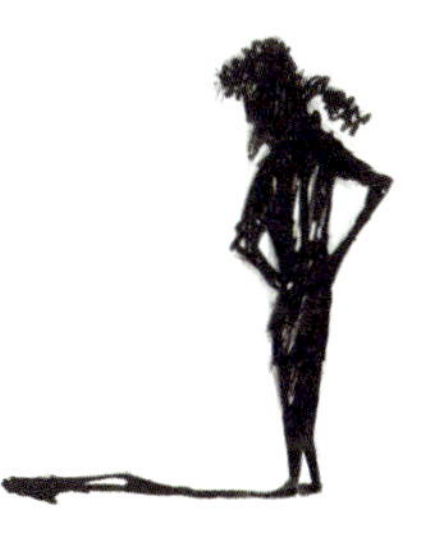

Zaza：扎扎　　Neuer：诺伊尔

4　**西蒙尼·扎扎** | **意大利国家队**　　**点球大战**

2016年7月2日，波尔多大西洋体育场，波尔多（法国）
欧洲杯，1/4决赛，德国1：1意大利（加时赛后），点球大战6：5

小碎步之舞

其实，跟舞蹈没什么关系……扎扎在第120分钟被换上场主罚点球。可能是出于对优雅进球的渴望，他选择踩着小碎步上前，然后……嗯，他见识到了球迷的怒火。

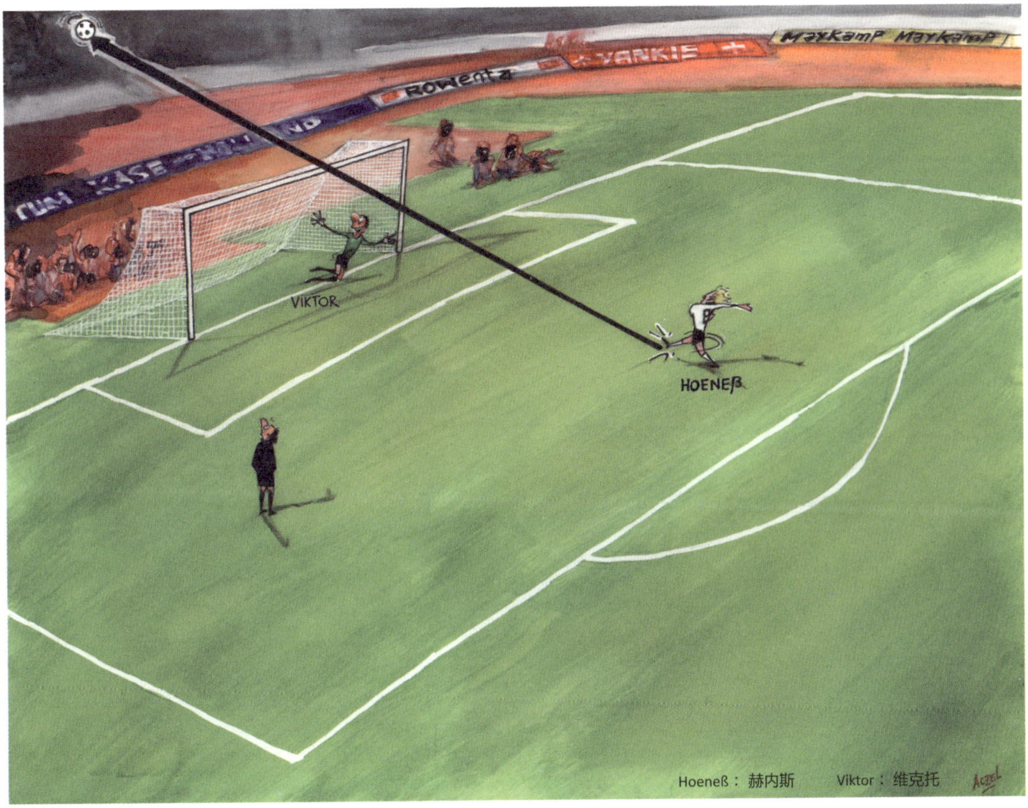
Maykamp Maykamp
YANKIE
Rowenta
VIKTOR
HOENEß
Hoeneß：赫内斯
Viktor：维克托

5

乌利·赫内斯 | **联邦德国国家队**

点球大战

1976年6月20日，红星球场，贝尔格莱德（塞尔维亚）
欧洲杯，决赛，捷克斯洛伐克2 ：2联邦德国（加时赛后），点球大战5 ：3

飞向太空

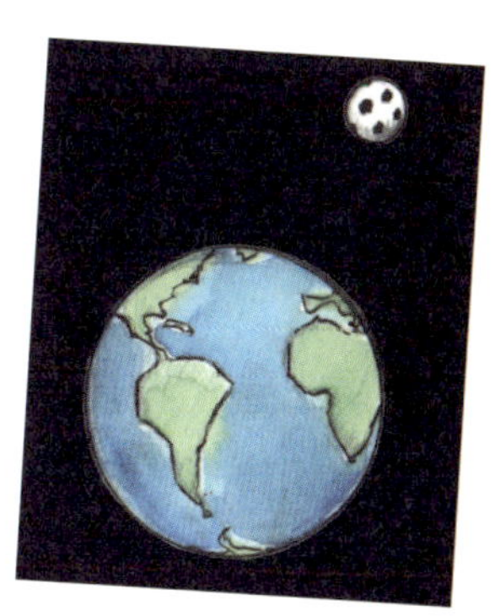

这是第一次在重大赛事的决赛中以点球决胜负。决赛前不久，联邦德国足协曾提议以点球人战代替重赛，好满足联邦德国球员的放假需求。帕年卡最后打进的那粒狡猾的点球（见第203页）尤为令人难忘，而同样令人难忘的还有赫内斯的失误——他一脚射穿了贝尔格莱德的夜空，球很可能飞进了太空。

6

约翰·特里 | **切尔西**

点球大战

2008年5月21日，卢日尼基体育场，莫斯科（俄罗斯）
欧洲冠军联赛，决赛，曼联1∶1切尔西（加时赛后），点球大战6∶5

莫斯科雨夜滑倒

此时点球大战的战况是4∶4平，只要队长特里罚进点球，切尔西就能捧起欧冠奖杯。他助跑了一小段，却在射门那一刻滑倒，一屁股坐在了地上。丢球后，他哭得一塌糊涂。“余生，这将一直折磨我。”特里说。

Soriano：索里亚诺

7

乔纳森·索里亚诺 | **萨尔茨堡红牛** **第80分钟**

2012年8月12日，红牛竞技场，萨尔茨堡（奥地利）
奥地利足球超级联赛，第4轮，萨尔茨堡红牛0 ：2维也纳迅速

直上云霄

真是前所未见的奇观！还有人能踢得更高吗？

TOP LAST MINUTE TORE
最佳压哨进球

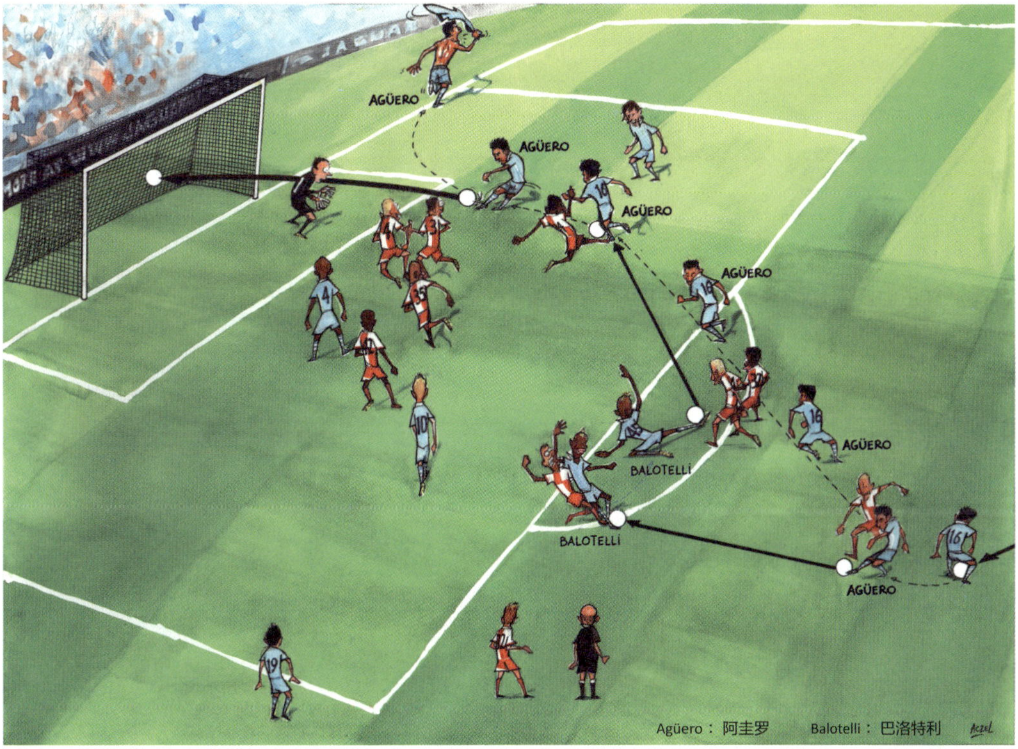
AGÜERO
AGÜERO
AGÜERO
AGÜERO
AGÜERO
AGÜERO
BALOTELLI
BALOTELLI
Agüero： 阿圭罗
Balotelli： 巴洛特利

1

塞尔希奥 · 阿圭罗 | **曼城** **第90+4分钟（3 ： 2）**

2012年5月13日，伊蒂哈德球场，曼彻斯特（英格兰）
英格兰足球超级联赛，第38轮收官战，曼城3 ： 2女王公园巡游者

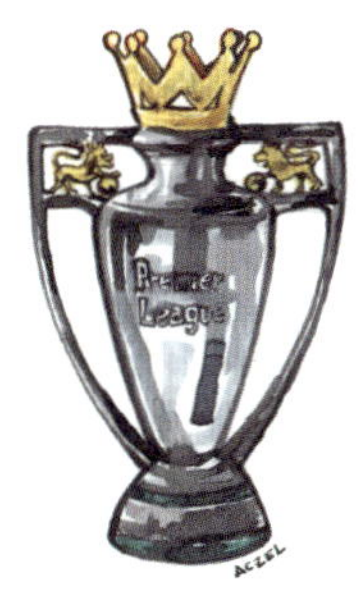

读秒夺冠进球

比赛本来已经结束，胜败、冠军的归属，一切的一切都已尘埃落定。第90分钟，曼城1 ： 2落后于对手，同城死敌曼联认定冠军已被他们收入囊中。然而，随后场上刮起一阵蓝色风暴：补时阶段，第92分钟，哲科进球；第94分钟，阿圭罗进球。整座体育场里的人都在相互拥抱、欢呼雀跃。两分钟内产生两粒进球、一个冠军——等待了44年的英超首冠，这是英超历史上最跌宕起伏的收官之战。

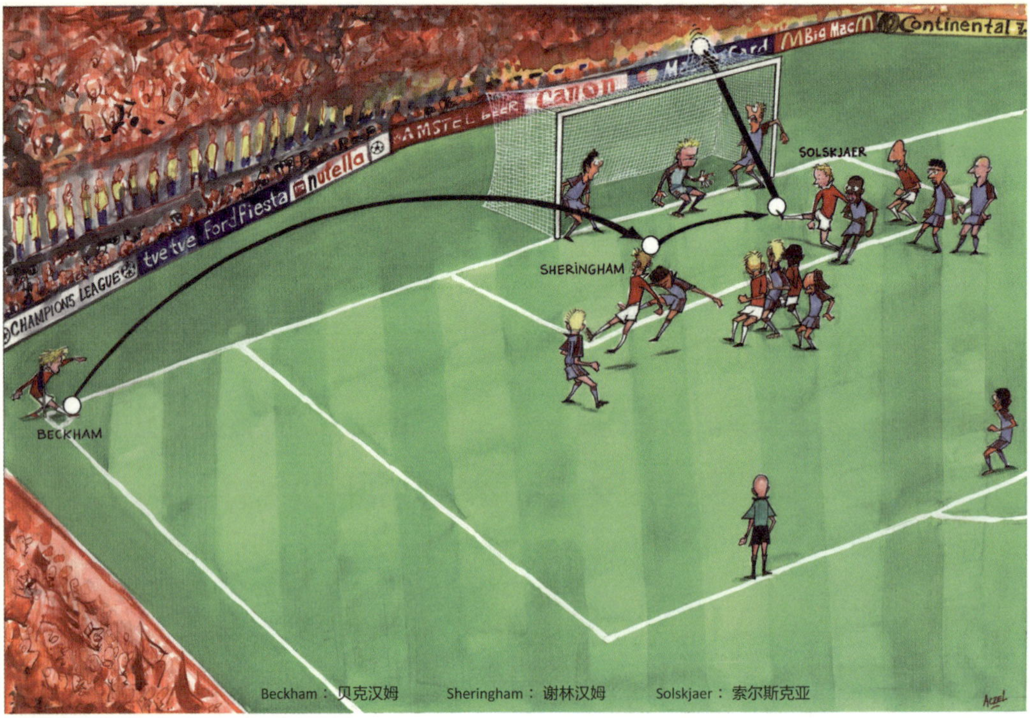

CHAMPIONS LEAGUE
tve tve
Ford Fiesta
nutella
AMSTEL
Canon
Big Mac
Continental
SOLSKJAER
SHERINGHAM
BECKHAM
Beckham：贝克汉姆　Sheringham：谢林汉姆　Solskjaer：索尔斯克亚

2　**奥勒·居纳尔·索尔斯克亚** | **曼联**　**第90+3分钟（2：1）**

1999年5月26日，诺坎普球场，巴塞罗那（西班牙）
欧洲冠军联赛，决赛，曼联2：1拜仁慕尼黑

2-1
MATCH

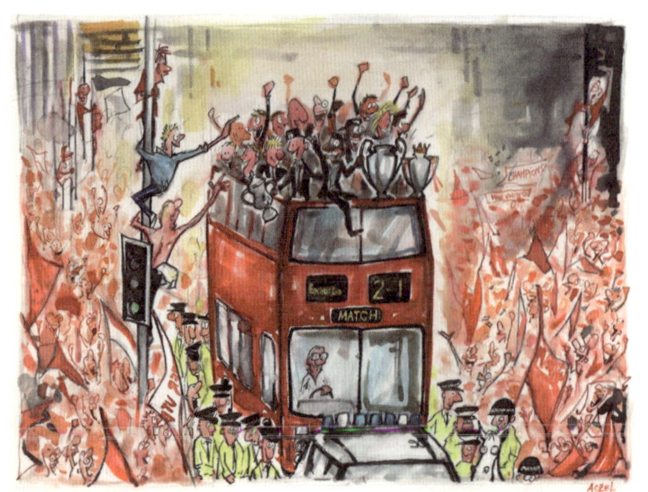

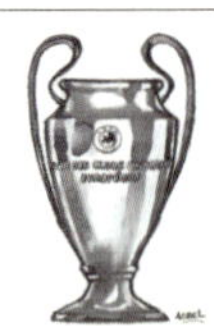

梦魇

在欧冠决赛中，拜仁慕尼黑在诺坎普1：0领先，却在补时阶段连丢两球，将欧冠冠军拱手让给曼联。解说员不敢相信自己的眼睛，只说了一句：“这绝不可能是真的。”

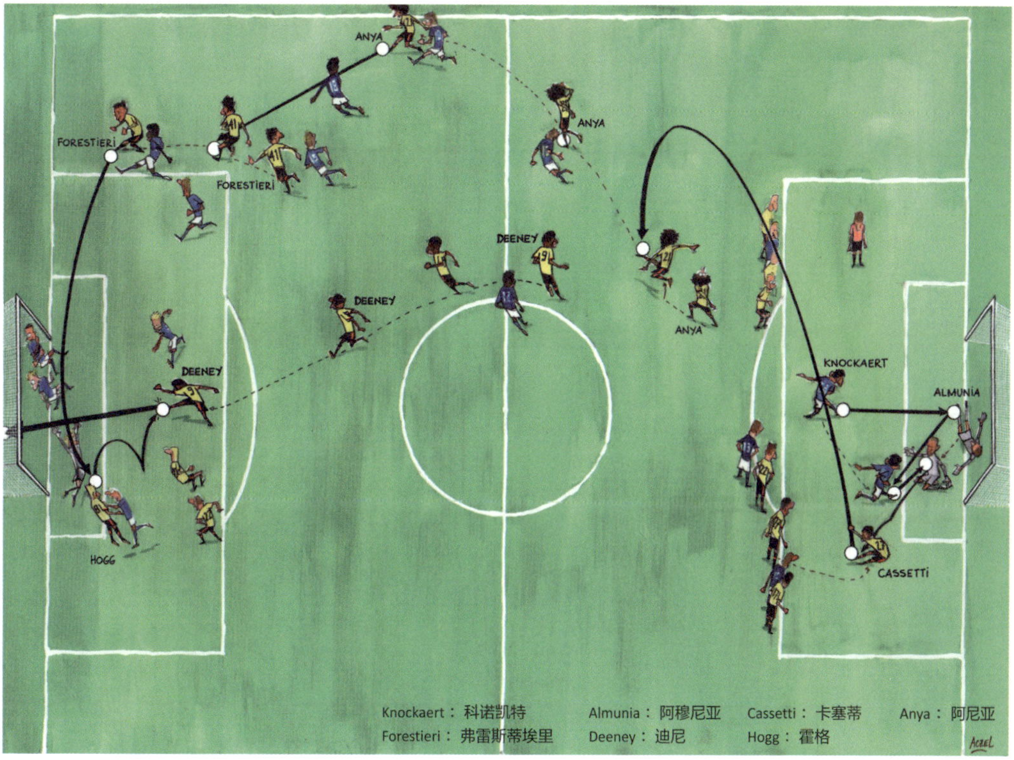
ANYA
FORESTIERI
FORESTIERI
ANYA
DEENEY
DEENEY
ANYA
DEENEY
KNOCKAERT
ALMUNIA
HOGG
CASSETTI
Knockaert：科诺凯特 Almunia：阿穆尼亚 Cassetti：卡塞蒂 Anya：阿尼亚
Forestieri：弗雷斯蒂埃里 Deeney：迪尼 Hogg：霍格

3 **特洛伊·迪尼** | **沃特福德** **第90+7分钟（3：1）**

2013年5月12日，维卡拉格路体育场，沃特福德，赫特福德郡（英格兰）
2013年英冠升超附加赛，半决赛，次回合，沃特福德3：1莱斯特城

像电影一样

莱斯特城队在伤停补时阶段获得了一次点球机会，这让沃特福德的升超美梦几近破碎。科诺凯特代表莱斯特城队射门，门将把球扑了出去。然而，18秒后，迪尼在比赛的第97分钟反击破门。真是极富戏剧性的一幕。

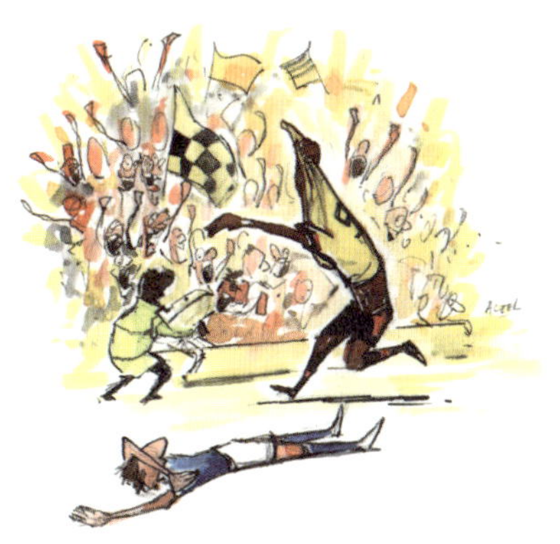

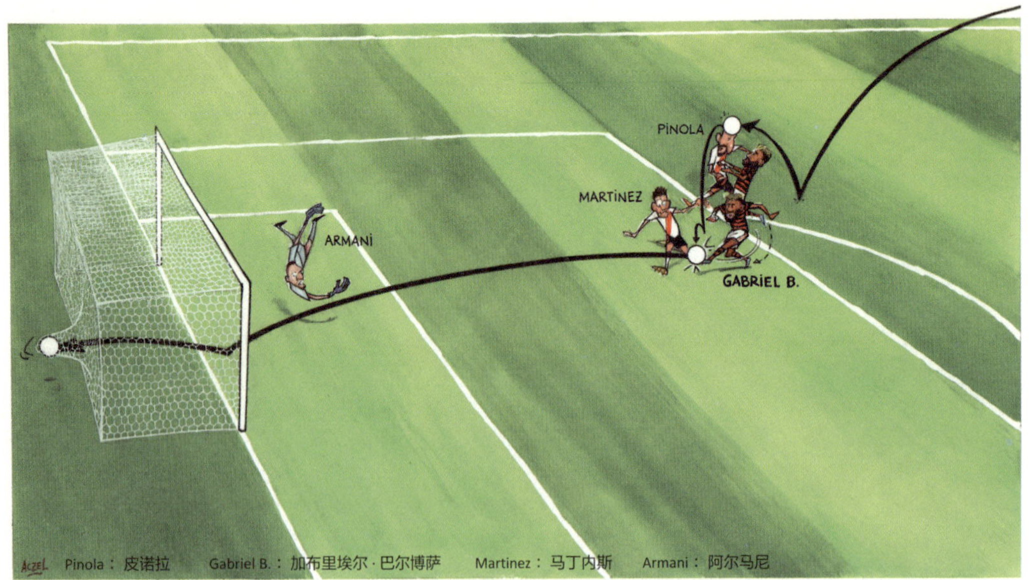

4　**加布里埃尔·巴尔博萨** | **弗拉门戈**　**第90+5分钟（2：1）**

2019年11月23日，纪念碑球场，利马（秘鲁）
南美解放者杯，决赛，弗拉门戈2：1河床

加比球

河床队掌控了整场比赛，弗拉门戈队只踢了3分钟好球，但这3分钟足够了。在最后时段，第92分钟和第95分钟，“加比球”梅开二度。正是凭借这两粒进球，弗拉门戈时隔38年再次捧起了南美解放者杯。

1.南美解放者杯。——译者注

Andersson：安德森　　Effenberg：埃芬博格

5

帕特里克·安德森 | **拜仁慕尼黑**　　**第90分钟（1：1）**

2001年5月19日，汉堡AOL球场，汉堡（德国）
德国足球甲级联赛，第34轮，汉堡1：1拜仁慕尼黑

我们是冠军！

沙尔克04已经在庆祝了，而拜仁还有最后一次机会：一个在汉堡禁区内的间接任意球。安德森突放冷箭，一记劲射，球从人墙的狭窄缝隙中钻了过去。“当禁区里有20名球员站在你身前时，你还是得靠点儿运气。”沙尔克04只能成为无冕之王，而拜仁则在4天后收获了欧冠冠军。

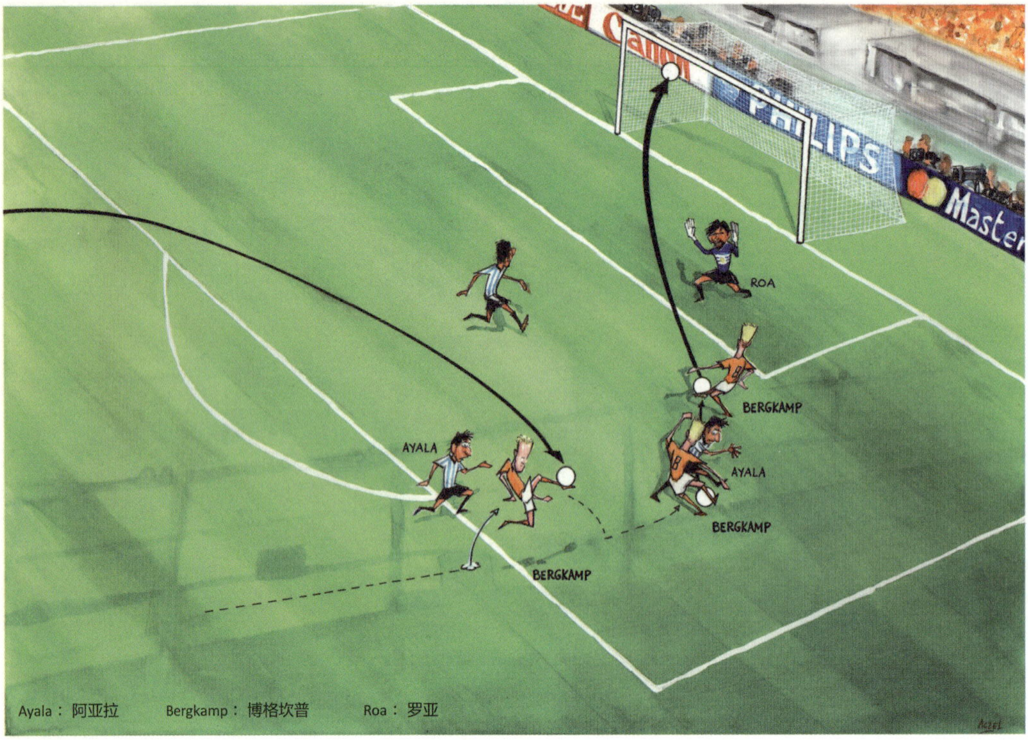

Ayala：阿亚拉　　Bergkamp：博格坎普　　Roa：罗亚

6

丹尼斯·博格坎普 | **荷兰国家队** **第89分钟（2：1）**

1998年7月4日，韦洛德罗姆球场，马赛（法国）
世界杯，1/4决赛，荷兰2：1阿根廷

冰王子的空中魔法

不可思议！这是怎样的控球水准！完美！博格坎普用3次绝妙的触球，在比赛最后一分钟一锤定音，将荷兰队送进了世界杯半决赛。

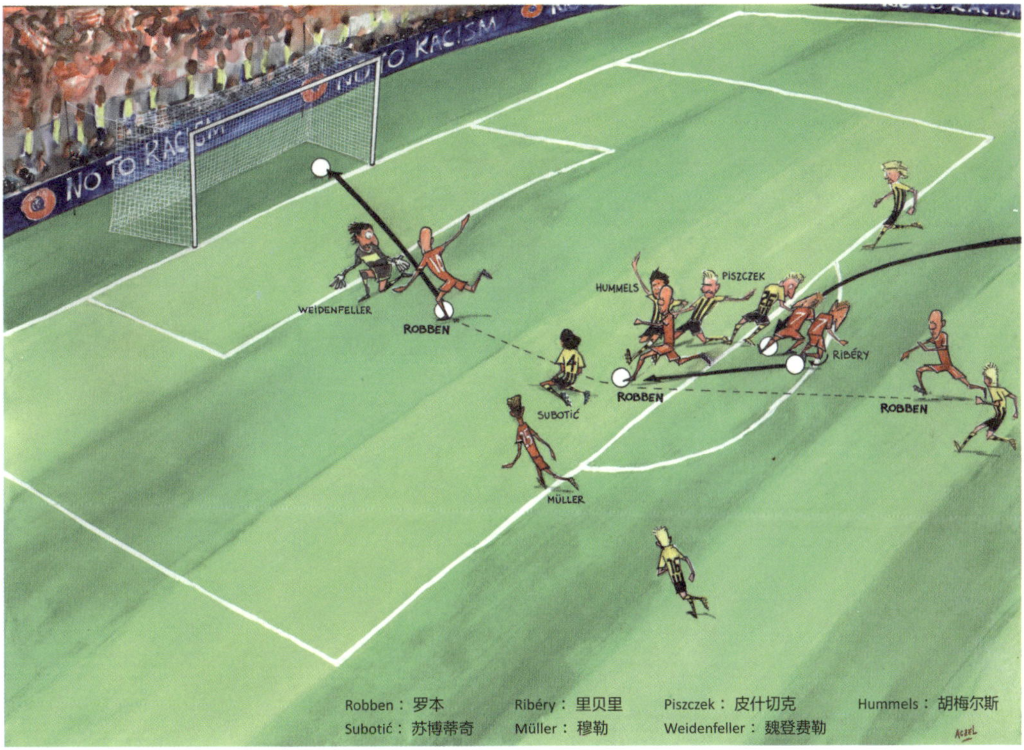

Robben：罗本　Ribéry：里贝里　Piszczek：皮什切克　Hummels：胡梅尔斯
Subotić：苏博蒂奇　Müller：穆勒　Weidenfeller：魏登费勒

7

阿尔扬·罗本 | 拜仁慕尼黑　　第89分钟（2：1）

2013年5月25日，温布利球场，温布利，伦敦（英格兰）
欧洲冠军联赛，决赛，拜仁慕尼黑2：1多特蒙德

还得是罗本!

拜仁能拿下欧冠冠军，罗本在比赛第89分钟打进的这粒职业生涯中的最佳进球至关重要。对罗本而言，决赛仿佛是个魔咒。不论是世界杯决赛，还是欧冠决赛，最后的赢家总是对手。这一次，当他意识到自己终于等来了完美的结局时，他的喜悦与激动溢于言表。拜仁和罗本的所有球迷都发自内心地为他欢呼。

“当我看到皮球真的入网时，那一刻的喜悦简直难以言表。我像个孩子一样狂奔，大喊道：‘我的天哪！我的天哪！’”

足球书写的是生活的故事，而罗本的故事完全值得一个幸福的结局。

Neymar：内马尔　Sergio Roberto：塞尔吉·罗伯托　Trapp：特拉普

8

塞尔吉·罗伯托 | **巴塞罗那** **第90+5分钟（6：1）**

2017年3月8日，诺坎普球场，巴塞罗那（西班牙）
欧洲冠军联赛，1/8决赛，次回合，巴塞罗那6：1巴黎圣日耳曼

后来居上

在欧冠历史上，从来没有一支球队完成过这番壮举：首回合0：4落后，次回合实现大逆转。然而，巴塞罗那队相信他们能做到。感谢内马尔，他在那一晚为加泰罗尼亚踢出了最好的比赛；感谢88分钟后的那3粒进球。巴塞罗那在最后一秒创造了奇迹，挺进1/4决赛。

塞尔吉·罗伯托说：“我很幸运能成为那个打进绝杀的人。我整夜都没法儿入睡，因为我必须一遍又一遍地回看那粒进球，来告诉自己这不是在做梦。”

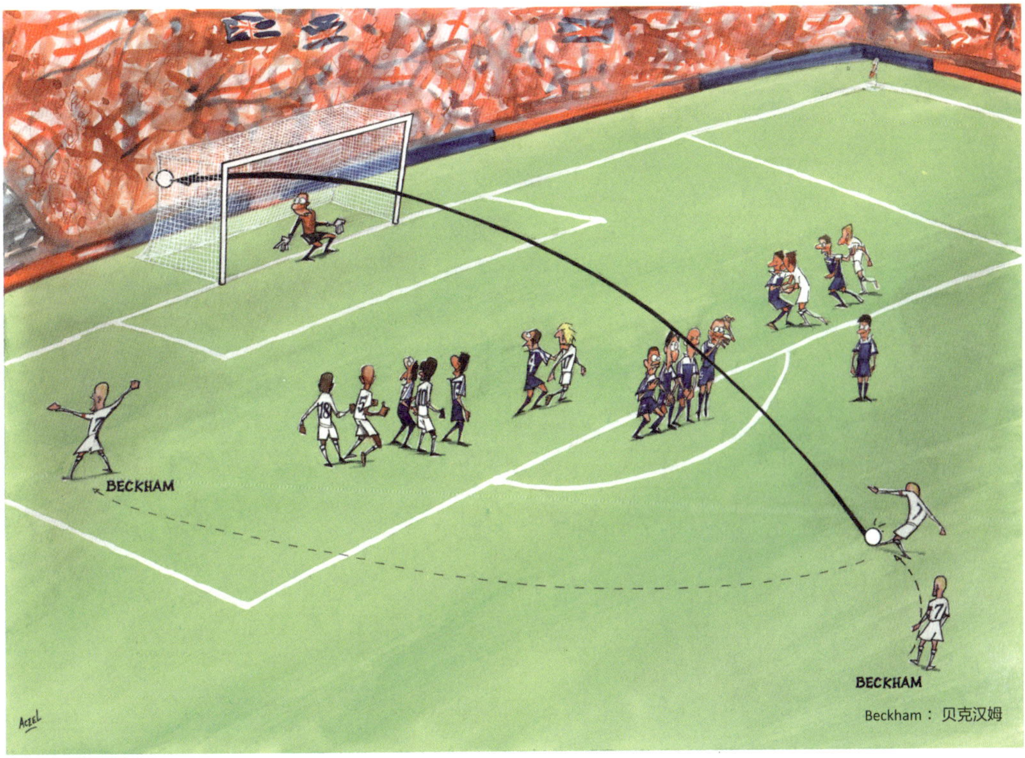

Beckham：贝克汉姆

9

大卫·贝克汉姆 | **英格兰国家队** **第90+3分钟（2：2）**

2001年10月6日，老特拉福德球场，曼彻斯特（英格兰）
2002年世界杯预选赛，第9组，英格兰2 ：2希腊

贝克汉姆的“圆月弯刀”

老特拉福德是贝克汉姆的完美舞台。当时，英格兰队屡战屡败，迫切需要一个奇迹来避免附加赛，直接晋级世界杯决赛圈。在伤停补时阶段，英格兰队获得了一个任意球。贝克汉姆亲自把球摆好，然后踢出了无人能够复制的贝氏弧线。这无疑是贝克汉姆职业生涯中的高光时刻。在这场比赛前，英格兰队刚刚在慕尼黑5 ：1大胜劲敌德国队，而贝克汉姆的这粒进球又把德国队送进了附加赛。

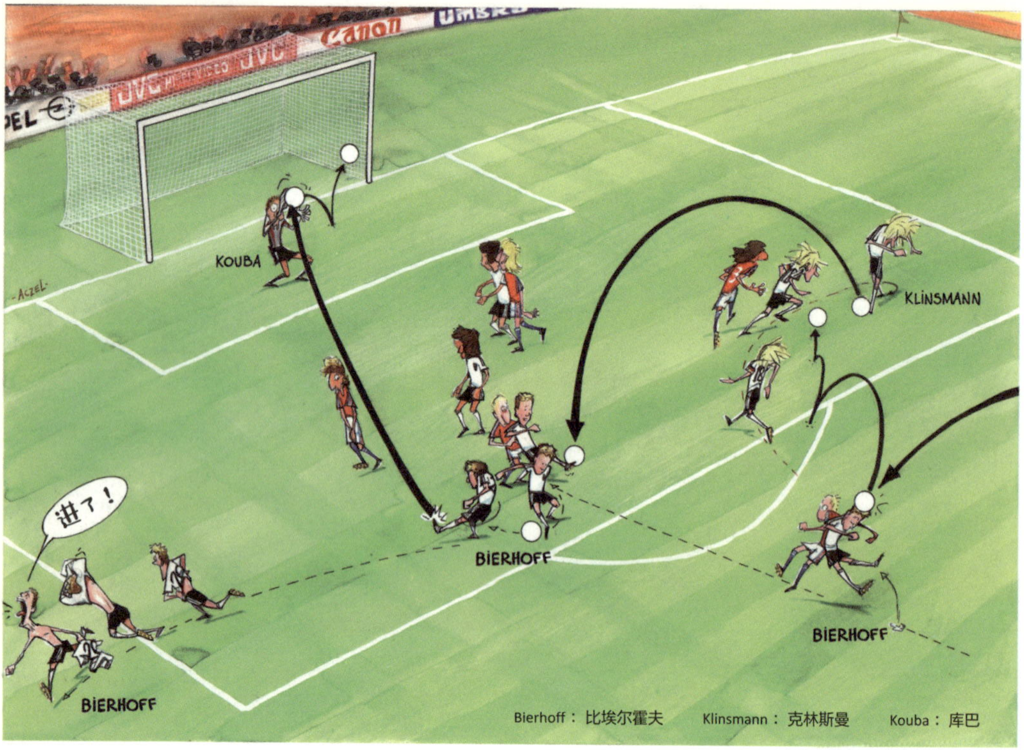

Bierhoff：比埃尔霍夫　Klinsmann：克林斯曼　Kouba：库巴

10

奥利弗·比埃尔霍夫 | **德国国家队** **第95分钟，金球（2：1）**

1996年6月30日，温布利球场，伦敦（英格兰）
欧洲杯，决赛，德国2：1捷克（金球之后）

金球加冕

这是历史上的第一粒金球，而它恰巧发生在足球的故乡英格兰，并帮助德国队加冕欧洲杯冠军。

金球制已经取消了很久，人们关于比埃尔霍夫这粒金球的记忆却历久弥新。这粒进球本身可能算不上多么精彩，但它让德国队队长克林斯曼和他的球队能够放声欢呼，庆祝夺冠。

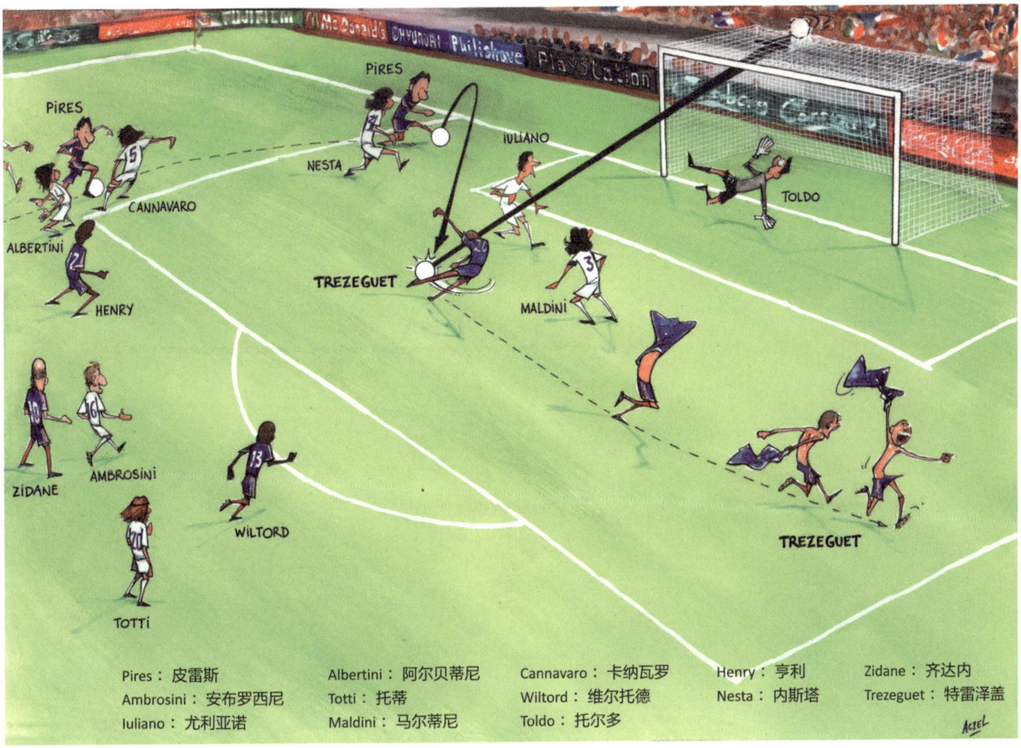

Pires：皮雷斯　Ambrosini：安布罗西尼　Iuliano：尤利亚诺
Albertini：阿尔贝蒂尼　Totti：托蒂　Maldini：马尔蒂尼
Cannavaro：卡纳瓦罗　Wiltord：维尔托德　Toldo：托尔多
Henry：亨利　Nesta：内斯塔
Zidane：齐达内　Trezeguet：特雷泽盖

11

大卫·特雷泽盖 | **法国国家队** **第103分钟，金球（2：1）**

2000年7月2日，费耶诺德球场，鹿特丹（荷兰）
欧洲杯，决赛，法国2：1意大利（金球之后）

最后一球定胜负！

所有人都没想到会是这样的结局。常规时间即将结束时，法国队还落后于意大利队。随后，法国队在第94分钟扳平比分，把比赛带入加时赛。法国队排出以齐达内为首的四前锋阵型，最终由特雷泽盖打入金球。有趣的是，特雷泽盖在决赛前不久刚与尤文图斯签约，即将前往意甲效力。这一刻，他未来的第二故乡意大利只能眼睁睁地看着他纵情庆祝。

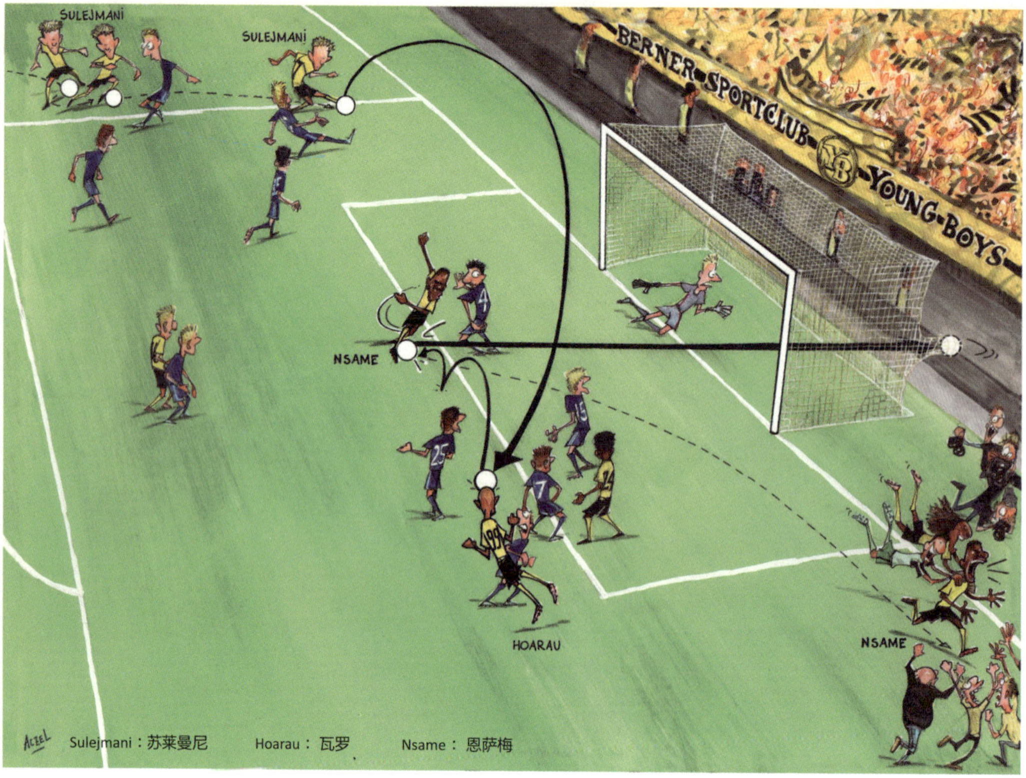
SULEJMANI
SULEJMANI
BERNER SPORTCLUB
YOUNG-BOYS
NSAME
HOARAU
NSAME
Sulejmani：苏莱曼尼
Hoarau：瓦罗
Nsame：恩萨梅

12

让－皮埃尔·恩萨梅 | 伯尔尼年轻人 第89分钟（2：1）

2018年4月28日，瑞士首都球场（范可多夫球场），伯尔尼（瑞士）
瑞士超级联赛，第32轮，伯尔尼年轻人2：1卢塞恩

32年的等待！

YOUNG BOYS
BSC YOUNG BOYS

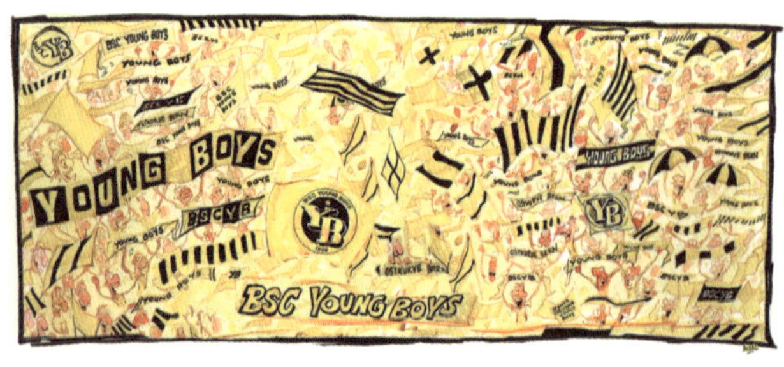

在32年的等待之后，瑞士老牌俱乐部伯尔尼年轻人终于以完美的姿态捧起了瑞士超级联赛的冠军奖杯。这让所有的球迷都欣喜若狂。瑞士首都球场内那些激动人心的真实画面向我们展示了这个冠军对于俱乐部和球迷的重大意义：终场哨响后，球迷冲进场内，球场瞬间变成了一片黄黑色的海洋。这将是伯尔尼年轻人统治瑞士足球超级联赛时代的开始。

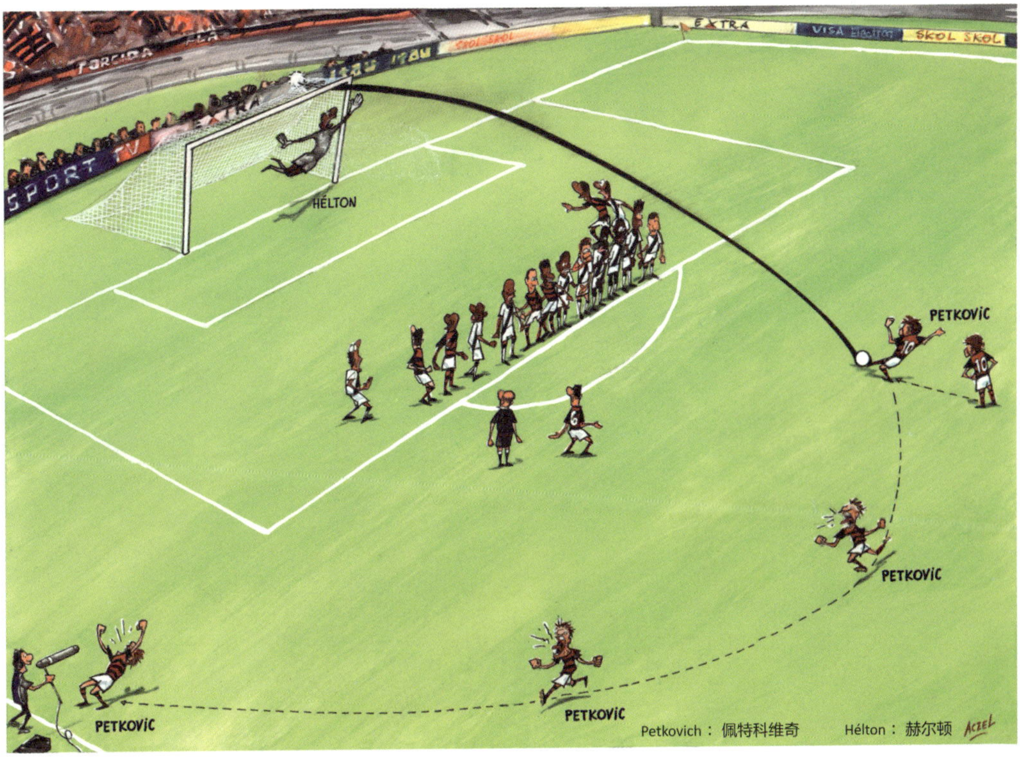
HÉLTON
PETKOVIC
PETKOVIC
PETKOVIC
PETKOVIC
Petkovich：佩特科维奇
Hélton：赫尔顿

13 **佩特科维奇** | **弗拉门戈** **第88分钟（3：1）**

2001年5月27日，马拉卡纳体育场，里约热内卢（巴西）
里约州锦标赛，决赛，次回合，弗拉门戈3：1达伽马

三连冠

弗拉门戈在决赛首回合以1：2输球，这意味着他们的死敌达伽马在这场比赛中只要不输一球以上，就能确保夺冠。然而，凭借佩特科维奇打进的一粒绝佳任意球，弗拉门戈连续三年（1999、2000、2001）夺得冠军。

¡GOOOOL!

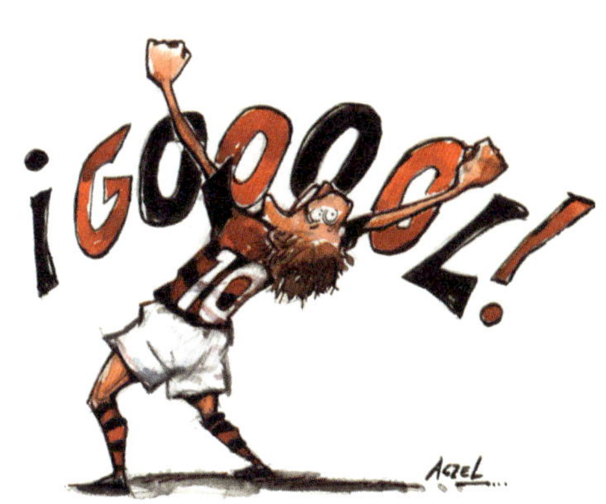

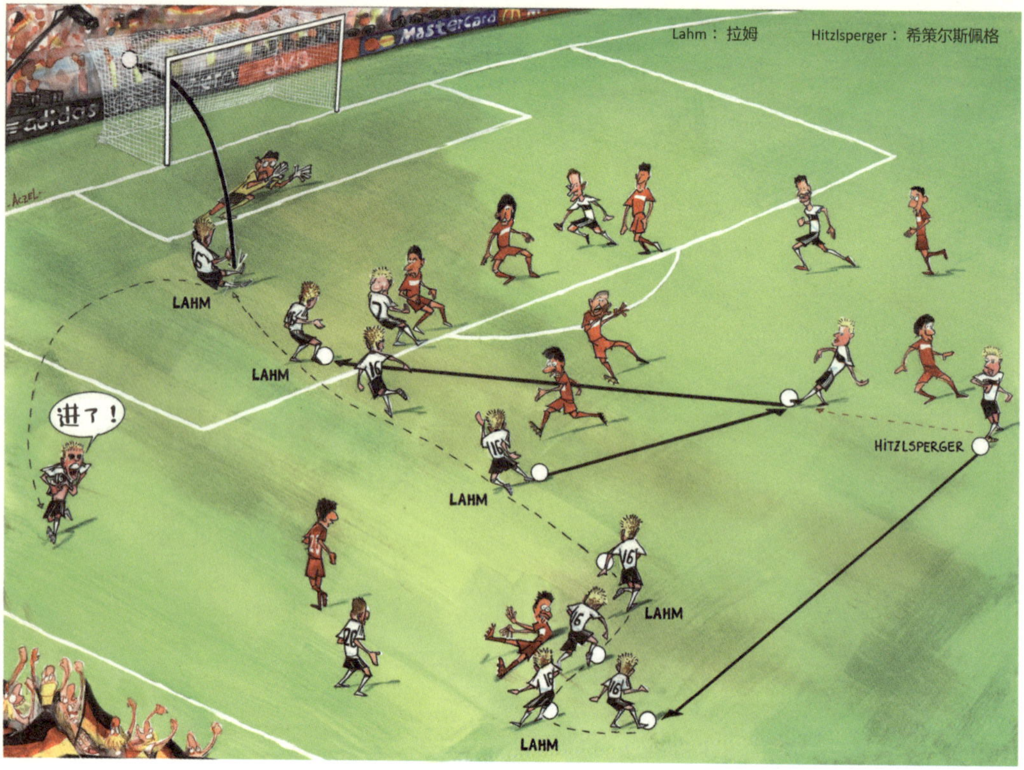
Lahm：拉姆
Hitzlsperger：希策尔斯佩格
LAHM
LAHM
进了！
LAHM
HITZLSPERGER
LAHM
LAHM

14

菲利普·拉姆 | **德国国家队** **第90+1分钟（3：2）**

2008年6月25日，圣雅克布公园球场，巴塞尔（瑞士）
欧洲杯，半决赛，德国3：2土耳其

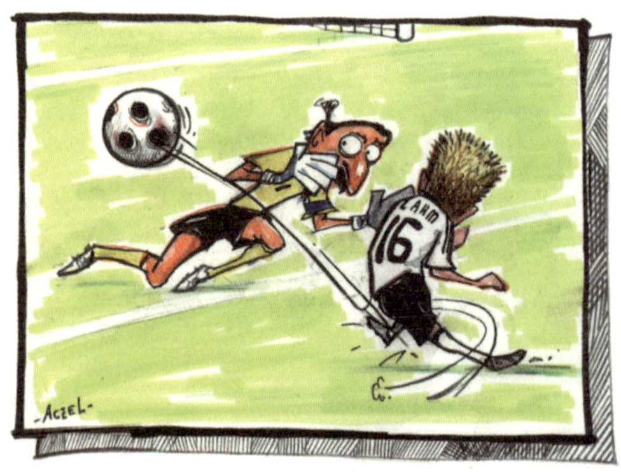

解脱

观看德国对阵土耳其的比赛就像坐过山车一样。在比赛最后，拉姆与希策尔斯佩格在球门前传接配合之后冷静破门，将终场比分定格在了3：2。他虽然让土耳其队心碎，但把德国队带进了决赛。拉姆在这场比赛中展现出的领导力证明了他有能力戴上队长袖标。

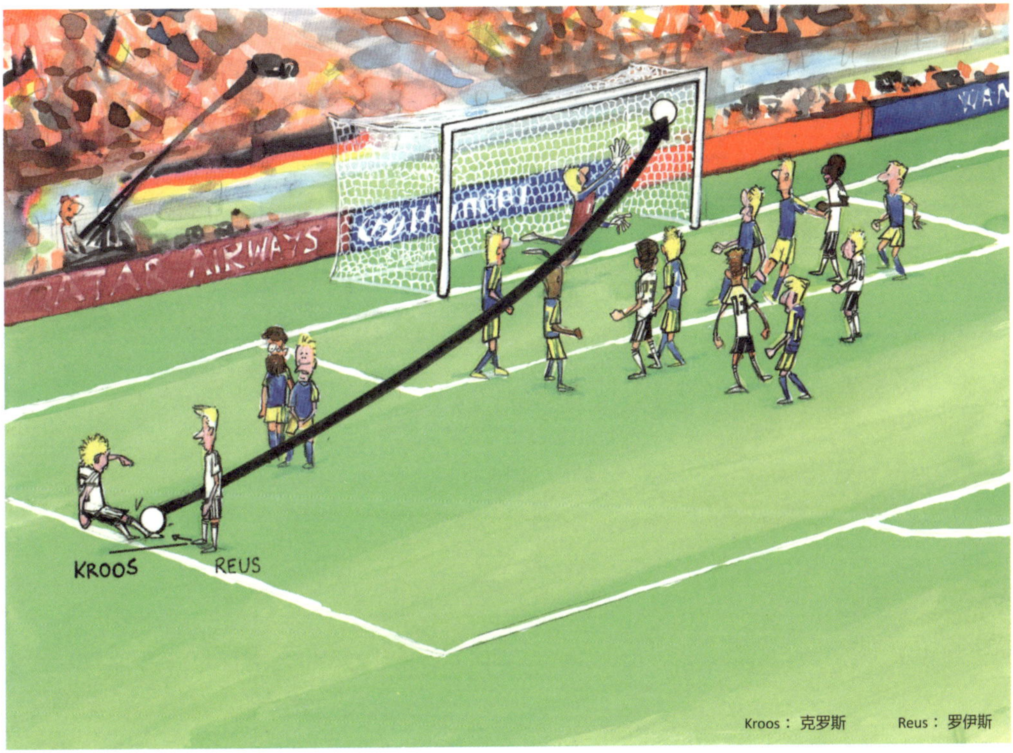
QATAR AIRWAYS
KROOS
REUS
Kroos：克罗斯
Reus：罗伊斯

15 **托尼·克罗斯** | **德国国家队** **第90+5分钟（2：1）**

2018年6月23日，索契奥林匹克体育场，俄罗斯
世界杯，小组赛F组，德国2：1瑞典

记忆的空缺

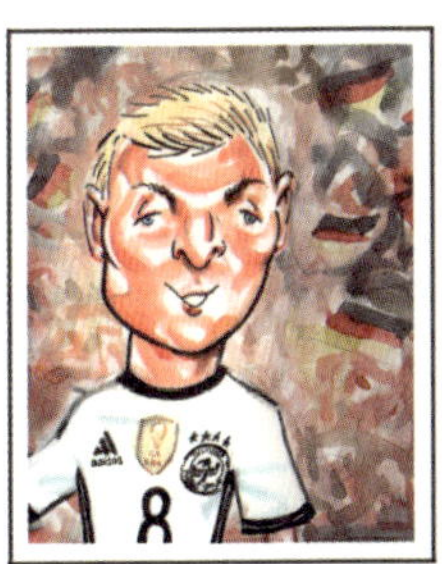

托尼·克罗斯用他极具个人风格的进球绝杀瑞典队，给德国队从小组出线带来了一丝曙光。

“这粒进球，我后来看了千百万遍。每一个转播镜头、每一个角度的现场手机视频，我都看了。”克罗斯说，“但我不得不说，我还是想不起来只有我才有的第一视角。”或许他只是不想回忆罢了，毕竟之后发生的一切，我们现在回忆起来都还痛彻心扉。德国队在接下来对阵韩国队的比赛中落败，在小组赛中垫底，惨遭淘汰。

TOP EIGENTORE 最神奇乌龙

Brass：布拉斯

1 **克里斯·布拉斯** | **达灵顿** **第8分钟（0：1）**

2006年4月22日，达灵顿体育场，达灵顿（英格兰）
英格兰足球乙级联赛，达灵顿2 ：3贝利

搞笑乌龙

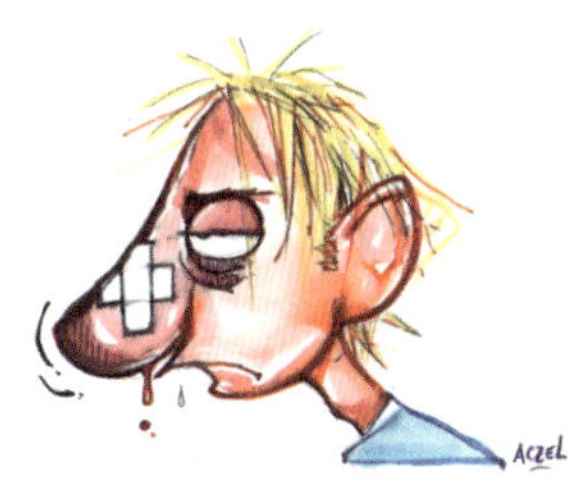

在足球场上，几乎没有比乌龙球更糟糕的事了，除非你把球踢到自己脸上，打断了鼻子，还进了个乌龙球。

这就是克里斯·布拉斯干过的事。当时，英格兰的解说员只能干巴巴地说：“好好看，学着点儿。”

Gulfo：古尔夫

2 阿德里安·古尔夫 | 普利 第30分钟（1：3）

2017年5月2日，罗切塔兹体育中心，沃州（瑞士）
瑞士地区杯，2017年沃州保险杯半决赛，普利3：3雷恩，点球大战7：6

呵，可真了不得

古尔夫可能从来没想过，自己作为一名瑞士第五级别联赛的球员，有一天居然能全球闻名。事实确实如此。他用脚后跟将球卸下后，以一脚零角度惊天倒钩攻破自家球门，令人哭笑不得。

Baise：拜斯

3

法图斯·拜斯 | **公民** **第80分钟（1：3）**

2011年12月16日，旺角大球场，九龙，香港（中国）
香港超级足球联赛，第8轮，晨曦2 ：3公民

令人窒息

这是一记“精彩绝伦”的“蝎子摆尾”。

Durica：杜里察

4　**帕沃尔·杜里察**　|　**MOL费哈瓦**　**第87分钟（3：1）**

2008年3月27日，纳杰尔代体育场，德布勒森（匈牙利）
匈牙利杯，1/4决赛，次回合，德布勒森铁路工人3：1MOL费哈尔

球得这样踢

对手在比赛结束前获得了一次点球机会，射门却绵软无力，被门将轻松扑出。紧接着，帕沃尔激情四射地打入了他的“梦中情球”，仿佛在说：“瞧好了，球得这样踢。”

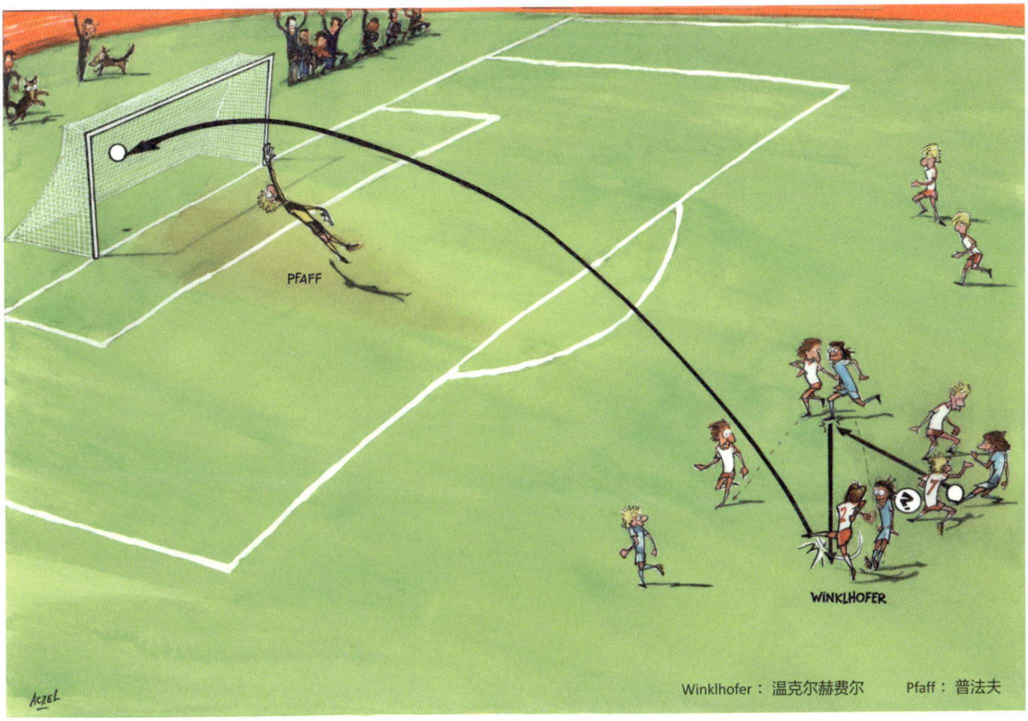
PFAFF
WINKLHOFER
ACZEL
Winklhofer：温克尔赫费尔　　Pfaff：普法夫

5　**赫尔穆特 · 温克尔赫费尔** | **拜仁慕尼黑**　　**第34分钟（1：0）**

1985年8月10日，格罗腾堡竞技场，克雷费尔德（德国）
德国足球甲级联赛，第1轮，拜耳05乌丁根1 ：0拜仁慕尼黑

1985年8月最佳进球

这是一记超级漂亮的远射。这个35米外的进球不仅决定了最后的比分（1 ：0），而且创造了德甲历史——这是第一粒被德国电视一台体育频道评选为“当月最佳进球”的乌龙球。

Tor
des
Monats
HELMUT WINKLHOFER
AUGUST 1985

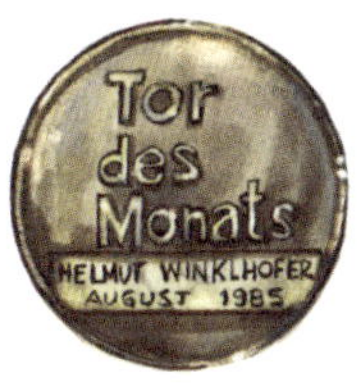

Pollock： 波洛克

6

杰米·波洛克 | **曼城** **第21分钟（1：2）**

1998年4月25日，缅因路球场，曼彻斯特（英格兰）
英格兰足球甲级联赛，第45轮，曼城2 ：2女王公园巡游者

毁灭性的乌龙

波洛克潇洒、灵动地一连晃过好几名对手球员，然后精准地把球吊过守门员，打进了自家球门。这个乌龙球的后果是灾难性的。曼城被迫去打了升降级附加赛，最终被降级。

如果说曼城球迷最想记住的进球是阿圭罗的那粒进球（见第223页），那么这粒乌龙球就是他们最想忘记的进球。

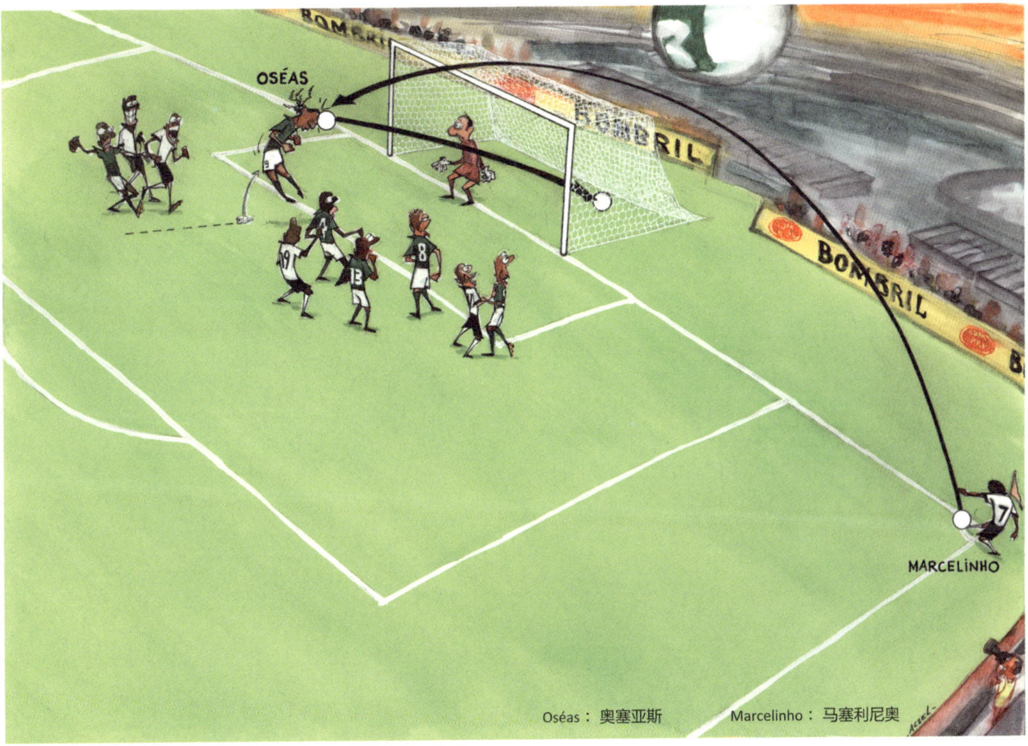
OSÉAS
MARCELINHO
BOMBRIL
Oséas：奥塞亚斯
Marcelinho：马塞利尼奥
ACZEL

7

奥塞亚斯 | 帕尔梅拉斯

第8分钟（0：1）

1998年3月15日，帕莱斯特拉球场，圣保罗（巴西）
圣保罗州锦标赛，帕尔梅拉斯1 ：1科林蒂安

好一个前锋

ACZEL

对方一记高空角球开到禁区，帕尔梅拉斯的中锋奥塞亚斯在无人盯防的状态下，以难以企及的优雅姿态一跃而起，完成了一次漂亮的头球攻门。这有什么特别的？开角球的是科林蒂安的中场球员马塞利尼奥，而目送这一超级头球入网的是帕尔梅拉斯的门将。不管怎样，奥塞亚斯的门前嗅觉确实令人难以置信。

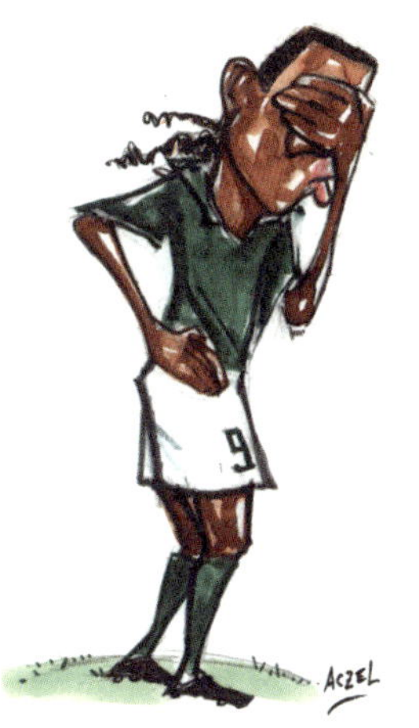

TOP IR-REGULÄRE TORE
最经典违例进球

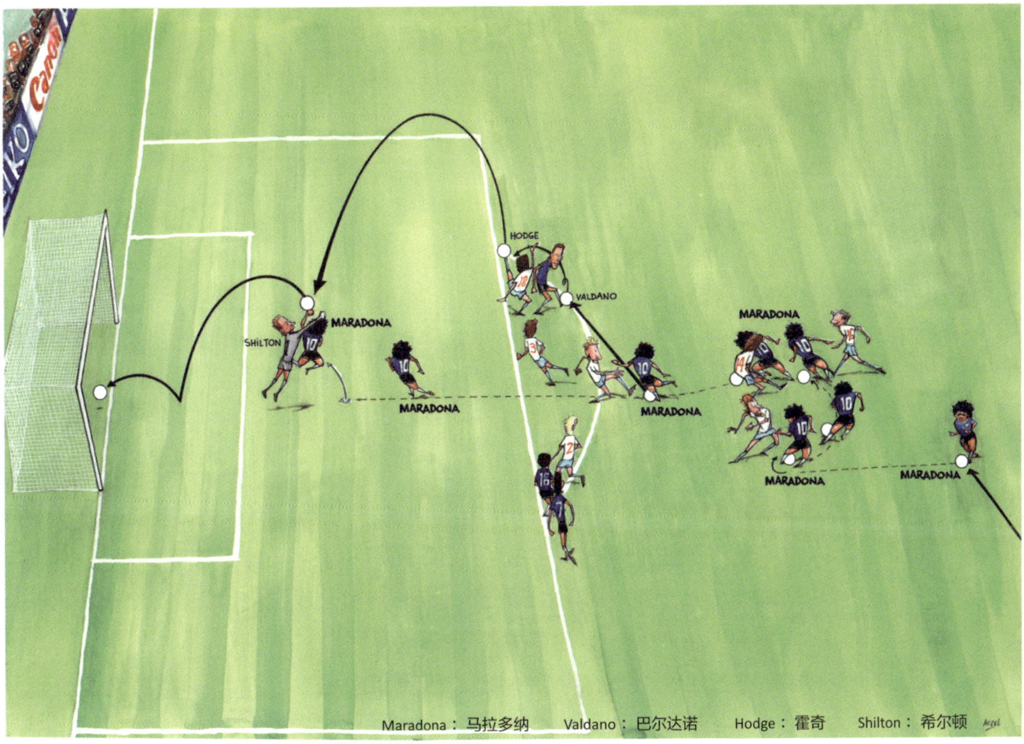

Maradona：马拉多纳　Valdano：巴尔达诺　Hodge：霍奇　Shilton：希尔顿

1

迭戈·阿曼多·马拉多纳 | **阿根廷国家队**　　**第50分钟（1：0）**

1986年6月22日，阿兹特克球场，墨西哥城（墨西哥）
世界杯，1/4决赛，阿根廷2 ：1英格兰

上帝之手

这是足球史上最著名的违例进球。

赛后，马拉多纳解释道："这粒进球一半靠的是我的脑袋，一半靠的是上帝之手。"

他还说道："这粒进球绝对是合法的，因为裁判已确认进球有效。我绝不会质疑裁判的可信度。"

感谢这一粒无法逾越的进球，本书得以保留"最经典违例进球"这一节。

作者简介

1974年2月12日，吉尔曼·阿克塞出生于阿根廷的布宜诺斯艾利斯。

绘画陪伴他度过了整个学生时代。每周一，他的老师和同学都期待着他手绘的博卡青年队进球漫画。年仅16岁，他就在当地杂志上发表了自己的画作。

在获得几个奖项后，他开始为阿根廷最重要的报纸《国家报》工作，随后又为全国最大的体育杂志《体育画报》创作。

20岁时，他开办了个人首场大型展览，并成为阿根廷颇具代表性的漫画家。

后来，阿克塞前往巴西里约热内卢生活，供职于《巴西日报》。

26岁时，他在于迪拜举行的一场漫画大赛中夺魁，并用奖金周游欧洲。他在慕尼黑跳探戈时结识了他的妻子，随后留在德国生活。

在德国生活期间，他为《精彩体育》《德甲》和英格兰足球杂志《442》创作漫画。

阿克塞是《王者何求：漫画世界杯》（广西师范大学出版社，2018年6月出版）的作者，这本书的第一个版本早在2010年就在英格兰、意大利、法国等九个国家出版。2014年，它首次在德国出版，立刻成为畅销书。2018年，该书在中国出版。

阿克塞的画作被收藏在位于瑞士苏黎世的国际足联世界足球博物馆中，其中一份原稿在博物馆展出。2018年世界杯期间，他被该博物馆邀请担任“驻场艺术家”，绘制每天发生的事件。

2019年阿联酋亚洲杯期间，阿布扎比的媒体邀请他为《伊蒂哈德报》设计每日最后一版。

阿克塞支持联合国儿童基金会、无家可归者世界杯，并致力于以体育促进难民的融入。

目前，这位阿根廷艺术家同妻子、四个孩子和四只猫居住在德国慕尼黑。

纪念马拉多纳。

献给我的孩子们和所有球迷！